Studi Storici

3

SOFOCLE E PERICLE

'Meinst du denn alles was du sagst?'
Meinst du denn ernstlich was du fragst?
Wen kümmert's was ich meine und sage:
Denn alles Meinen ist nur Frage.
    Goethe, *Zahme Xenien*

Antigone davanti a Creonte

VICTOR EHRENBERG

SOFOCLE E PERICLE

MORCELLIANA
1959

Titolo originale dell'opera:

Victor Ehrenberg
Sophokles und Perikles
C. H. Beck'sche Verlagsbuchhandlung - München

Traduzione di
ANGELA PISANI

L'Appendice è stata tradotta dall'edizione inglese dell'opera
(Ed. Basil Blackwell - Oxford)

Per *l'edizione italiana tutti i diritti riservati in tutti i Paesi*
(C) Copyright by Morcelliana 1958
Printed in Italy

Tip. « La Nuova Cartografica » - Brescia

PREFAZIONE ALL'EDIZIONE TEDESCA

Ho colto l'occasione offertami da questa edizione in lingua tedesca, per emendare taluni errori e, dove necessario, conferire una forma più chiara al mio pensiero; spesso si trattava soltanto di sfumature. Alcune cose furono aggiunte, altre tralasciate; tra queste le Appendici B e C, nonché la interpretazione del così detto frammento di Gige, oramai superata. Non mi sono curato di indicare espressamente nel contesto le aggiunte e i mutamenti apportati, così che purtroppo il lettore dell'edizione inglese non ha modo di individuare a prima vista gli elementi nuovi; mutamenti di rilievo si hanno soprattutto nei capitoli II, IV e VII. Mi sono stati di grande aiuto in questa revisione le critiche costruttive insite in parecchie recensioni dell'edizione inglese, nonché i suggerimenti e le obiezioni di molti amici. Tra questi mi piace citare in particolare P.A. Brunt e A.W. Gomme, proprio perché le loro opinioni divergono in più punti dalle mie. Tutti i tratti essenziali dell'opera naturalmente sono rimasti invariati; nondimeno credo di poter ritenere questa edizione tedesca migliorata rispetto a quella inglese.

La traduzione tedesca è opera di mia moglie. Pertanto non è certo necessario che io assicuri essere questa una versione «autorizzata dall'autore». Le citazioni in lingua greca sono state tradotte da lei e da me, insieme; ci siamo giovati della versione tedesca dell'Antigone curata dal Reinhardt e della traduzione di tutte le opere di Sofocle dovuta a H. Weinstock. Versioni più antiche (come quelle del Donner) non sono state utilizzate, poiché apparve evidente quanto grande è la distanza che ci separa dal linguaggio e dalla « forma interiore » caratteristici di quel Sofocle. Sono particolarmente grato a mia moglie perché, nonostante avesse altre cure e salute cagionevole, ha intrapreso questa versione tedesca e l'ha portata a termine con grande energia in tempo eccezionalmente breve, e oso sperare che i lettori di quest'opera condividano la mia gratitudine.

Abbiamo dedicato l'opera ad un uomo che ha onorato me della sua amicizia per mezzo secolo e ha voluto concederla anche a mia moglie.

Londra, aprile 1956

V. E.

NOTA PRELIMINARE

Faccio uso delle abbreviazioni consuete. Solo che Plut. significa la *Vita di Pericle* di Plutarco, mentre *Pofa* rimanda al mio libro *The People of Aristophanes* (1951[2]). I titoli dei drammi sofoclei risultano più volte abbreviati; così OR. = *Edipo re* e OC = *Edipo a Colono*. Circa le opere su Sofocle, citate in parte soltanto mediante il nome dell'autore, vedi pp. 41-42, nota 5.

La tavola « Antigone al cospetto di Creonte » è tratta da un vaso dell'Italia meridionale, a figure rosse, opera del così detto effigiatore dell'episodio di Dolone (400-380 a. Cr. circa). Brit. Museum, F. 175.

CAPITOLO PRIMO

INTRODUZIONE: TRAGEDIA E STORIA

Postille in margine ad un tema di grande momento

I. *La tragedia attica.*

La presente opera vuol essere un tentativo inteso a chiarire i rapporti che intercorrono tra i due massimi esponenti della più gloriosa epoca storica ateniese. La questione è già stata toccata da più di uno studioso, ma a tutt'oggi manca una trattazione specifica e, insieme, esaustiva dell'argomento; a parte il fatto che la portata dell'attività politica di Sofocle ha spesso subìto una accentuazione eccessiva [1]. Poco sappiamo in merito a tale attività e ai rapporti personali tra i due uomini; superfluo dire che le testimonianze rimasteci in materia saranno riportate nel corso della nostra disamina critica. Ma i nomi di Soocfle e di Pericle non si trovano accoppiati nel titolo della presente opera in virtù dei rapporti personali che intercorsero tra i due. Io penso che in Sofocle e in Pericle si riflettano correnti spirituali essenziali, ma assai differenti, che caratterizzano lo sviluppo del pensiero e della fede religiosa in Atene. Essi non sono soltanto i massimi, bensì anche i più genuini rappresentanti del loro Stato e del loro tempo.

---

[1] Il più completo tentativo di una caratterizzazione dei due personaggi sullo sfondo delle correnti spirituali del loro tempo è opera di ED. MEYER: *Geschichte des Altertums*, vol. IV. Tale caratterizzazione rimane tuttora eccellente, anche se oggi non possiamo più condividere tutte le opinioni del Meyer.

Debbo ammettere che ciò, per il momento, ha tutta l'aria di una affermazione gratuita, cui necessita un corredo di prove, quantunque *a priori* essa sembri tenere parvenza di verità. Nessuno — eccezion fatta, forse, per Fidia — può incarnare ed esprimere lo spirito ateniese del V secolo meglio dello Statista e del Tragico. Certamente anche l'arte di Fidia fu un'espressione autentica e caratteristica del proprio tempo; ma due notevoli ostacoli impacciano chi intenda definire chiaramente la funzione rappresentativa di Fidia. In primo luogo agli archeologi riesce difficile, per non dire impossibile, mettersi d'accordo circa le opere che vanno attribuite a Fidia e circa le caratteristiche artistiche essenziali che contraddistinguerebbero questo scultore [2]. Il secondo ostacolo va riposto nel fatto che Fidia, per quanto fosse amico di Pericle, per la grande maggioranza dei suoi concittadini rimase sempre un artigiano, che non avrebbe mai potuto assurgere al ruolo di personalità-guida rappresentativa. Nel caso del Tragico le cose stanno diversamente. Al tempo suo Sofocle era, non meno di oggi per noi, un esponente tipico ed eminente dell'epoca che porta il nome dello Statista [3].

Stando così le cose, rimane pur sempre il fatto che l'opera di uno statista costituisce il tema più appropriato, anzi la materia più propria e sostanziale, dell'indagine storica, laddove l'opera di un poeta normalmente non rientra nell'àmbito specifico dello storiografo. Tuttavia da più parti, anche se non universalmente, si ammette che il Tragico attico è più che un semplice autore di opere teatrali, differenziandosi per molteplici rispetti da tutti gli altri poeti. In questo àmbito di considerazioni tocchiamo uno dei tratti più salienti del nostro tempo, che trova il suo opposto più estremo nella tendenza alla « sociologia », in auge soprattutto oltre Oceano. Il concetto informatore delle argomentazioni

---

[2] Parecchi archeologi hanno scritto monografie o lunghi saggi su Fidia; sarebbe tuttavia avventato asserire che se ne possa ricavare una immagine anche soltanto approssimativamente chiara ed unitaria dell'operato di lui. Gli scritti più convincenti sull'argomento risultano essere, in sostanza, quelli di B. SCHWEITZER, di cui egli stesso ci ha fornito una sorta di compendio (con il significativo titolo « A proposito di Fidia ») in *Das neue Bild der Antike*, 1942, I, pp. 256 sgg. — Per ciò che concerne la vita e la cronologia di Fidia vedasi soprattutto: JACOBY, *FGrH* 328 F. 121.

[3] Cfr. C. H. WHITMAN, *Sophocles*, 1951, p. 222: « His works... may be classed with the Funeral Oration... as testaments of the spiritual tenets and aspirations available to the contemporary Athenians ».

dei critici è che ogni trattazione in merito ad opere poetiche dovrebbe essere fondata su una valutazione di esse in base a criterî meramente poetici. Il che appare plausibile e ragionevole, e non saremo certo noi a tralasciare avventatamente siffatto criterio. In fondo anche lo storico è figlio del proprio tempo. Io pure vivo all'ombra di quell'eminente baluardo da cui gli storici letterari, che nel caso in questione faremmo meglio a chiamare scienziati della letteratura, dominano le provincie dello spirito e dell'arte. Talché fu necessario che io superassi preliminarmente talune resistenze in me stesso, al fine di acquisire la giusta posizione nei confronti del mio tema. Comunque si giudichi dei risultati da me raggiunti, qualunque siano per essere nelle opinioni di coloro che scrivono trattati sulla tragedia greca i misfatti da me perpetrati, rimane come dato di fatto irrefutabile che la tragedia attica fu scritta sotto il profondo influsso della coeva vita spirituale ateniese, e però resta per noi la principale testimonianza di questo travaglio spirituale. In tal modo ci troviamo in presenza del problema fondamentale: quello circa la natura dei rapporti che vigono tra la tragedia attica e la storia. Nel corso della presente introduzione avremo modo di esaminare taluni aspetti di questo problema; e se in tali trattazioni dovesse sembrare che lo storico ficchi il naso là dove l'accesso è interdetto ai non autorizzati, egli si professa pienamente consapevole del fatto che nell'àmbito in questione altri vantano diritti più antichi e più validi.

Comincio con una constatazione che è chiaramente apodittica, epperò può suonare provocatoria: è compito dello storico trattare di Sofocle e di Pericle, dei loro vicendevoli rapporti, e del significato insito nel fatto che tali rapporti, mentre sono un riflesso dello spirito informatore dell'epoca, incidono al contempo su di esso. Lo storico della letteratura, — il quale si ricorderà giustamente di taluni precedenti male apposti tentativi che fecero della tragedia una fonte per deduzioni di carattere storico, e d'altra parte non ignora le vette e gli abissi raggiunti spesso dalla critica estetica e filosofica contemporanea —, nutrirà probabilmente riserve e sospetti nei confronti del titolo e dell'assunto di quest'opera. È nostra intenzione cercare di dissipare tali riserve e tali sospetti, confutandoli.

Abbiamo già notato che taluni storici del passato spesso hanno arbitrariamente interpolato troppe cose nelle parole di opere le quali, per la propria natura, furono concepite poeticamente e drammaticamente per la scena [4].

Questi storici si dimostrarono troppo inclini a porre in relazione interi drammi, o per lo meno parti importanti della vicenda drammatica, con reali accadimenti storici, quasi che la tragedia fosse una sorta di commentario della politica. Con ciò nessuno intende negare che tale riferimento qualche volta possa effettivamente sussistere, poiché in realtà spesso ci furono relazioni assai strette tra il teatro e il mondo reale. Di più: ci sono certamente allusioni che non ci riescono più intelligibili. Il fatto che, contrariamente alla tradizione mitologica, Agamennone nell'*Orestea* non dimori in Micene, bensì in Argo, e nelle *Eumenidi* si intessano con intenzionale forte insistenza le lodi di Argo e della sua amicizia nei confronti di Atene, trova naturalmente la sua spiegazione in un riferimento alla situazione politica generale instauratasi dopo il 461 a. Cr., ossia all'inimicizia tra Atene e Sparta e all'alleanza tra Atene e Argo. L'*Orestea* fu rappresentata nella primavera del 458. La descrizione, che Eschilo fa, della fondazione dell'Areopago ad opera di Atena, nonché le parole di severo ammonimento e consiglio, che il poeta pone in bocca alla dea, esulano naturalmente dall'àmbito proprio della vicenda e si riferiscono ad una situazione precisa, quale si era venuta creando alcuni anni dopo la soppressione dell'Areopago e sùbito dopo l'impunito assassinio di Efialte. Non è difficile reperire analoghe relazioni anche tra Euripide e il suo tempo [5]. Ma non è assolutamente mia intenzione adunare tutti i riferimenti di questo tipo, che si possono rinvenire nelle tragedie, enumerandoli partitamente [6]. Mi sono limitato a addurre un paio di esempî ben

---

[4] Ciò non vale soltanto per gli storici e nemmeno soltanto per il passato; un esempio: il noto filologo americano L. A. POST nel suo studio *From Homer to Menander*, 1951, pp. 73 sgg., scopre in Temistocle e in Pericle tratti di Eteocle e di Polinice, quali sono rappresentati nei *Sette contro Tebe* di Eschilo: un *tour de force* davvero notevole!

[5] Tuttavia le conclusioni di E. DELEBECQUE, *Euripide et la guerre du Péloponnèse*, vanno al di là di qualsiasi ragionevole interpretazione.

[6] In un saggio precedente (*Historia*, I, pp. 517 sgg.) ho cercato di dimostrare come la costituzione nelle *Supplici* di Eschilo rispecchiasse la democrazia ateniese del V secolo. La datazione di questa tragedia concordemente accettata dalla più parte degli studiosi, (viene situata negli anni

noti, solo per dimostrare che relazioni tra la tragedia e la storia sono reperibili già nell'àmbito di contenuti che, come questi, appaiono per così dire, chiaramente palpabili in superficie e sono di facile interpretazione; e perciò non è cosa improbabile che una disamina sensibile, sottile, condotta con scasso in profondità, possa scoprire relazioni ulteriori e di diverso tipo [7].

Torniamo ora al problema accennato dianzi: si tratta cioè di

---

attorno al 490 o in quelli attorno al 480), risulta posta in dubbio ad opera della confusa versione fornita da una didascalia (*Oxyrh. Pap.* XX 2256, 3) che sembra attestare una vittoria di Eschilo su Sofocle conseguita mediante la trilogia delle Danaidi, ossia in data successiva all'anno 468 (in cui cade la prima rappresentazione di una tragedia di Sofocle e la prima sua vittoria). In questa sede non mi è possibile illustrare le numerose difficoltà che la interpretazione del nuovo documento presenta. D'altra parte non ritengo còmpito mio difendere l'opinione di una datazione anteriore delle *Supplici*, condivisa finora dalla maggioranza dei filologi. Basterà che io qui accenni al fatto che i numerosi riallestimenti postumi di opere eschilee, effettuati ancor sempre sotto il suo nome, e le numerose vittorie conseguite dal poeta anche dopo la sua morte, rendono plausibile l'ipotesi che la rappresentazione menzionata nella nuova didascalia possa aver avuto luogo in un'epoca in cui Eschilo era già morto. I casi sono due: o la citata rappresentazione costituì una «prima» assoluta della trilogia delle Danaidi, che, per motivi a noi ignoti, pervenne alle scene soltanto dopo la morte del poeta, oppure il redattore della didascalia non aveva notizia di alcuna precedente rappresentazione della trilogia stessa; ed è forse più probabile questa seconda ipotesi, se è vero che l'effettiva «prima» rappresentazione avvenne in epoca di molto precedente (si veda ora, in generale, M. POHLENZ, *Griechische Tragoedie*,[2] II, pp. 22 sgg.). Il termine *mesatos*, che si trova nella suddetta didascalia, si può ritenere — ed è meno impossibile di quanto pensassi — un nome di persona; LESKY, *Hermes*, 82, 1954, 10, ha trovato un cittadino di Eretria, che portava questo nome, in IG XII 9, 246 A 196. Ma io mi riferisco piuttosto all'ipotesi addotta *exempli gratia* da E. G. TURNER, CR. 1954, pp. 21 sgg., il quale, in luogo di un supposto tragediografo a nome Mesatos, propone di intendere questo termine come l'epiteto distintivo di un terzo tragico (Frinico?).

[7] Alcune pregnanti osservazioni in W. SCHADEWALDT, *Sophokles und Athen*, 1935, 6. Sovente i drammi vengono interpretati secondo punti di vista meramente psicologici, quantunque essi rispecchino altresì elementi storici e politici, condizioni e idealità sociali o spirituali di un'epoca. Ciò avviene soprattutto per le *Trachinie*; si veda il mio saggio « Tragic Heracles » in *Aspects of the Ancient World*, 1946, pp. 144 sgg. Richiamandomi qui e nella nota precedente a scritti miei non intendo con ciò asserire di avere a questo proposito scoperto alcunché di assolutamente nuovo. Molti studiosi hanno intrapreso ricerche in direzione analoga, anche se ciò per lo più è avvenuto mediante considerazioni isolate e sporadiche. Parecchi di questi studiosi sono da me citati nelle note che seguono; fornirne un elenco completo non avrebbe senso, ammesso che lo si potesse redigere. In questo àmbito ognuno deve trovare da sé la propria strada; non occorre tuttavia che io dica quanto sia debitore ad altri, che hanno agito in questo stesso campo.

sapere se le tragedie di Sofocle contengano elementi atti a chiarire la figura di Pericle. Spero con ciò di non perdere mai di vista le fondamentali difficoltà che si frappongono a qualsiasi soluzione di tale problema. Sofocle e Pericle erano contemporanei. Entrambi nacquero attorno al 495; ma il tragediografo sopravvisse di oltre vent'anni all'uomo di stato. A prescindere da taluni accenni, reperibili principalmente nelle commedie, gli elementi su cui si fonda la nostra conoscenza di Pericle non sono attinti da fonti contemporanee, anche se Tucidide, vissuto una generazione dopo Pericle, già da giovane fu ammiratore di lui. Il ritratto tucidideo di Pericle, disegnato sia in base ai discorsi dello statista che mediante osservazioni personali dello storico, è assai efficace e pregnante e rivela quella semplificazione e idealizzazione, che ci è dato vedere in grado forse ancor più accentuato, — per quanto ciò avvenga soltanto attraverso il velame di copie più tarde —, nella testa della statua di Kresilas. La caratterizzazione di Pericle fornita da Tucidide rimarrà sempre il punto di partenza per qualsiasi indagine condotta dallo storico moderno a proposito del grande uomo di stato; ma non mai di più. Ulteriore materiale lo dobbiamo soprattutto a Plutarco, il quale tuttavia riferisce altresì gran copia di pettegolezzi superficiali [8]. Le testimonianze epigrafiche sono importanti per illuminare certi particolari aspetti dell'operato di Pericle. Quando però ci chiediamo quale fosse l'impressione suscitata nei suoi contemporanei da una personalità tanto eminente, quale fu quella di Pericle, — impressione che sola può appieno definire l'uomo e la sua opera, — poco ci è dato reperire a questo proposito nelle fonti a nostra disposizione, anche se non dobbiamo dimenticare l'omaggio reso da Erodoto, ossia la sua famosa storia di Agariste che sognò di partorire un leone (VI, 131). Sappiamo che Pericle conobbe bene Sofocle, e che uomini quali Anassagora, Protagora e Fidia erano suoi amici; è comprensibile che desidereremmo saperne di più. Ci piacerebbe vedere Pericle nel quadro delle correnti intellettuali e spirituali che caratterizzarono la vita interiore della sua epoca; e di tali elementi parecchi sono rispecchiati indubbiamente nell'àmbito della tragedia. Proprio per questo risulta necessario travalicare — a dispetto di tutte le difficoltà

---

[8] Di Plutarco e Pericle tratta ora M. A. LEVI, *Plutarco e il V secolo*, 1955.

che ciò comporta — lo iato che separa i due mondi: quello del Tragico e quello dello Statista.

Esiste una qualsiasi ragione valida a fondamento dell'opinione condivisa da molti, secondo cui una prospettiva storico-critica di questo tipo sarebbe inficiata da vizio radicale? Per quanto il paragone, che ora adduciamo, calzi soltanto in parte, vorremmo tuttavia richiamare l'attenzione sul fatto che nessuno ha mai veduto un vizio radicale in una disamina intesa a stabilire, ad esempio, i rapporti intercorrenti tra Virgilio e Augusto; al contrario, è universalmente ammesso che una disamina di questo genere può chiarire parecchi elementi sia in merito al poeta che in merito all'uomo di stato. Sappiamo che Augusto cercò di adoperare Virgilio per i suoi fini politici. È altresì possibile che, per converso, la profonda saggezza e l'umano calore del poeta abbiano a tratti influenzato la politica imperiale. Nulla di tutto ciò compare a proposito di Sofocle e di Pericle. Ma si esaurisce davvero in questi elementi tutto quello che possiamo dire in merito ai rapporti che vigono tra Augusto e Virgilio? Non dobbiamo, invece, pórci dei quesiti più sottilmente sfumati, come quello, ad esempio, circa l'atteggiamento del poeta italico nei confronti della politica imperiale di Roma? Ci fu una qualsiasi affinità tra la visione racchiusa nella quarta Egloga e la spietata politica di Ottaviano nell'anno 40 a. Cr.? Rispondere a questi e a simili quesiti non rientra nell'àmbito dei còmpiti che mi sono proposto [9]. Ho richiamato la questione soltanto per far presente come non sussista alcuna ragione perché i rapporti tra i due Romani dovessero essere sostanzialmente più intimi o più importanti di quelli intercorrenti tra i due Ateniesi.

Si potrebbe anzi asserire che si verifica proprio il contrario. Virgilio scrisse essenzialmente per la classe elevata dei Romani colti, la quale proprio in quel tempo attraversava una fase di rapida metamorfosi strutturale, poiché veniva estromessa dalla sua posizione di classe dominante nello Stato e nell'Impero o, meglio, la abbandonava spontaneamente, per quanto Augusto

---

[9] Per quanto concerne i rapporti tra Virgilio e Ottaviano vedi OPPERMANN, *Hermes*, 1932, pp. 197 sgg.; STARR, *AJP*, 1955, pp. 34 sgg. Cfr. altresì l'interessante conferenza di W. S. MAGUINNESS «Some Reflections on the Aeneid», *The Wind and the Rain*, VII, 1951.

assai per tempo provvedesse a reinserirla in seno alla propria amministrzione imperiale. È evidente che tra costoro soltanto una esigua minoranza nutriva interessi letterari serî. Quanti in realtà avranno letto un'opera come l'*Eneide*? È difficile dirlo; ma se, con l'avanzare siffatto quesito, dimostriamo di nutrire giustificati dubbî in proposito, ciò sta a significare quanto debole e angusta fosse la piattaforma della comune esperienza sociale e politica, la quale soltanto poteva conferire ai rapporti tra uomo di stato e poeta una importanza reale che andasse al di là dell'àmbito meramente personale. Laddove il Tragediografo attico scriveva per il popolo degli Ateniesi, al cui giudizio si sottometteva, in quanto partecipava all'agone; scriveva per una festa religiosa dello Stato e del popolo. Con ciò egli si rivolgeva allo stesso pubblico cui Pericle parlava nelle assemblee popolari. Così che in questo caso l'uomo di stato e il poeta si trovavano a poggiare sopra un ben saldo terreno comune, costituito dalle esperienze acquisite dal popolo ateniese nel passato e nel presente.

Cotesta opinione trova la propria conferma nel tradizionale legame che unisce la tragedia e lo Stato [10]. Il fatto che Dioniso divenisse a poco a poco una delle divinità della *polis* si deve ad alcuni dei grandi tiranni, quali Periandro di Corinto e Clistene di Sicione; e grazie alla protezione e alla politica di costoro il coro che veniva cantato in onore del dio, ossia il ditirambo, divenne un'opera d'arte regolata da precise norme, la quale aveva per contenuto un determinato mito. Anche se le origini della tragedia rimangono avvolte nell'oscurità, è fuor di dubbio il fatto che lo Stato ebbe una parte di primo piano nello sviluppo di essa. In séguito Pisistrato diede alla tragedia sede stabile e definitiva. Egli istituì la ιesta pubblica delle Grandi Dionisie, che divennero la cornice e lo sfondo di tutte le rappresentazioni tragiche in Atene; e si dice che durante la sua signoria Tespi introducesse per la prima volta il personaggio dello ὑποκριτής ossia di «colui che risponde», dell'attore, cioè, che veniva ad inserire nella tragedia, accanto al canto corale, la parte dialogata, e con ciò rendeva possibile l'azione drammatica, il δρᾶμα.

---

[10] Vedi A. SCHENK v. STAUFFENBERG, *Dichtung und Staat in der antiken Welt*, (s. d.), pp. 31 sgg.

Allorché la tragedia assurse a parte regolare e accuratamente elaborata della festa in onore di Dioniso, essa divenne al contempo un avvenimento di grande importanza: in quell'occasione cittadini figuravano e nella parte di coreuti e nella parte di attori di un'opera teatrale che, in genere, era stata scritta da un concittadino, veniva rappresentata dinanzi ad un pubblico formato da cittadini, nonché da pochi stranieri, ed era sottoposta al giudizio ufficiale di una commissione di cittadini. Le spese dello spettacolo venivano assunte volontariamente da un cittadino, che provvedeva altresì all'allestimento dell'opera teatrale e aveva funzione di corego. In tal modo il teatro veniva ad essere veramente cosa dei cittadini, del popolo di Atene, e chiunque avesse parte nello spettacolo, serviva al contempo il dio Dioniso e la comunità. Sebbene il contenuto e la problematica della tragedia esprimessero con minore immediatezza della commedia le opinioni e i sentimenti del popolo, nondimeno non vigeva in questo senso tra i due generi una differenza sostanziale; così che in effetti « il teatro si identificava con la *polis* »[11].

Codeste circostanze esteriori particolari, che condizionavano le rappresentazioni di opere drammatiche, fecero sì che la posizione del poeta tragico greco fosse assai diversa da quella del moderno drammaturgo. Di conseguenza anche il nostro atteggiamento nei confronti dell'opera del poeta antico dovrà essere diversa. A mio avviso ogni drammaturgo, anzi più o meno ogni poeta, può essere studiato in tre modi, i quali talora risultano bensì l'un contro l'altro armati, ma non mai suscettibili di una totale rescissione, e sono tutti necessari, qualora si voglia ottenere una immagine completa. Si potrebbero forse riassumere i tre criteri in questo senso, che nell'uno si tratta del poeta in quanto artista, nel secondo del poeta in quanto espressione del proprio tempo, nel terzo del poeta in quanto voce dell'eternità[12]. A questi tre criteri corrispondono i metodi della valutazione critico-letteraria, della ricerca storica e dell'interpretazione filosofica. Per quanto nessuno di questi tre metodi debba mai essere del tutto

---

[11] Vedi *PofA*, p. 37; tuttavia, a partire dalla metà circa del secolo V, compaiono fra i tragediografi anche alcuni non-Ateniesi.

[12] Cfr., ad esempio, la prefazione di T. Spencer a *Shakespeare and the Nature of Man*, 1943.

trascurato, l'importanza di ciascuno varierà caso per caso, a seconda della specifica natura di ogni poeta e in base alle premesse sociali, o altre che siano, del suo mondo; per ciò che concerne, in particolare, il drammaturgo, tale variazione avverrà soprattutto in base alle circostanze che presiedono all'azione dei drammi e tenendo conto delle loro rappresentazioni. In ordine generale si può asserire che, quanto più remoto dal nostro è il mondo del poeta: più remoto e nel tempo e nello spazio e nello spirito, tanto più è necessario che noi si abbia chiara visione delle condizioni e dello spirito animatore di questo suo mondo, perché si possa comprendere la sua opera e apprezzarla degnamente.

Nel caso di un tragediografo greco non soltanto la realtà della distanza che sussiste tra il nostro mondo e il suo corrobora l'esigenza da noi testè prospettata. Certamente si potrà cercare di spiegare l'arte sua in base ad una disamina dei suoi mezzi e dei suoi metodi poetici consapevoli e inconsapevoli; si potrà sentire nella maniera più profonda l'eterno messaggio annunciato dal poeta; ma ci mancherà la comprensione piena ed essenziale, che sola può schiuderci il carattere vero di un'opera, qualora non si penetri appieno nel mondo del poeta: tanto nel mondo che lo circonda, quanto nel suo proprio mondo interiore. Il tragico greco non era un isolato che scriveva componimenti belli, chiuso in solitaria torre d'avorio. Non scriveva per un manipolo di raffinati conoscitori e neppure per una classe elevata colta. Era un uomo che parlava al proprio popolo, ai suoi concittadini; le sue opinioni, le sue credenze e i suoi sentimenti erano, a un dipresso, identici a quelli loro, anche se, per così dire, si trovavano in lui sopra un piano più alto. Consapevolmente o inconsapevolmente egli recava loro un messaggio che essi potevano intendere; e questo suo messaggio si rivolgeva ai viventi e non ai posteri [13]. Il contenuto e la vicenda delle tragedie

---

[13] T. S. ELIOT, «The Social Function of Poetry», (*The Adelphi*, 1945, pp. 152 sgg.), istituisce una distinzione tra l'intenzione del poeta e la funzione effettiva sortita dalla sua opera. Anche se tra i due termini non sussiste identità, vige tuttavia una ampia corrispondenza. Secondo Eliot «it is the business of the poet to express and to criticize culture in which he lives and to which he belongs», ma «he cannot be judged by his purpose». Allora il poeta dovrà essere giudicato in base al modo in cui adempie questo suo còmpito e questa sua funzione. Il che, in altri termini, significa che la sua intenzione si è risolta nel suo còmpito.

erano per lo più forniti da miti che riuscivano familiari al pubblico, così che l'interesse per le nuove versioni delle antiche leggende risultava più forte dell'ansiosa attesa di ciò che l'azione ancora avrebbe riservato. Il poeta era tenuto a chiarire nel corso della propria opera la nuova versione da lui conferita al mito. L'arte del tragico attico non scaturiva soltanto, come avviene per ogni opera d'arte, dalla sintesi del genio poetico con lo spirito del proprio tempo, — talché riesce spesso estranea al nostro gusto e alla nostra intelligenza, nonché peregrina —, ma essa costituiva altresì un evento della vita pubblica, nel quale venivano rispecchiati, raffigurati e discussi i sentimenti e le opinioni del popolo, sovente portati nell'opera drammatica alle loro non ancora formulate o non ancora intuite estreme conseguenze. È privilegio del grande poeta elevare i problemi posti dalla vita di ogni giorno alla sfera dei valori eterni. Se mai arte severa e grande appartenne al popolo e fu intesa, ammirata e amata dal popolo, questa fu la tragedia attica. Essa rappresentò una parte nell'àmbito della vita di tutta la comunità, l'espressione dello spirito di tale comunità; e mentre percorse in tutta la sua ampiezza la trama dell'umano patire e anelare, al contempo si rispecchiarono in seno alla tragedia attica reali forze storiche che operavano in quell'epoca [14].

II. *La storia letteraria.*

Credo di non andare errato nella supposizione che la più forte resistenza alle concezioni da me esposte sorgerà dalle file degli storici della letteratura, i quali accampano la pretesa secondo cui qualsiasi tipo di letteratura sarebbe di loro esclusiva spettanza. Essi presumibilmente riterranno una sorta di sacrilegio il fatto che una delle massime tragedie attiche non venga unicamente considerata come un capolavoro del genio poetico e dell'arte drammatica, ossia soltanto nel suo aspetto di poeticità e di saggezza, in breve, di creazione artistica i cui tratti essenziali

---

[14] Spero che non vi siano dubbi sul fatto che io non intendo con ciò ritornare alla concezione secondo cui sarebbe sufficiente la individuazione del « *milieu* » proprio di un'opera d'arte, per « spiegarla » appieno.

si sottraggono a una qualsiasi valutazione meramente storica[15]. Taluni storici della letteratura (i quali, si sa, oggidì non sono più degli storici, né desiderano esserlo) hanno scritto opere eccellenti, che attestano la presenza di un sicuro gusto, di perspicacia critica e di intelligenza poetica sensibile e sottilmente affinata. Si dovrebbe tuttavia ammettere in linea pressoché generale che una interpretazione preminentemente estetica ritiene, per sua propria essenza, carattere soggettivo. Si è spesso cercato di trovare il criterio per una valutazione oggettiva. Da Aristotele in qua si è tentato di conseguire tale criterio oggettivo mediante una « poetica » di natura filosofica, ma questa ricerca difficilmente ha fruttato risultati che vadano al di là di una filosofia meramente soggettiva. D'altra parte gli studiosi stessi hanno spesso cercato di attingere criterî al di fuori dell'àmbito della poesia, talché anche la storia fu assunta al ruolo di strumento della critica letteraria, ossia di *ancilla artis poeticae*.

La forma più diffusa di critica, che sintetizza queste due tendenze, è certamente la biografia letteraria. In essa l'elemento storico viene di solito espresso mediante una raffigurazione dell'evoluzione personale del poeta sullo sfondo del proprio tempo. Allorché l'indagine si spinge al di là dell'individuo, ha inizio quella che a ragione si chiama storia letteraria. Molti grandi nomi figurano tra coloro che percorsero questa strada; ma è difficile negare che anche le migliori opere di questo tipo rimangono un *mixtum compositum* in cui i due ingredienti eterogenei non pervengono mai ad una perfetta fusione.

Naturalmente è doveroso ammettere che la storia letteraria possiede tutta una lunga tradizione e a ragione viene considerata come un importante ramo della scienza storica. Essa raggiunge talora una profondità che va ben al di là di una mera descrizione della vita e delle opere dei poeti o di una caratterizzazione di reciproci influssi, veri o presunti che siano. La storia letteraria

---

[15] Come la maggior parte degli storici della letteratura io qui non tengo conto del fatto che non ci sarà mai possibile comprendere pienamente la tragedia attica nella sua concretezza di arte scenica e formulare un giudizio esaustivo intorno ad essa, perché abbiamo scarsissime o nulle notizie a proposito di due degli aspetti più essenziali che la caratterizzarono: la musica e la danza.

può, per così dire, individuare rapporti sotterranei che risultano essere assai più che meri « influssi » e tali da porre in intima relazione un'opera con un'altra, un genio con un altro genio. La individuazione di siffatti nessi, che possono spaziare attraverso secoli, conferisce una più profonda giustificazione al tentativo di trattare storicamente una materia che per se stessa pare essere situata al di fuori della storia in una perfetta atemporalità.

Se, ad esempio, uno storico della letteratura ci avverte che l'*Elettra* di Sofocle riesce più intelligibile quando la si confronti con le *Coefore* di Eschilo e con l'*Elettra* di Euripide, ne può derivare l'individuazione di un rapporto reciproco che risulta avere maggior fondamento del problema di principio, — preliminare sì, ma più astratto —, circa la materia della tragedia e la sua diversa trattazione ad opera dei varî poeti. In effetti tale rapporto dimostra l'esistenza di diversi gradi della creazione artistica, — per quanto ciò non implichi affatto l'idea di un progresso in sede d'arte —, e questi gradi diversi sono parti di un processo storico che sfugge ad una valutazione meramente estetica o meramente storica. Comunque sia, in questo caso appare operante una forza storica, anche se essa sembra legata al mondo della letteratura. Ma come potrebbe questa forza essere legata in modo vivo al mondo della letteratura, e come potrebbe, insomma, avere senso un legame siffatto, se essa non fosse in certo qual modo parte di un cosmo storico più ampio? La letteratura — e lo stesso si può dire dell'arte, della filosofia e di altre manifestazioni dello spirito — è parte della civiltà e della cultura, cui essa appartiene, e però diventa una parte della storia.

Credo non sia superfluo illustrare quanto ho testé esposto, mediante un esempio assunto *ex contrario*. Se uno storico letterario moderno volesse confrontare l'*Edipo a Colono*, poniamo, con il *Re Lear*, — e più di una ragione potrebbe suffragare un siffatto raffronto; che, del resto, è già stato istituito [16] —, la sua valutazione verrebbe a porsi necessariamente e nettamente al di fuori del piano di una interpretazione storica. Tale valutazione non potendo essere altro che una critica meramente letteraria, poiché i due drammi considerati appartengono a due mondi storici differenti che poco o nulla hanno in comune tra

---

[16] Da Jebb nella sua edizione dell'*Edipo a Col.*, p. XXIII; per quanto questo argomento possa essere ulteriormente sviluppato.

loro, sarebbe, per così dire, istituire un raffronto fra ciò che non ammette raffronto. In ogni caso: anche se ciò che possiamo acquisire mediante lo studio dell'una tragedia a esplicazione e chiarimento di quell'altra è tale, forse, da dischiuderci un senso più profondo e riposto, di cui, con tutta probabilità, non era consapevole il poeta stesso, non ne risultano minimamente scalfite la peculiarità e l'essenza precipua e singolare dei due drammi. Comunque si voglia interpretare la fondamentale differenza che sussiste tra una tragedia greca e uno dei drammi shakespeariani [17], ogni opera rimane, in sé, espressione della propria epoca: espressione che è stata plasmata tanto dal genio del poeta, mediante il suo sentimento, il suo intelletto, il suo spirito, quanto dall'età sua e dal mondo che lo circondava. Ma mentre il grande poeta poggia saldamente i piedi sul patrio suolo e sta immerso nella propria epoca, al contempo attinge *sublimi sidera vertice* e spazia nelle piagge infinite dell'eternità, dove si incontra con pari suoi, venuti da altre epoche e da altri popoli.

L'esempio da noi addotto e la metafora di cui ora ci siamo serviti sono tali da illuminarci circa i limiti che si pongono ad ogni tentativo inteso a interpretare storicamente le opere d'arte. Chiunque si senta a buon diritto eletto a captare gli eterni dialoghi che si intessono negli eterei sublimi spazî tra i grandi maestri della poesia e dell'arte, segua la propria vocazione. Ma non dovrà meravigliarsi se coloro che più di lui aderiscono all'àmbito della terra non gli presteranno mai fede per intero o, per lo meno, non lo comprenderanno mai appieno. Forse egli ha inteso qualche accento di quegli immortali colloqui, ma forse sono soltanto rumori indistinti formatisi nel suo proprio orecchio.

Ogni opera letteraria è, in un certo grado, espressione degli avvenimenti storici, poiché ogni genio poetico è, al pari di ciascun uomo, figlio del proprio tempo. Noi tutti vediamo (per limitarci ai soli drammaturghi) in Shakespeare il poeta dell'età elisabettiana, in O'Neill l'Americano del XX secolo, in Kleist il Romantico tedesco, in Sofocle il poeta dell'Atene periclea. Que-

---

[17] Si può, ad esempio, considerare fondata l'affermazione di G. Lowes Dickinson, secondo cui Shakespeare fornirebbe «a many-sided representation of life», laddove il poeta tragico greco darebbe «an interpretation» (*The Geek View of Life*, p. 233)? Si tratta senza dubbio di una semplificazione schematica troppo ampia, per non dire addirittura tale da indurre in errore.

sti Grandi sono espressioni del loro tempo. E lo sono, al contempo, in misura maggiore e minore della media dei loro contemporanei: maggiore, perché è naturale che il genio superi in intensità i pensieri e i sentimenti del proprio tempo; minore, perché il genio si spinge per gran tratto al di là dei suoi contemporanei. Scernere l'individuale e peculiare da ciò che è patrimonio generale comune, l'essenziale da ciò che è meramente casuale: ecco uno dei compiti più interessanti e, insieme, più complessi, che si pongono allo storico della letteratura.

III. *Lo storico e la tragedia.*

Tutto ciò che si è detto finora aveva il precipuo scopo di delimitare il particolare settore che costituirà l'àmbito d'azione della nostra indagine. Era necessario che si tracciassero dei limiti soprattutto nei confronti degli storici della letteratura. L'argomento fondamentale che corrobora la nostra tesi sta nel fatto che, quantunque sia e sempre debba essere importantissimo ed essenziale interpretare un'opera d'arte drammatica in base a criteri estetici e drammatici, una valutazione fondata sul criterio dell'arte per l'arte era quant'altra mai estranea ai Greci del V secolo. Pertanto io intendo contestare il monopolio di un metodo siffatto almeno là, dove gli autori presi in esame sono Greci. La partecipazione che il tragediografo greco rivela nei confronti delle opinioni e delle credenze del proprio tempo ha certamente poco a che fare con il valore puramente estetico delle sue opere (ammesso che tale valore esista); mentre è intimamente legata al contenuto e al senso più profondo e riposto dei suoi drammi, e perciò pure alla nostra intelligenza di essi. Talché ritengo non essere ormai più necessaria alcuna ulteriore richiesta di venia da parte mia, se imprendo il tentativo — sempre, si intende, limitato — di analizzare la situazione del tragediografo greco nell'àmbito delle correnti e delle forze spirituali del proprio tempo.

Ma dobbiamo ancora delimitare il nostro specifico settore nei confronti degli storici politici. Ripeto che a me pare più o meno insensato cercare in seno alla tragedia allusioni intenzionali a determinati avvenimenti politici o a circostanziate situazioni politiche, per quanto non intenda contestare in modo assoluto la possibilità di siffatte allusioni, specie quando esse appaiono parte di una più ampia e profonda significazione racchiusa nel dramma. In complesso si può affermare che la tragedia attica non rivestiva la medesima attualità di un volantino politico o di un dibattito all'assemblea popolare. Purtuttavia essa riflette i più importanti e più vasti problemi del giorno: quelle discussioni, cioè, che in tutti i tempi hanno luogo tra i singoli membri di una comunità, i quali necessariamente manifestano opinioni diverse a proposito di questioni fondamentali, o anche non proprio fondamentali, della vita e del pensiero.

Inoltre, quando si tratta dei rapporti che intercorrono tra il poeta e il mondo in cui ha vissuto, non va dimenticato un altro aspetto della questione. Allorché il tragico creava le proprie opere, aveva certamente dinanzi agli occhi personaggi viventi o eventi attuali; uomini e avvenimenti della mitologia venivano sovente plasmati dal « creatore » ($\pi o\iota \eta \tau \acute{\eta} s$) a imitazione di persone che gli erano vicine e familiari o di accadimenti del mondo in cui viveva. Tutti questi elementi potevano assumere un peso che oltrepassava di gran lunga la portata di un'allusione meramente individuale, e divenire in tal modo una componente considerevole del materiale poetico. Ma anche in questo caso la tragedia non diventa mera copia della realtà. Nel corso del processo di trasformazione creativa, da cui in sostanza scaturisce l'opera tragica nella sua veste definitiva, ogni « imitazione » così organata subisce necessariamente una metamorfosi che incide direttamente sul carattere di essa. Sarebbe contradittorio rispetto all'essenza e allo stile della tragedia, se avvenimenti esterni si interpolassero nell'opera del poeta senza subire un ampio processo di trasformazione. Ciò vale tanto più decisamente, in quanto tutti questi procedimenti non debbono necessariamente svilupparsi su un piano di consapevolezza soggettiva.

Come ognuno avrà ormai chiaramente compreso, il nostro principale interesse è in questa sede rivolto alla tragedia in quanto specchio dello spirito e dei problemi del suo tempo. Talché essa diventa necessariamente fonte storica. Con ciò non intendo sostenere che sia impresa particolarmente auspicabile o universalmente consigliabile il volgere capolavori dell'arte e della letteratura ad altri sensi che non rientrino nella loro originaria destinazione: poiché essi « sono stati creati per il godimento ». Godimento significa sia il pianto che il riso: una eco che sorge insieme dall'intelletto e dal cuore. Non significa certamente che un componimento poetico, un'opera drammatica, una statua diventino pure fonti storiche. È necessario, dunque, che io cerchi di dare ulteriore giustificazione al mio procedimento, quantunque abbia già esposto parecchi elementi a chiarimento dei miei scopi e delle mie intenzioni, e sebbene mi sia lecito sostenere essere cosa tutt'affatto possibile il godere di un oggetto senza perciò trascurare le implicanze storiche che esso comporta.

La nostra difesa principale è rivolta a dimostrare il seguente fatto: se le grandi opere d'arte ci forniscono l'unica traccia, o per lo meno la più importante, per la individuazione dello spirito informatore di un'epoca, per la caratterizzazione dei suoi esponenti principali e delle idee in essa dominanti, il còmpito dello storico risulta chiaro. Chi oserebbe trattare dello spirito dell'età medioevale senza avere preliminarmente consultato l'opera di Dante o di Walther von der Vogelweide? Come potremmo penetrare nell'essenza del Rinascimento italiano, nello spirito dei suoi Signori e Condottieri, senza avere studiato Boccaccio e Petrarca, Bramante e Leonardo da Vinci? In verità abbiamo pienamente diritto di porre l'arte e la letteratura al servizio della storia; e questo servizio, questo « ruolo accessorio », può diventare tanto essenziale, che tutti i dubbî in materia dovrebbero sparire. Ciò si verificherà anche più prontamente, se perverremo alla necessaria constatazione che, in primo luogo, la grande arte si preserva in virtù della sua stessa essenza dallo scadere al ruolo di mera fonte storica; mentre, in secondo luogo, possiamo comprendere più profondamente e valutare più adeguatamente le opere di un genio creativo, e forse a dirittura risuscitarle primamente a piena vita, soltanto se penetriamo le correnti spirituali dell'epoca in cui esse nacquero.

I rapporti fra tragedia e storia costituiscono un fenomeno che presenta molteplici aspetti. È tema principale di queste considerazioni introduttive l'illustrazione di due fondamentali questioni implicite nei rapporti anzidetti, ossia l'indagine circa i modi secondo cui la tragedia diventa storia e la storia tragedia[18]. Per

---

[18] Il termine « storia » in questa sede designa sempre eventi accaduti nel passato. La storia intesa come storiografia è un'altra cosa, e le possibili interferenze tra i metodi del tragediografo e dello storiografo esulano dall'àmbito della nostra trattazione, anche se tale argomento è estremamente interessante. Si veda il recente saggio di A. W. GOMME, *The Greek Attitude to Poetry and History*, 1954.

ciò che concerne la prima questione, credo di aver detto pressoché tutto quello che dovevo dire; spero tuttavia che essa risulterà ulteriormente chiarita dalla disamina della seconda questione.

IV. *La storia come tragedia.*

All'uomo del nostro tempo appare cosa assolutamente naturale che la tragedia attinga dalla storia la propria materia. Dal tempo di Marlowe e di Shakespeare le « istorie » drammatiche o le tragedie storiche hanno trovato posto sulle scene, spesso addirittura esercitandovi il predominio, e possiamo seguirne lo sviluppo fino a Schiller e a Shelley, anzi, fino a Shaw. Tuttavia, se consideriamo l'opera di Shakespeare, il quale ha scritto più tragedie storiche di qualsiasi altro drammaturgo, non si può affatto sostenere che tali tragedie si differenzino sostanzialmente dai suoi drammi « mitologici », quali il *Macbeth* o il *Re Lear*. I due generi hanno in comune tutti gli elementi essenziali: psicologia, poesia, pompa e splendore, *humor*, colpa tragica e delitto. Shakespeare seppe dominare il mondo del mito o della leggenda con la medesima maestria dimostrata nei confronti delle lotte di Roma o della storia d'Inghilterra. Egli sceglieva la propria materia là dove trovava una azione drammatica, che suscitasse interesse, e personalità eminenti. Analogo fatto si verifica in Eschilo, il quale scrisse sia i *Persiani* che l'*Orestea*. Tuttavia per il tragico greco il mito aveva un significato del tutto particolare; non mi sento autorizzato a decidere se e fino a qual punto la sua posizione nei confronti del mito si differenzi sostanzialmente dall'atteggiamento del poeta dell'età elisabettiana nei confronti delle antiche saghe e leggende.

Che i Greci nei loro miti, ossia nelle loro leggende intorno agli dèi e agli eroi, vedessero la lor propria preistoria, è verità lapalissiana. Ma questa verità risulta autentica soltanto fino a un certo punto. Il mito era anzitutto un fenomeno religioso, e se non soggiaceva all'estinzione da parte del razionalismo, rimaneva tale: vicino e presente come vicini e presenti erano gli dèi stessi, e non mai esaurito. Nella sua continua crescita e nel suo costante mutamento esso incarnava l'àmbito proprio dei poeti, dei pensatori e dei narratori, che tutti vivevano nella consapevolezza dell'onnipresenza degli dèi. Il mito era dotato di una propria vitalità; lo si poteva ulteriormente elaborare e colorire in quanto lo si arricchiva mediante nuove versioni e invenzioni. Esso aveva carattere conservatore al pari del culto e del rituale, per quanto riesca difficile e problematico identificare nell'uno l'origine prima dell'altro. Purtuttavia il mito conservò intatta la propria vitalità nel mondo greco; esso rimase una fonte feconda della creazione artistica e poté esser volto a dirittura a fini pratici [19]. Mai, almeno durante l'età classica greca, le vicende del mito fornirono semplicemente lo spunto o la materia per invenzioni poetiche individuali. Esiste una fondamentale differenza tra l'uso del mito nel V secolo e il modo in cui esso venne utilizzato, poniamo, da poeti dotti del tipo di Callimaco, per tacere di Ovidio e degli altri poeti di età più tarda. Il motivo di tale differenza non è da ricercarsi nell'àmbito della creazione poetica e nel valore propriamente poetico; essa era determinata dalla mutata posizione del poeta in seno al mondo sociale e spirituale che lo circondava, e dal mutato atteggiamento del pubblico nei confronti degli dèi e, in particolare, nei confronti delle narrazioni mitologiche. L'intima forza propria dei miti idillici o romantici delle odi pindariche, nonché caratteristica del mito assurto a dramma, era fondata sul fatto che questi componimenti avevano carattere religioso ed erano destinati a commuovere il grande pubblico. Nuova linfa spirituale penetrava costantemente nel mito, e naturalmente i poeti rispecchiavano le credenze e le idee della loro propria epoca e dei loro contemporanei. Ma al contempo il mito rimase un'immagine spesso sublime, a volte selvaggia, sempre bella, delle fondamentali realtà dell'esperienza umana. Sussistevano certamente ampie e molteplici possibilità di un atteggiamento individualizzato, ma nessuno di questi atteggiamenti aveva sapore individualistico, era cioè tale da porsi al di fuori dell'àmbito della tradizione religiosa o al di fuori della *polis*: delle sue credenze, della sua

---

[19] Devo ammettere che non fornisco una chiara e univoca definizione del termine « mito ». La moderna distinzione di mito, saga, leggenda etc. (si veda, ad esempio, L. RADERMACHER, *Mythos und Sage bei den Griechen*, 1938², e, al polo opposto, si vedano le opere di WALTER F. OTTO e di K. KERENYI) è assai importante per ciò che concerne la nostra conoscenza in merito alle diverse forme del mito e ai suoi varî sviluppi, ma non avrebbe avuto alcun senso per i Greci stessi. In sostanza una distinzione di mito e saga lacererebbe l'intero tessuto della mitologia greca. Dei rapporti che legano la religione, e in particolare il mito, alla politica tratta lo studio di M. P. NILSON, *Cults, Myths, Oracles and Politics in Ancient Greece*, 1951, che è assai illuminante in materia.

politica, della sua opinione pubblica. Il mito tramandava le gesta delle divinità, degli eroi e degli uomini: era leggenda e saga; ma gli venivano costantemente conferite nuova forma e nuova significazione. Il mito non constava soltanto di storie relegate nel passato. Esso continuava a vivere in seno ad ogni età storica nuova, era in ogni senso attuale, finché i legami con il passato rimasero sufficientemente saldi e, per così dire, ovvî e pienamente spontanei. Quando la *polis* del V secolo intraprese la trasformazione strutturale e concettuale del mito, — giovandosi a tal fine principalmente, se pure non esclusivamente, della tragedia —, le nuove versioni si affiancarono al mito omerico, anzi, in parte, ne presero il posto [20].

Da tutto ciò risulta chiaramente che le sacre « istorie » del mito non costituivano storia, nell'accezione nostra del termine. Questo vale altresì per i più antichi storici greci, che fecero il primo tentativo, — più tardi coronato da successo in Tucidide —, inteso a ricostruire sulla base del mito i reali accadimenti storici, i grandi eventi della protostoria greca, quali la guerra di Troia e il predominio marittimo di Minosse: ricorrendo, per conseguire tale fine, primamente ad un puro razionalismo, di poi ad una critica storica [21]. Il nostro giudizio a questo proposito è forse troppo influenzato dal conclusivo e in tutto singolare risultato tucidideo. Certo le cose non si svolsero in maniera così semplice, quasi che, cioè, gli antichi logografi pervenissero a poco a poco, attraverso varii gradi di imperfezione, alla perfezione tucididea. È errato parlare in questo caso di « sviluppo »; e Tucidide si erge isolato, in solitaria grandezza. Anche secondo Tucidide la storia

---

[20] Cfr. H. WEINSTOCK, *Sophokles*, p. 302: « Ma come nel mito l'intera coscienza di un'epoca si rapprende, così essa coscienza nell'indefesso e molteplice travaglio attorno al mito acquista consapevolezza di se stessa, si conserva e insieme costantemente si trasforma, nella propria vitalità, in strutture sempre nuove ».

[21] CH. G. STARR, *Historia*, III, p. 282, sostiene, non senza valido fondamento, che non ci fu alcun predominio marittimo della Creta minoica. Ma quello che a noi interessa in questo nostro ragionamento è il fatto che i suddetti avvenimenti avessero carattere storico e non « mitologico ». « La guerre de Troie a eu lieu ». - Non ci è dato in questa sede esaminare il graduale sviluppo della coscienza storica presso i Greci; si tratta di un campo troppo vasto. Si veda, comunque, il breve e notevole saggio di B. SNELL in: *Varia Variorum. Festschrift für K. Reinhardt*, 1952, pp. 2 sgg., e, per un altro verso, l'interessante lavoro di BICKERMANN; CP. 47, 1952, circa talune conseguenze della storiografia razionalistica.

costituiva per i Greci più che una semplice immagine riflessa del passato. Essi nella storia non vedevano tanto la realtà, quanto piuttosto la verità al di là della realtà: la bellezza, la *pietas*, l'orgoglio, l'amore e l'odio, ossia, in ultima analisi, una fonte di saggezza o anche, semplicemente, un motivo di piacevole passatempo. I Greci non distinguevano il passato storico dal presente non ancora storicizzato. Gli dèi, mentre occupavano di sé le « istorie » del mito, erano al contempo pur sempre pienamente presenti, non in forma di esseri viventi e visibili, bensì nei loro simulacri, nelle loro azioni, nei loro segni e responsi oracolari. La *polis* racchiudeva in sé in ugual misura uomini e dèi. Tuttavia gli uomini avevano subìto determinati mutamenti: vuoi attraverso un graduale *descensus* dal paradiso dell'età dell'oro alla dura e terribile età ferrea del presente, vuoi attraverso un'ascesa dal primitivo stato dei selvaggi alla moderna perfezione dell'arte, del pensiero e della convivenza sociale. Ora, qualunque delle due concezioni si condividesse, — si fosse, cioè, in sostanza, indifferentemente pessimisti o ottimisti —, l'idea di uno sviluppo storico era assente da entrambe le *Weltanschauungen*. La vita veniva rappresentata in forme svariate, prive, in fondo, di nesso, ma sempre vigeva la dipendenza di essa dalle potenze divine. Talché di ogni personaggio, di ogni fatto del mito poteva comporsi una immagine nuova, e questa rimanere pur sempre una e medesima come quella che in virtù della propria pregnanza distintiva e designativa faceva scaturire in ogni Greco molte immediate associazioni d'idee. Il segreto del mito greco risiede nella sua perenne vitalità, nella sua ininterrotta presenza, anche quando esso rispecchiava, al contempo, un passato storico.

A questo proposito vorrei confutare una opinione che si è andata radicando in più di un'opera moderna sulla tragedia, siano esse condotte secondo gli schemi e i metodi della scuola « letteraria » o di quella « storica », indifferentemente. Partendo dall'ipotesi che il mito fornisca una immagine della età protostorica, si esige da esso « veridicità storica ». Qualsiasi deviazione da una rappresentazione « veridica » dell'età mitica, — comunque essa si articoli —, diventa allora un « anacronismo ». Con ciò si fa del mondo del mito un'epoca circostanziata e limitata nel tempo, e si dimentica la sua atemporalità. A nessun Greco sarebbe passato per la mente di considerare l'età del mito come un periodo in cui si nutrivano certe credenze, si condividevano certe idee, si possedevano determinate forme di convivenza sociale, laddove nella medesima età non si sarebbe avute certe altre credenze e opinioni, né sarebbero stati possibili certi altri elementi della vita sociale. Il mito non fu mai un'età remota, che soltanto lo storico avrebbe potuto far rivivere; mai esso poté assumere un carattere « astorico », uscire, cioè, dall'ambito della storicità. Quanto un poeta imprendeva a trasformare una qualsiasi narrazione mitologica, egli la rielaborava in base al proprio spirito e alle idee sue proprie, ossia anche secondo lo spirito dell'età sua. È errato voler istituire una distinzione fra tratti mitici, epperò quasi storici, da una parte, e tratti contemporanei, moderni, epperò anacronistici, dall'altra. Esiste sempre e soltanto un'unica unità, quella del singolo componimento poetico o del singolo dramma, in cui l'antico mito s'incarna, anche quando esso appare permeato e plasmato dallo spirito del poeta e del suo tempo.

Ciò vale, in sostanza, anche per quel tipo di tragedia in cui un poeta tratta un avvenimento del passato più recente, ossia un accadimento storico, nel vero senso del termine. Possediamo una sola tragedia intera, che confermi tale fatto: i *Persiani* di Eschilo, rappresentati nel 472 a. Cr.. Altre ancora però ne esistettero; così ad esempio, la *Conquista di Mileto* di Frinico (493 a. Cr.) nonché, probabilmente, i *Persiani* e le *Fenicie* del medesimo autore (476 a. Cr.?) [22]. Recentemente è stato ritrovato il frammento di una tragedia che si rifà alla leggenda di Candaule e Gige.

Con le tragedie suddette Frinico ed Eschilo portarono sulle scene i grandi avvenimenti politici del loro tempo. Assai poco sappiamo di Frinicio, se prescindiamo dal racconto della punizione che egli dovette subire perché nella sua tragedia più antica aveva provocato nel pubblico violenti accessi di dolore. A quanto sembra, Frinico cercò di raffigurare la triste sorte dei consanguinei Joni con un realismo carico di *pathos*, nell'intenzione, certo consapevole, di suscitare ira e ambascia negli spettatori [23]. In tal modo egli oltrepassava il limite imposto alla tragedia e certamente agiva, nello stesso tempo, al servizio di una certa determinata politica; ma neppure in questo caso è ammissibile sup-

---

[22] Cfr. A. R(ostagni), *Rfil.*, 80, 1952, pp. 282 sgg.
[23] Cfr. la narrazione che Erodoto VI, 21 sgg., fa a questo proposito. Di diverso avviso è Freymuth, *Philol.* 99, 1955, pp. 51 sgg.

porre che Frinico trattasse gli avvenimenti storici avendo di mira esclusivamente il loro carattere storico, e conformandosi in tutto e per tutto a tale carattere. Nelle sue *Fenicie* egli assunse certamente da Eschilo l'idea di rappresentare la grandezza della vittoria greca attraverso gli effetti che essa provocò sui Persiani. A prescindere da questo fatto nessuno dei due tragici aveva l'intenzione di fornire un quadro, per così dire, fedele della vita, dei sentimenti e del modo di agire proprî dei Persiani; anche se essi avessero avuto tale intenzione, non avrebbero potuto tradurla in realtà. Le tragedie venivano scritte da Ateniesi per Ateniesi, e i problemi in esse dibattuti erano problemi greci. La cornice persiana, in cui il poeta inseriva il dramma, faceva sì che gli riuscisse più agevole allontanare la propria materia dalla realtà presente e conferirle tratti mitici. (E con ciò ho esposto come realmente stanno le cose a questo proposito). Nei *Persiani* Eschilo tratta la lotta tra l'Asia e l'Europa, come eterno conflitto tra despotismo e libertà, tra ὕβρις e σωφροσύνη. Tale conflitto costituisce il tema di molte tragedie mitiche. L'ombra del vecchio re Dario appare come messaggera delle potenze divine che puniscono i distruttori dei templi e i profanatori degli altari. Con ciò Eschilo confuta la diffusa e troppo facile credenza che attribuisce ad un dèmone avverso o al ben noto φθόνος degli dèi la responsabilità delle tragedie umane. Serse e il coro sostengono questa concezione; l'ombra di Dario li contraddice con tutta la propria autorità, ma invano. Le parole di Dario esprimono una concezione più elevata e criteri più sublimi, che caratterizzano la *Weltanschauung* morale di Eschilo. È chiaro che qui ci troviamo di fronte ad un fenomeno puramente greco e puramente mistico; non c'è nessun accenno al carattere storico di Dario o di Serse. Non si tiene alcun conto dell'importanza che ebbe Maratona o Platea, per quanto questi due eventi vengano citati. Dario può rinfacciare al proprio figlio l'avere questi osato gettare un ponte attraverso l'Ellesponto, e l'essersi con ciò reso colpevole di ὕβρις e di empietà; mentre non si fa cenno alcuno al fatto che Dario stesso, al pari del suo generale Mardonio, avesse condotto le proprie armate al di là dello stretto e perciò avesse costruito anch'esso, con tutta probabilità, dei ponti. Questo fatto non impaccia il tragediografo, poiché a questi non interessa la storia, bensì la morale e la religione [24]. La stessa narrazione del messaggero sulla battaglia di Salamina, che può essere considerata la parte maggiormente storica del dramma, non è propriamente storica, per quanto coincida naturalmente con le principali vicende di essa, cui il poeta stesso partecipò e che erano familiari alla più parte degli spettatori. Questa narrazione rappresenta anzitutto una testimonianza e un elogio della *pietas* e dell'amore per la libertà proprî dei Greci. I *Persiani* non sono un dramma storico. Per divenire suscettibile di rappresentazione scenica la storia dovette essere « miticizzata ».

Trattando di questo argomento, nella edizione inglese ho parlato anche del frammento su Gige, recentemente rinvenuto. Dopo che, con parere pressoché concorde, esso è stato dichiarato ellenistico e non appartenente all'inizio del V secolo, e neppure frammento di tragedia, forse, bensì di un romanzo in versi, appare superfluo che io me ne occupi qui [25]. Comunque anche in questo caso, come ho già avuto modo di esporre in quella sede, non si tratta di un esempio attestante che la storia abbia fornito la materia alla tragedia, neppure in quel senso che si verifica a proposito della *Conquista di Mileto* o dei *Persiani*.

V. *La tragedia come storia.*

La formula « la storia come tragedia » ha scarso senso, per ciò che riguarda i Greci. Tuttavia può significarci qualcosa. Il fatto che il mito assorbisce in sé la storia non dimostra soltanto che in Atene non si dette tragedia puramente storica, ma altresì per converso, che il mito aveva contenuti meramente storici, o poteva averli. Un mito che sorgeva dagli avvenimenti storici del passato più recente, doveva necessariamente rispecchiare il mondo storico quale si configurava al tempo del poeta. È nella

---

[24] Eschilo fu forse il primo che considerò come $ὕβρις$ il passaggio di Serse per l'Ellesponto, e perciò ne fece una sorta di simbolo. Con ciò egli instaurò una tradizione che, canonizzata definitivamente da Erodoto, può avere influito ancora su Alessandro.
[25] È stato pubblicato primamente da E. LOBEL, *A Greek Historical Drama* (Proc. Brit Acad. 35). Degli studi critici, nel frattempo moltiplicatisi, citerò: K. LATTE, *Eranos*, 48, 1950, pp. 136 sgg.; CANTARELLA, *Dioniso*, 15, 1952, pp. 1 sgg.; LESKY, *Hermes*, 81, 1953, pp. 1 sgg.; cfr. anche GIGANTE, *Dioniso*, 18, 1955, p. 7.

natura propria del mito, in quanto materia della tragedia, che la formula « la tragedia come storia », intesa rettamente, determinasse decisamente e necessariamente l'essenza del teatro attico. Troppo spesso l'interpretazione « storica » non ha portato ad una vera e retta intelligenza del dramma e della poesia in genere; ma questo fatto non basta a giustificare una interpretazione meramente « letteraria », la quale traspone il dramma in un vuoto pneumatico al di fuori del tempo e dello spazio. Gli storici possono sempre apprendere parecchio dall'esegesi letteraria, la cui profondità e le cui finezze spesso restano precluse all'interpretazione puramente storica. Ma possiamo a buon diritto chiederci quanti tra gli spettatori poterono degnamente apprezzare tali acutezze e finezze, quantunque il pubblico teatrale ateniese fosse certo uno dei più dotati per fantasia e dei più preparati, criticamente, di tutti i tempi. Tanto più che le suddette acutezze e finezze sorgevano assai spesso dal subcosciente del poeta, sempre che, a dirittura, non siano frutto della sottigliezza e della sensibilità del critico moderno.

Certo il pubblico ateniese aveva un orecchio esercitato a captare i modi secondo cui il mito veniva configurato, e si sarà certamente chiesto perché un certo elemento apparisse particolarmente rilevato, un altro preterito e un altro, ancora, modificato. Naturalmente, gli Ateniesi avevano di ciò assai più chiara coscienza del lettore o spettatore moderno, e lo avvertivano in maniera di gran lunga più forte. D'altra parte essi consideravano la narrazione mitica, e la versione che ne dava il poeta, al lume delle proprie credenze e delle loro proprie tradizioni. È noto che i Greci consideravano i poeti, — e segnatamente, oltre a Omero, i tragici —, come maestri di dottrina per il popolo. Cotesta concezione antica, e spesso ricorrente attraverso i secoli, trovò nel nostro tempo la sua formulazione più radicale e la sua massima esaltazione nell'importante opera di Werner Jaeger intitolata *Paideia*. Ma l'individuazione di questa particolare funzione portò ad una netta distorsione del problema in questione. Ci si deve liberare dalla concezione di una poesia consapevolmente didascalica, didattica, senza con ciò perdere di vista l'importante aspetto di verità parziale insito nel contesto della poesia stessa. D'altra parte appare insensato cassare *sic et simpliciter* la concezione suddetta, e fare del poeta un mero artista. Se si considera la questione con obiettività, si deve ammettere che i luoghi comuni etici e i detti sentenziosi, che ricorrono in parecchi dialoghi e canti corali delle tragedie, rivestono senza dubbio un tal quale carattere didattico-didascalico, ed è altrettanto indubbio che la più parte delle tragedie contengono un loro particolare « messaggio ». Ma i tragici non erano « maestri di dottrina » perché intendessero deliberatamente addottrinare gli altri, bensì perché non potevano fare altrimenti [26]. Forse si potrebbe dire del tragediografo greco (se ci guardiamo, ben inteso, dall'attribuire un significato cristiano ai termini) che questi, più che un maestro di dottrina, fu un sacerdote, e sacerdote, perché fu anche un uomo impegnato da una professione di fede, e fu tutto questo, proprio in quanto fu poeta. La tragedia era per lo spettatore greco un'esperienza sconvolgente e lo impegnava in grande ansia e tremore: un'esperienza che toccava in pieno tutto quanto l'uomo, i suoi sentimenti al pari dei suoi pensieri. Essa rappresentava un fenomeno del culto e della poesia, e l'arte del poeta plasmava in nuove forme la narrazione, che era al contempo divina e terrena: il mito. Questo, — ossia quel singolare e unico contesto di leggenda, storia, religione e poesia, che Aristotele (*Poet.* 1450 a, 38) definisce « principio e anima della tragedia », e che attingeva, al pari del « logos », il proprio significato semplicemente dal significato della parola —, costituiva « l'alato strumento » che schiudeva al poeta il cuore e la mente del proprio popolo.

Tale influsso del poeta era tuttavia reso possibile soltanto qualora questi partecipasse profondamente alla vita e ai sentimenti del popolo. La tragedia attica rappresenta la testimonianza più evidente del pensiero greco del V secolo, e difficilmente si può negare che una forte vicendevole interrelazione sussistesse in Atene tra la scena, da una parte, e la vita e il pensiero del popolo, dall'altra. Il fatto che ogni uomo risulti essere un prodotto del proprio tempo, rimane un dato di fatto assolutamente ovvio. Ma lo stretto rapporto che vige tra il tragediografo attico e la propria *polis* rivestiva un'importanza di gran lunga maggiore. Io ho dimostrato in base a diversi

---

[26] Cfr. T. S. ELIOT, *op. cit.*: « even with the Greek dramatists, did the poet really hope or intend to benefit his audience by precept or example? ».

fattori che la tragedia dovette portare ad espressione le tendenze spirituali dell'età sua. L'intensità di tale espressione fu condizionata di volta in volta dalla individualità dei singoli poeti nonché dal variare della situazione storica. Le vicendevoli relazioni tra il poeta e l'anima del popolo potevano essere superficiali o profonde, aperte o ascose. Ma esse sussistevano sempre; e se è vero che, per comprendere le opere di un poeta, dobbiamo comprendere il poeta stesso, e « entrare nel regno del poeta », per afferrarne lo spirito, questo criterio non riguarda soltanto il ristretto àmbito personale del singolo poeta. La grandezza dei tragediografi attici si fonda tanto sul loro personale genio creativo, quanto sul fatto che essi erano al servizio di una grande comunità unica nella storia.

CAPITOLO SECONDO

LE LEGGI NON SCRITTE

I. *Considerazioni preliminari.*

In molti paesi ed epoche diverse si può reperire il concetto delle leggi non scritte, le quali differiscono dalle leggi comunque codificate. Vorrei, se pure brevemente, illustrare la importanza delle leggi non scritte in seno allo sviluppo del pensiero inglese, poiché da tale delucidazione ci è dato apprendere talune cose. L'Inghilterra può dirsi il paradiso delle leggi non scritte. Non soltanto la costituzione, bensì anche il diritto comune, *the Common Law,* è la legge non scritta. Statuti, sentenze e simili non formano un *corpus* di leggi codificate, sebbene naturalmente essi siano stati raccolti per iscritto e abbiano vigore da secoli. Già nel 1596 Spenser, e non per primo, definì le antiche leggi irlandesi « un certo imperio di diritto, non scritto, ma tramandato attraverso la tradizione da una generazione all'altra »; e con ciò afferrò l'elemento sostanziale insito nelle leggi non scritte delle isole britanniche. La legge non scritta è tradizione. « La consuetudine, ossia la legge non scritta, fa sì che lo stesso re sia servitore del proprio popolo ». La tradizione costituisce senza dubbio la caratteristica più saliente della vita inglese, e basta pensare, ad esempio, alle leggi non scritte che regolano le cosiddette *Public Schools* o a quelle della

High Table nei *Colleges* oppure anche al cerimoniale dell'incoronazione [1].

Gli Inglesi non vedono nulla di eccezionale in queste leggi non scritte, tanto che non intendono attribuire ad esse neppure una designazione così altisonante. Ma dal momento che le leggi non scritte significano tradizione, esse appartengono alla storia ed hanno origine umana. Le leggi non scritte costituiscono una parte, e precisamente una parte oltremodo importante, in seno alla vita della comunità e dello Stato nel corso della sua secolare formazione ed evoluzione. Con questo resta affermato che le leggi non scritte non sono la rivelazione di un'autorità trascendente. D'altra parte Milton parla di «quelle leggi non scritte e di quelle idee, che la natura ha posto in noi». In questo caso la natura delle leggi è del tutto diversa. Le leggi non scritte diventano qui le leggi morali, che stanno scolpite nel nostro cuore e nella nostra coscienza. La legge non scritta è divenuta addirittura una legge scritta nel contesto delle rappresentazioni soggettive umane. La concezione miltoniana è forse soltanto l'espressione della fede che il secolo XVII nutriva nei confronti della legge della ragione; ma forse si può supporre che le parole di Milton siano state influenzate da idee attinte all'antichità classica, con le quali egli aveva tanta dimestichezza.

I Greci usarono il termine suddetto in un senso che differisce sostanzialmente dall'accezione che gli conferiscono gli Inglesi. Giacché, se è lecito parlare dell'antica Grecia come di un paradiso di un certo tipo di leggi, questa designazione riguarda soltanto quelle scritte. In tal modo la posizione delle leggi non scritte rimane naturalmente modificata, e questo termine rivela una contradittorietà intrinseca. Il concetto della legge scritta era tanto potente che persino regole generali del comportamento morale, come i cosiddetti «tre comandamenti», di cui avremo modo di occuparci ulteriormente, venivano considerate leggi scritte

---

[1] Quando le studentesse di Cambridge ottennero finalmente piena parità di diritti, e non soltanto nominale, il *Public Orator*, il quale proponeva il conferimento del dottorato *honoris causa* ad una storiografa di chiara fama, credette di dover reprimere i propri personali dubbi in favore della giustificazione dell'ordinamento anteriore, richiamandosi alla tradizione degli usi antichi: «insulsum est huius modi captionibus tranquillitatem academicam sollicitare. Nonne debetur mori maiorum reverentia? nonne magna sunt ἄγραπτα νόμιμα et praevalebunt?» (*The Times*, 10 giugno 1949).

di Dike[2]. Qualsiasi legge umana e politica era (a prescindere da Sparta) in sostanza legge scritta, e, se leggi non scritte esistevano, esse potevano presentarsi come contrastanti rispetto alle leggi ufficiali dello Stato e della comunità o per lo meno divergere radicalmente da queste. Tali leggi non scritte non rappresentavano semplicemente un uso abitudinario e una tradizione. Erano tali da porre, per così dire, un quesito alla religione e alla filosofia; sollevavano un'istanza e costituivano una sfida.

Vedremo in seguito fino a qual punto questa constatazione di ordine generale si verifichi ogni qual volta ricorra il termine in questione. La nostra indagine è volta a studiare l'uso del termine; pertanto rimangono al di fuori del nostro particolare àmbito di ricerca certi tratti della vita greca, che oggi forse si potrebbero considerare come leggi non scritte. Ciò che a noi interessa in questa sede è il significato che il termine aveva presso i Greci. La mia indagine rimarrà anzi circoscritta al secolo V, in cui vanno situate le più antiche fonti a nostra disposizione. Con questo intendo escludere, al contempo, l'uso del termine quale venne conformandosi sotto l'influsso più o meno deciso dei concetti filosofici; così, ad esempio, Aristotele si è servito particolarmente di questo termine[3]. Codesta limitazione farà sì che si possa ricostruire l'uso originario, o per lo meno quello più anticamente documentato, del termine. Nello stesso tempo io spero di portare con la mia indagine qualche contributo alla conoscenza e alla vita dell'Atene periclea. Perché proprio nelle parole del poeta più eccelso di quell'epoca, nelle famose parole pronunciate da Antigone nell'omonima tragedia di Sofocle, compaiono primamente, per quanto ci consta, le leggi non scritte.

II. La religione di Sofocle.

La concezione del mondo in Sofocle è essenzialmente tragica. I suoi drammi rappresentano più che mere tragedie di individui

---

[2] Eschilo, *Supplici*, 707 sgg.; θέσμια Δίκης. Tornerò su questo punto nell'Appendice.

[3] Il metodo da noi seguito in questa sede contrasta con quello di R. Hirzel (ΆΓΡΑΦΟΣ ΝΟΜΟΣ. *Abh Sächs. Ges. d. Wiss.*, XX, 1900), il quale fonda su Aristotele la propria dissertazione, pregevole ma infirmata nei presupposti metodologici.

isolati, che attraverso la nota concatenazione di eroismo e colpa vengono coinvolti nella sventura: quella concatenazione, che apparentemente costituirebbe il *proprium* distintivo della tragedia, in quanto provoca compassione e tremore o, meglio: commozione e orrore. In questo schema Sofocle si lascia coartare ancor meno di Eschilo. Il concetto di colpa tragica è, a mio avviso, estraneo alle sue tragedie, sia che lo si consideri nel senso aristotelico, sia, invece, dal punto di vista moderno [4]. I suoi personaggi non sono privi di colpa, poiché essi sono uomini; ma la loro sorte non risulta determinata dalla loro colpevolezza o dalla loro innocenza. La loro tragicità sta appunto nel fatto che essi, nonostante i loro errori e misfatti, sono « innocenti ». Forse sarebbe più esatto dire che le loro azioni stanno al di là della colpevolezza e dell'innocenza. La tragicità di questi personaggi è tragicità umana: è in sostanza la tragicità insita nell'essenza dell'uomo. Gli uomini sono fantocci nelle mani di potenze trascendenti la sfera dell'uomo. Il dominio degli dèi sugli uomini: ecco « il fato »; e il comportamento dell'uomo di fronte al fato determina la grandezza ed anche la tragicità delle sue azioni. L'uomo è posto in un mondo determinato dagli dèi, sia nel bene che nel male. Egli deve affrontarlo, vivere e affermarsi in esso. Il destino dell'uomo è inserito nell'ordine divino del mondo; e quando l'ordine divino e il disordine umano vengono al cozzo, si sprigiona la scintilla della tragedia.

La soluzione del conflitto tragico avviene attraverso la lotta eroica dell'uomo contro il fato, sia che questa termini con la rovina, o finisca con la sopravvivenza dell'uomo, oppure, ancora,

---

[4] Bowra, pp. 306 sgg. (vedi nota seguente), accenna alla ragione per cui la spiegazione che Aristotele fornisce a proposito della tragedia non è pertinente in merito alle tragedie di Sofocle, per quanto essa si fondi essenzialmente su queste. Gli elementi sostanziali sono stati espressi in modo eccellente dal recensore dell'opera di Bowra, nel *Times Literary Supplement* del 24 giugno 1944: « Aristotle... missed the essential Sophokles. He left ou the gods ». Un caso parallelo si ha nella critica di Reinhardt nei confronti della interpretazione aristotelica fornita dallo Jaeger a proposito del Prometeo eschileo (K. Reinhardt, *Aischylos als Regisseur und Theologe*, [1949], pp. 64 sgg.). La migliore confutazione di tutte le teorie dell'$ἁμαρτία$ si trova presso Whitman (vedi nota seguente), pp. 22 sgg. Per una nuova interpretazione della teoria aristotelica in merito alla tragedia si veda l'importante studio di Schadewaldt, *Hermes*, 83, 1955, pp. 129 sgg.; da questo assumo i termini « commozione e orrore », quali corrispondenti dei greci $ἔλεος$ e $φόβος$. Ma cfr. altresì Pohlenz, *Hermes*, 84, 1956, pp. 49 sgg.

— ed è questo il caso unico dell'*Edipo a Colono* —, con la sopravvivenza attraverso la rovina. Qui tocchiamo mediatamente l'interiore evoluzione del tragediografo. Non è passato molto tempo da che è stato individuato il mutamento intervenuto nella concezione sofoclea del mondo, quale si articolò tra gli anni della piena maturità e quelli della tarda vecchiaia. Esso si rispecchia sopra tutto nell'atteggiamento di Sofocle nei confronti degli dèi. Nelle sue opere più tarde gli dèi non appaiono più come gli esecutori inesorabili del fato; sono più sublimi, eppure più propensi a soccorrere e a perdonare. In questa opera ci si occupa sopra tutto dell'epoca in cui Pericle era ancora vivente; la religione che caratterizzò il grande periodo della maturità di Sofocle, — dall'*Aiace* fino all'*Edipo Re* —, costituisce l'argomento proprio di queste considerazioni introduttive. Nessuna strada porta più direttamente a Sofocle di quella che passa attraverso la sua religione. Nessuna interpretazione di qualsivoglia particolare aspetto dell'opera di Sofocle, della sua arte o della sua personalità, ha senso, qualora non tenga per fermo il fondamentale dato di fatto che la concezione sofoclea del mondo, — *Weltanschauung* nel senso proprio del termine —, era religiosa. Tuttavia questa caratterizzazione è alquanto vaga e si attaglia ugualmente ad Eschilo, il quale, è noto, poggiava sopra fondamenti tutt'affatto differenti. Una caratterizzazione vera e propria della religione di Sofocle esula dall'àmbito del tema trattato in questa sede; inoltre sento di non essere in grado di affrontare positivamente un compito di questo genere, né di fornire una valutazione esauriente delle tragedie di Sofocle [5]. Spero

---

[5] Esulerei sia dalle mie intenzioni che dalla mia specifica competenza, se intendessi fornire una disanima critica della moderna letteratura su Sofocle; ma un paio di osservazioni sono indispensabili. Ci troviamo in mezzo ad un periodo di fioritura degli studi sofoclei, dovuta ad una più approfondita conoscenza di un poeta che in base ai lavori di critici precedenti sembrava risultare non molto più di un uomo «armonico» e «pio», un Eschilo annacquato, che non possedeva né la forza etica di questi, né l'acume razionale di Euripide. La personalità di Sofocle aveva perduto qualsiasi interesse, anche se veniva rivestita dell'aureola di una perfezione classica. Negli studi più recenti l'immagine del poeta è andata mutando, anche se finora non ci è stato fornito un ritratto unitario; ché, anzi, la disparità dei punti di vista pare più intricata che mai. Intanto non ci interessano in questa sede quelle opere che, per quanto egregie esse possano essere, mirano unicamente a dimostrare che l'obiettivo principale di Sofocle fosse o quello di conseguire certi effetti drammatici e teatrali, o di poetare, semplicemente, avendo per fine la poesia stessa. Tuttavia vorrei ricordare A.J.A. WALDOCK (*Sophocles the Dramatist*, 1951), valoroso campione (talora

sia ben chiaro che il mio obiettivo è molto più modesto. Tuttavia non può essere trascurata la concezione di fondo del poeta, e va osservato per lo meno quanto segue.

L'elemento tragico insito nella concezione sofoclea del mondo rivela il nucleo della sua fede religiosa, ossia il fatto che l'uomo è in balìa di divinità strapotenti. Si afferma spesso che la religione di Sofocle non è altro che la religione greca tradizionale. Fino a che punto ciò corrisponde a verità? La religione tradizionale diventa facilmente convenzione. Ma nulla di convenzionale c'è nella fede di Sofocle, nella sua profonda individuazione dell'elemento tragico. Forse la sua convenzionalità sta nel fatto che egli si mantenne ligio al culto e al rituale; ma persino il meno convenzionale di tutti i Greci rammentò nei suoi ultimi istanti agli amici di sacrificare per lui un gallo ad Asclepio. Certamente Sofocle non fu un rivoluzionario. Né era sua intenzione elevare, — al pari di Pindaro e di Eschilo —, le credenze del popolo ad un livello etico più alto. Si potrebbe quasi affermare che Sofocle fece proprio il contrario: e cioè approfondì e corroborò i fondamenti della religione tradizionale. Suo padre spirituale è Omero; ed egli poté essere chiamato « l'Omero tragico » (Diog. Laert. IV,20). Nell'antichità classica, e parimenti nell'epoca moderna, si vide in Omero il rappresentante della religione tradizionale. La religione di Omero manca tuttavia di tragicità, anche se si riscontrano

---

contro mulini a vento); una sfida particolarmente pregnante rivolta a più di un interprete è questa sua constatazione: « The illogicalities that matter in a drama are those that are brought into focus - not those that are buried ». Credo di poter asserire che ho subito scarsamente l'influsso della importante ed esauriente opera di M. POHLENZ, *Die griechische Tragödie*, (ora apparsa in una seconda edizione completata; 1954). Naturalmente quest'opera mi era nota, e infatti la cito un paio di volte. Ma poiché sapevo che Pohlenz ed io, nonostante le differenze insite nelle nostre concezioni di fondo, eravamo pervenuti a risultati, in molti punti, analoghi, preferii mantenermi indipendente. Naturalmente mi rallegro del fatto che, *a posteriori*, ho potuto constatare che spesso i miei risultati coincidevano con i suoi. Altre opere, assai varie negli intenti e nei metodi, mi hanno guidato e fortemente influenzato. Citerò, accanto alla utile *Introduction to Sophocles*, 1935, di T.B.L. WEBSTER; K. REINHARDT, *Sophokles*, 1947[3]. H. WEINSTOCK, *Sophokles*, 1948[3]; E. TUROLLA, *Saggio sulla poesia di Sofocle*, 1934; M. UNTERSTEINER, *Sofocle*, 1935; C. M. BOWRA, *Sophoclean Tragedy*, 1944; C. H. WITHMAN, *Sophocles*, 1951. Inoltre ricorderò: J. C. OPSTELTEN, *Sophocles and Greek Pessimism*, 1952, e F.J.H. LETTERS, *Life and Work of Sophocles*, 1953, con i quali ho molti punti di contatto. La trattazione filosofico-giuridica di E. WOLF, *Griechisches Rechtsdenken II*, 1952, pp. 108 sgg., è, nonostante diversi arbitrii, acuta e degna di essere letta.

nella sua opera situazioni tragiche. Così la sorte di Ettore rivela la lotta insensata, e però tragica, tra la dignità e la grandezza dell'uomo, da una parte, e l'onta e la miseria del suo destino, dall'altra. Allo stesso modo Sofocle vede nella potenza e nella amoralità degli dèi la causa della tragicità umana. Gli dèi di Sofocle non sono né giusti né ingiusti; entrambe queste qualità sarebbero umane. Essi sono ciò che gli uomini mai possono essere, ossia divini. L'ordinamento del mondo è quello imposto da loro, e perciò, esso pure, né buono né cattivo, bensì creato e guidato ad opera della potestà divina [6].

Ecco ciò che l'uomo deve riconoscere: la eccelsa potenza degli dèi, la sua propria pochezza e la questione morale, che l'ordinamento del mondo gli impone a forza. Sofocle conobbe un unico problema reale, che stava sotteso a tutti i problemi singoli: l'uomo, la sua posizione, il suo comportamento, le sue azioni. Egli non pose problemi concernenti l'essenza degli dèi, come fece Eschilo e, in un senso tutt'affatto diverso, Euripide. Non fu un teologo e neppure un moralista [7]. Non pose in dubbio la giustezza dell'ordinamento del mondo; anzi, lo approvò in tutta la sua grandiosità e in tutto il suo tragico orrore. Il suo problema consistette nella ricerca di una risposta al quesito circa i modi in cui l'uomo può e deve atteggiarsi nei confronti dell'ordinamento del mondo, sussistente, e nei confronti delle potenze reggitrici. Còmpito dell'uomo è scoprire ciò che le potestà divine gli impongono, ciò che attendono da lui. Mai l'uomo potrà determinare il proprio destino; e tuttavia egli deve sforzarsi di plasmare la propria vita, i suoi rapporti sociali, le sue azioni e il suo pensiero, in conformità delle eterne leggi degli dèi. L'uomo non attinge la perfezione per il fatto di obbedire a ciò ch'egli ritiene

---

[6] Cfr. WHITMAN, *op. cit.*, p. 41: «He turned deliberately away from the suffering which was caused by sin... to the suffering which comes from moral action or simply of itself».

[7] E neanche un «umanista». Se effettivamente tutti gli interessi precipui di Sofocle si potessero riassumere in un «umanismo eroico», come sostiene il WHITMAN, né i suoi contemporanei, né le generazioni successive lo avrebbero ritenuto un uomo pio. WHITMAN fa distinzione tra l'uomo religioso e l'uomo pio, e crede che Sofocle fosse solo uomo religioso. Ma queste sono idee liberali moderne. Non abbiamo alcun diritto di negare a Sofocle quella *pietas* che rappresentava la qualità peculiare di Atene. Asserire che «l'idea eroica dell'uomo» costituisce una religione, e fare di Sofocle il profeta principale di questa (p. 223), significa equivocare su termini che hanno un senso reale ben preciso e tutt'affatto differente.

sia la legge particolare che regola la propria personalità, bensì perché, senza badare alle conseguenze, cerca di armonizzare con le leggi che reggono il mondo. E in tal modo l'uomo va incontro alla propria rovina: in ciò sta la tragica ironia del destino umano. Mentre per Eschilo la tragicità nasceva ad opera della ὕβρις umana, essa era data per Sofocle dalla natura stessa dell'uomo e dal solo fatto della sua esistenza.

Continuamente, in maniera consapevole o inconsapevole, lo uomo deve infrangere le leggi divine. Se l'uomo si affida unicamente alle proprie forze, si intrica facilmente nell'errore. Mentre gli dèi, anche se con spaventosa insensibilità e incomprensibilità si fanno crudelmente giuoco dell'uomo, non sono né muti né sordi. Ci sono oracoli e veggenti invasati, cui si deve obbedire; atti disumani, che vanno evitati; potenze demoniache, che si devono temere. Usi e obblighi consacrati vanno rispettati; talora compare addirittura una divinità e dice ciò che è ingiusto. È vero, in effetti, che la maggior parte dei Greci credeva negli oracoli e nei responsi arcani degli dèi, ma non sempre li assumeva alla lettera [8]. Da quanto Ettore disse: « Augurio ottimo e solo è il pugnar per la patria » (Iliade, XII, 243), si sono continuamente levate delle voci che contrapponevano il giudizio e il discernimento dell'uomo alla ambiguità degli oracoli e dei responsi divini. Edipo e Creonte certo potevano spregiare e offendere Tiresia, e in costui indirettamente, Apollo (Edipo Re, vv. 380 sgg.; Antigone, vv. 1133 sgg.); e potevano serpeggiare spesso voci circa un influsso da parte di determinate forze politiche, o addirittura di corruzione, nei confronti dell'oracolo di Delfo: tuttavia tali fatti non sempre erano considerati come un indice di mancanza di pietas.

Non molto diversamente avviene nel culto primitivo dei santi. Ma questa concezione corrisponde a quella di Sofocle? Forse nell'Edipo Re non si enuncia con tutta chiarezza che l'uomo deve obbedire agli oracoli, ma la loro verità ultima e terribile risulta chiaramente attestata. Lo stesso si può dire degli altri drammi di Sofocle: delle Trachinie, del Filottete, dell'Edipo a Colono. Certamente Sofocle non può essere citato a riprova del fatto che la fede negli oracoli non fosse sempre salda e inequivocabile, e che molti Greci non li accogliessero con assoluta sottomissione, senza opporvi

---

[8] Per quanto segue cfr. l'interessante articolo di A.D. Nock, Proceed. Amer. L. Philos. Soc., 85, 1942, pp. 472 sgg.

la discriminazione della propria ragione. Per Sofocle non esistevano dubbî circa la veridicità degli oracoli, e l'incapacità di seguire le indicazioni divine costituiva per lui una delle cause della tragicità della vita umana. A questo proposito poco importa se questa sordità sia determinata da una colpa dell'uomo stesso oppure dalle tortuose ambagi del fato. Per quanto sia grande e magnifico, l'uomo rimane vittima di forze che lo trascendono; di più: gli uomini diventano tanto più facilmente vittime, quanto più sono, o per lo meno paiono, eccelsi e degni di ammirazione. In ciò sta la tragicità della vita umana, quale appare sussistere in seno alla certissima e tuttavia insondabile armonia che informa l'ordinamento del mondo. Il sapere dell'uomo è incompleto e viene costretto nei propri limiti ad opera della sapienza divina. L'umano intelletto rimane impotente nei confronti della potenza degli dèi. L'uomo deve saper apprendere l'eterna grandezza degli dèi; la vita dell'uomo è vicenda e mutamento; solo la fine, la morte, è certa. Questa è la verità che accompagna Sofocle attraverso tutta la sua lunga vita: « Soltanto agli dèi è dato non invecchiare o non morire; tutto il resto soggiace al Tempo onnipotente » (*Edipo a Colono*, v. 607). In ogni religione il problema ultimo è quello della morte, giacché essa rappresenta la cesura tra il mondo al di qua e il mondo al di là, quel limite tra uomini e divinità, che appare altrimenti tanto incerto per i Greci.

Tutti i drammi di Sofocle, tranne gli ultimi, terminano con una catastrofe. E tuttavia essi non sortiscono un effetto deprimente, poiché anche nella sofferenza e nella morte dei suoi eccelsi personaggi sta un'infinita catarsi. Con ciò si spiega come mai il carattere veramente tragico delle sue opere spesso non sia stato individuato. La fede sofoclea nell'eroismo dell'uomo squassato dai colpi del destino, — il quale eroismo porta nell'*Aiace* e nelle *Trachinie* alla colpa eroica — toglie ogni amarezza alla tragicità del destino di Aiace o di Antigone, di Edipo o di Elettra. In questa fede si rivela forse nella maniera più evidente il distacco che sèpara Sofocle da Euripide. In virtù della propria fede incondizionata in un senso ultimo dell'ordinamento del mondo, Sofocle è in grado di avere fede nell'uomo.

Forse non apparirà fuori luogo che io a questo punto ricordi come Sofocle abbia avuto una vita estremamente felice e « mondana »: una vita piena di gioie terrene, di amore, di amicizia e di armonica convivenza. Nella sua religione non entrarono leggi morali e moralistiche tali, che gli potessero vietare il godimento della vita. Ci rimangono molti aneddoti che attestano come egli si compiacesse della bellezza di un fanciullo, amasse la buona tavola e il buon vino, e apprezzasse i piacevoli e acuti conversari. Per Sofocle la religione non fu né una sfera isolata dal contesto della vita umana, né un àmbito in cui necessariamente dovessero entrare le piccole faccende d'ogni giorno. Il limite che sèpara gli dèi dagli uomini rimane una zona oscura piena di enigmi. Tuttavia quello che è stato chiamato il pessimismo di Sofocle non viene mai portato a tal punto, che questo mondo diventi per il poeta una valle di lacrime. Si tratta, in sostanza, di realismo. Sofocle dà il proprio assenso al mondo: alla sua miseria e al suo eroismo, alla sua bellezza e alla sua incomprensibilità; tal che si trova costretto a negare tutto ciò che turba l'ordine del mondo e le leggi divine che lo reggono. Il tema delle sue tragedie è dato dalla sorte che incontra l'umana grandezza allorché si scontra con le eterne leggi e tocca il limite che sèpara la vita dei mortali da quella degli immortali.

III. *Le leggi non scritte di Antigone.*

La morte e i defunti impongono ai viventi obblighi sacri; e questi obblighi stanno veramente al centro delle leggi eterne e divine. Pertanto non è affatto casuale che i riti dovuti ai defunti rivestano una parte di primo piano in parecchi drammi di Sofocle. Quando gli Atridi ordinano che non si dia sepoltura al corpo di Aiace, violano le « leggi degli dei » [9]. Zeus, « le Erinni che mai dimenticano e Dike esecutrice » li avrebbero puniti, qualora Odìsseo non avesse impedito l'atto nefando (vv. 1390 sgg). Così nella disputa tra Antigone e Creonte — e la cosa vale, comunque si interpreti il dramma — il richiamarsi di Antigone alle leggi non scritte costituisce il punto focale della tragedia. Questo è il più antico esempio, di cui ci rimanga notizia, e al contempo il più famoso, di leggi non scritte; le quali includono anzi tutto i riti e gli obblighi sacri, come quelli che i parenti più prossimi debbono tributare ai loro morti. Sono queste precisamente le

---

[9] *Aiace*, vv. 1129.; v. 1343: δαιμόνων νόμους, θεῶν νόμους.

leggi il cui adempimento « è desiderato da Ades » (v. 519), e ad esse si richiama Antigone nel suo conflitto con la legge e con il reggitore dello Stato [10]. Il fatto che si debba concedere sepoltura ai morti non rappresenta una esigenza etico - umanitaria e neppure una regola generale della vita sociale. Esso è necessario perché si eviti una macchia di ordine religioso. Religione ed etica non sono una e medesima cosa, e gli uomini di Sofocle agiscono sotto la spinta della fede religiosa e del religioso timore. Nessuno più di Creonte si preoccuperà di evitare un siffatto delitto di lesa religione, allorché più tardi si tratterà di condannare a morte Antigone (vv. 775 sgg.; v. 889). Ma ben altrimenti egli classifica il caso di Polinice, poiché questi, avendo condotto un esercito contro Tebe, è un traditore della patria.

Secondo il diritto attico nessun reo di tradimento poteva avere sepoltura in terra attica [11]. Questa legge era certo caduta in desuetudine già da parecchio tempo; tuttavia il pubblico avrà avvertito nell'agire degli Atridi, nell'*Aiace*, e in quello di Creonte, nell'*Antigone*, una tal quale giustificazione. Aiace, che intendeva uccidere i capi dei Greci, e Polinice, che aveva assalito la propria città, erano traditori e pertanto dovevano patire le pene che si erano meritate [12]. Tuttavia nell'*Aiace* non sussiste alcun dubbio che la ragione non stava dalla parte degli Atridi. Per quanto, nel caso di Creonte, un siffatto torto non risulti a prima vista dimostrato, nessun dubbio vi può essere circa l'assolutezza del comandamento religioso. Vigeva l'obbligo assoluto di seppellire i

---

[10] ὅμως ὅ γ'"Ἀιδης τοὺς νόμους τούτους ποθεῖ. Penso che la concorde lezione dei manoscritti sia giusta. La correzione di τούτους in ἴσους, operata da uno scoliasta, è accettata dalla maggior parte dei più recenti critici del testo, ma mi sembra ingiustificata; probabilmente essa risentì l'influsso del verso: ἀλλ'οὐχ ὁ χρηστὸς τῷ κακῷ λαχεῖν ἴσον. JEBB, L. CAMPBELL e TYRELL riportano la giusta lezione; e Jebb adduce talune ragioni per cui essa andrebbe mantenuta, sebbene forse non la decisiva. La questione se τὸ ἴσον debba costituire il principio per il trattamento dei due fratelli, preoccupa Creonte (516, 520), non Antigone. Ciò che importa ad Antigone è il proprio dovere nei confronti di un fratello, e non la questione di un uguale trattamento dei due fratelli. Perciò ella parla di « queste » leggi e non di leggi « uguali ».

[11] TUCIDIDE, I, 126, 12. 138,6. PLUTARCO, *Solone*, 12, 4; e particolarmente SENOFONTE, *Elleniche*, I, 7,22. Cfr. W. VISCHER, *Kl. Schr.*, II, pp. 632 sgg. Teucro rivendica il diritto di seppellire Aiace e minaccia al contempo coloro che vogliono tener lontano il figlio dal corpo del padre morto (1177): κακὸς κακῶς ἄθαπτος ἐκπέσοι χθονός···

[12] *Antigone*, v. 10: τῶν ἐχθρῶν κακά.

morti, massime per i consanguinei; laddove, mediante il divieto di Creonte, fu impedita l'inumazione anche al di fuori del territorio di Tebe. In caso di guerra l'assalitore vinto riportava seco per lo più i proprî morti, e il difensore vittorioso gli concedeva il recupero; allorché ciò non poteva avvenire, spettava al vincitore l'obbligo della sepoltura. Così accadde in Atene dopo la battaglia di Maratona. È certamente possibile che nell'*Antigone* l'aspetto puramente legale del conflitto non sia a prima vista chiaro e inequivocabile; in un certo senso entrambe le parti potevano addurre ragioni valide. E ciò può avere costituito per Sofocle un motivo di più per la scelta di quest'esempio, al fine di enunciare il proprio profondo convincimento e di mostrare al suo pubblico che la legge divina è posta al disopra di qualsiasi legge politica.

Appare certo che il problema concernente il seppellimento dei morti interessava particolarmente i Greci del V secolo. Altrimenti come ci si spiegherebbe che Erodoto (III, 38) assumesse proprio questo argomento per dimostrare la potenza dei $νόμοι$, ossia il fatto che ciascun popolo riconoscesse soltanto i propri usi e le proprie leggi e soltanto questi trovasse «belli»? L'imperio della legge era assoluto ($πάντων$ $βασιλεύς$), ma, in quanto essa valeva per un singolo popolo, diveniva relativa, anche nel caso che si trattasse di ordinamenti basilari e sacri. Ciò che per Sofocle costituiva una tradizione consacrata, non aveva minore peso per il suo amico Erodoto; e tuttavia, poiché questi conobbe la vita di molti popoli, tale tradizione assumeva per lui valore di un uso differenziato da popolo a popolo e perciò di mera convenzione. Entrambi questi uomini e i loro contemporanei si occupavano a fondo delle varie accezioni del concetto di $νόμος$. Qualsiasi concezione scientifica e relativistica del $νόμος$ doveva ferire Sofocle nella sua profonda dedizione e attaccamento alle tradizioni e norme religiose, e il carattere sacro dei defunti costituiva per lui un fattore essenziale. Senza dubbio questo tema appariva carico di elementi di tensione e di drammaticità; ma nello stesso tempo rivestiva interesse più vasto ed era molto discusso. Ma sopra tutto, mediante la scelta di questo tema operata dalla tragedia, il problema in questione veniva assunto radicalmente nel novero dei problemi fondamentali. Era giusto fare dei sacri riti mortuarî il campo di battaglia su cui disputare il problema della difesa della religione in generale.

III. LE LEGGI NON SCRITTE DI ANTIGONE

Le leggi non scritte concernenti il seppellimento dei morti erano espressione di sacri doveri che venivano imposti dalla *pietas* dei consanguinei. Normalmente il seppellimento del morto spettava alla famiglia. Antigone seppellì il proprio fratello; Aiace deve essere seppellito da Tecmessa e da Teucro. Ma Odisseo non parla in favore del seppellimento di Aiace in virtù di un obbligo che gli deriverebbe se fosse stretto parente del morto: questo problema non viene nemmeno toccato. Ciò dovrebbe bastare per preservarci dall'ipotesi che Antigone agisca sotto l'impulso di un « amore fraterno » o degli obblighi derivanti dal vincolo familiare. In base a tutti i drammi di Sofocle risulta evidente che le leggi non scritte non sono costituite esclusivamente né dalle tradizioni familiari né dal rituale mortuario. Le leggi non scritte regolano l'intero ordinamento divino del cosmo. Ma proprio per questo esse si palesano particolarmente in tutto ciò che ha valore di tradizione sacra; e sarebbe senz'altro naturale che il materiale di documentazione a nostra portata si concentrasse su quei più ristretti organismi comunitari, nei quali queste tradizioni erano più vive: la famiglia, la *fratria* e il *demos*. Effettivamente in Atene spettava al *demos*, in quanto costituiva la più piccola comunità sociale, l'obbligo di provvedere al seppellimento, qualora la famiglia del morto fosse venuta meno ai propri doveri [13]. Ma se questo obbligo collettivo appare caratteristico per la comunità ateniese, la cosa sta ben diversamente per Antigone. Ella opera il seppellimento, o piuttosto il rito simbolico che ne fa le veci e da solo basta a soddisfare il comandamento religioso, perché le è imposto dagli dèi e non propriamente per amore verso il fratello. Nei doveri rituali della stirpe non si esprimeva tanto un amore familiare, quanto piuttosto la tradizione religiosa. Al di sopra del perso-

---

[13] *Dem.* 43, 57 sgg. La citazione è attinta da Bowra, *op. cit.*, pag. 92. Secondo il Bowra (pp. 98 sgg.) le leggi non scritte concernono, per lo meno « in ordinary life and among ordinary people », principalmente i vincoli familiari. A prescindere dall'indeterminatezza di ciò che il Bowra intende per « ordinary », non credo che la sua concezione possa poggiare sulla disputa tra Sofocle e Ippia (Senofonte, *Memorabili*, 4, 4, 19 sgg.) circa l'incesto fra genitori e figli. Questo esempio, che difficilmente può essere ritenuto « ordinary », serve ad illustrare il senso e l'importanza di uno dei tre « comandamenti »; di quello concernente il τιμᾶν γονέας, e non ha nulla a che vedere con quelle leggi che nell'*Antigone* sono dette ἄγραπτα νόμιμα. Nell'*Appendice* mi occuperò ulteriormente di questo passo di Senofonte.

nale sentimento di un dovere fraterno in Antigone sta il comandamento, cui ella obbedisce [14]. « Comandamento » o « principio » sono termini freddi e astratti. Ma in tutte le risposte che Antigone dà a Creonte si concretizza il senso che essa conferisce al termine « comandamento »; ciò si verifica nella maniera più meravigliosa nel verso famoso, — che non andrebbe immeschinito con il riferirne unicamente il contenuto ai sentimenti suoi e di Creonte nei confronti del fratello morto —: in quelle parole, in fondo intraducibili, pronunziate da una donna appassionata e fiduciosa nelle proprie forze (v. 523): « Non dividere l'odio, ma condividere l'amore, è la mia sorte » [15].

Qui parla anche la voce dell'obbedienza nei confronti delle leggi eterne degli déi. Dobbiamo intendere il termine « amore » senza le posteriori implicanze erotiche o cristiane, — come ἔρως o come ἀγάπη —, bensì concepirlo puramente come φιλία, — ed infatti tale è la sua designazione in questo passo —, qualora intendiamo captare una delle componenti che agiscono in seno alle leggi non scritte di Antigone. L'amore come φιλία, come opposto rispetto all'« odio » o all'« inimicizia » (in greco designati con il medesimo termine), è un vincolo umano che forse appare più vicino all'amicizia che all'amore; esso costituisce il vincolo che unisce gli uomini ed è uno dei fondamenti su cui poggiava la società greca. Per Creonte esso aveva addirittura un significato politico. « Le leggi non scritte e infallibili degli dèi » (ἄγραπτα κἀσφαλῆ θεῶν νόμιμα), emanate da Zeus e da « Dike, che dimora presso gli dèi inferi », si contrappongono nella loro essenza eterna e divina ai decreti (κηρύγματα) di Creonte, i quali altro non sono che deliberazioni di un sovrano mortale. Le leggi di Antigone « hanno vita eterna, non sono né di oggi né di ieri, e nessuno sa donde derivino » (vv. 456 sgg.). Queste famose parole ispirate dal sentimento e dalla fede, significano chiaramente un *quid* che ha valore essenziale ed universale. « Non ero disposta a subire la punizione degli dèi per timore dell'orgoglio di un uomo » (vv. 458 sgg.); poiché in tal modo Antigone avrebbe in-

---

[14] BOWRA, *op. cit.*, p. 96, dice: « She does the last services to Polyneices because she loves him and because the gods demand it ». Penso che l'ordine della motivazione andrebbe capovolto. Cfr. altresì MARY R. GLOVER, CR. 42, 1928, pp. 97 sgg.

[15] Cfr. A. LESKY, *Hermes*, 80, 1952, pp. 95 sgg. Tuttavia non va dimenticata senz'altro la singolare analogia riscontrabile nell'*Aiace*, vv. 1376 sgg.

franto le leggi divine, sulle quali si fonda il suo mondo. Ella si richiama a Zeus e a Dike; e Dike è nominata come una delle divinità che dimorano nel regno dei morti. In tal modo Antigone abbraccia il cosmo in tutta la sua estensione: il cosmo cui essa appartiene, alle cui leggi obbedisce, e che spazia dall'Olimpo all'Ade [16]. In tutto l'universo non esiste alcun luogo in cui le leggi non scritte non abbiano vigore [17].

Per questo anche il conflitto fra Antigone e Creonte è, per propria natura, radicale e universale allo stesso modo delle leggi non scritte. È noto che questo conflitto è stato interpretato in diversi modi assai contrastanti. Contrariamente ai risultati acquisiti dalla maggior parte dei tentativi esegetici operati dalle generazioni passate, l'*Antigone* appare oggi come una delle tragedie di più difficile intelligibilità. Nessuna delle singole numerose formule semplicistiche, indicate come soluzione del problema, ha ottenuto un consenso generale [18]. Allorché nel corso di studi più recenti si comprese tutta l'importanza del problema e la tragedia di Creonte, si ebbero tosto delle esagerazioni, e il senso più profondo di questa tragedia fu, come io credo, travisato [19]. Sono perfettamente consapevole del fatto che anche nel tentativo di interpretazione da me intrapreso sono stati trascurati apporti critici sostanziali, ma alcune delle interpretazioni avanzate in età precedente risultano, per così dire, conglobate nella mia ricerca. Il conflitto tra Antigone e Creonte è più che una semplice

---

[16] Cfr. REINHARDT, *op. cit.*, p. 86. Ciò risulta confermato dal fatto che Dike, la quale solitamente è πάρεδρος Διός (cfr. il mio studio: *Rechtsidee im fr. Griechentum*, pp. 67 sgg.), qui rappresenta gli dèi inferi (ξύνοικος τῶν κάτω θεῶν).

[17] Questo fatto risulterebbe confermato se i versi 853 sgg. sono da intendersi nel senso opposto da LESKY (*op. cit.*, p. 94), ossia nel senso che Antigone « si è spinta fino al trono di Dike, superando tutte le minacce delle potestà umane ». Ma non sono sicuro se tale interpretazione sia valida. Si veda altresì più avanti a p. 86, nota 16.

[18] Cfr., ad esempio, Jebb, il quale parla della « semplicità dell'intreccio » e della « evidenza dei due princìpi contrapposti ». Un eccellente panorama di tutte, o per lo meno della più parte, delle interpretazioni di questo dramma ci è fornito da Mrs. M. K. FLICKINGER nella sua, per altri rispetti, irrilevante dissertazione *The* « ‛ΑΜΑΡΤΙΑ » *of Sophocles Antigone* (*Iowa Studies in Class. Phil.* II, 1935). Cfr. anche L. BIELER, *Antigones Schuld*, 1937.

[19] Ciò accade per esempio nella interpretazione acuta di H.D.F. KITTO, *Greek Tragedy*, 1950², pp. 123 sgg. D'altra parte WHITMAN, op. cit., pag. 90, vede « nothing tragic or even morally interesting about Creon »; che è concezione inaspettatamente rozza.

lotta tra due personalità di rilievo. I caratteri dei personaggi di Sofocle sono sempre vivi, grandi e indipendenti, ma altresì simboleggiano sempre un qualche cosa che è più grande di loro. « Mediante la sola psicologia noi non riusciamo a comprenderli poiché Sofocle non fa della psicologia che sia fine a se stessa »[20]. Appare essere un errore ugualmente radicale il vedere nell'*Antigone* soltanto il conflitto di due caratteri o soltanto il contrasto tra due concezioni. Famiglia e Stato, misticismo e razionalismo, coscienza individuale e diritto pubblico, — qualunque sia il contenuto di verità che siffatte antitesi ritengono —, esistono dialetticamente in seno al conflitto generale di due concezioni radicali circa l'ordinamento del mondo.

Credo sia sufficientemente chiaro che in questo caso non si tratta di concezioni individuali che traggano la propria origine dal pensiero soggettivo o dal cuore dei due antagonisti. Un abisso spirituale invalicabile divide Antigone da Creonte in tutto ciò che riguarda il loro essere e il loro operare; e non basta allora parlare semplicisticamente e insufficientemente di un « conflitto dei doveri » o del « contrasto tra due voleri ». Tutti i sentimenti e tutte le esperienze personali sono subordinate al conflitto di due opposte concezioni in merito al senso dell'esistenza. Antigone crede in un ordine divino del mondo; Creonte si attiene alle leggi e alle norme terrene, sia per ciò che concerne l'individuo, sia per ciò che riguarda lo Stato [21].

In tal modo abbiamo tracciato un profilo del meccanismo psicologico e ideologico che presiede a quasi tutti i drammi sofoclei [22]. Il conflitto fra i caratteri preminenti deve sfociare in una catastrofe: non perché questi siano, per natura, rigidi e cocciuti, ma perché non è possibile conciliare il mondo degli dèi e quello degli uomini, il mondo di Antigone e il mondo di Creonte. Si è cercato di spiegare questi contrasti, vicendevolmente radicali ed esclusivi, in base alle affinità mistiche di ciascuno dei due sessi: la donna, la famiglia, la religione, da una parte,

---

[20] Cito dai miei *Aspects of the Ancient World*, 1946, p. 149.

[21] Lo stesso contrasto di fondo sussiste per esempio tra la tragedia di Ercole nella visione di Sofocle e in quella di Euripide (cfr. *Aspects*, p. 164). Il voler vedere dietro le parole di Creonte il νόμος ἄγραφος, « in conformità del quale vive la πάτριος πολιτεία » (E. Wolf, *op. cit.*, II, pp. 255), mi sembra assolutamente errato.

[22] Vedi Bowra, *op. cit.*, pag. 366: « The conflict in Sophoclean tragedy is mainly between divine and human purposes »; cfr. anche pag. 380.

l'uomo, lo Stato, il potere, dall'altra. Può darsi che questo substrato contenga una profonda verità, ma non è questa la verità di Sofocle. Né d'altra parte Antigone è una Pulzella di Orléans, e neppure una martire, che ubbidisca alle voci divine. Basterà dire ancora una volta che Creonte rappresenta il mondo degli uomini e della politica, Antigone il mondo sottoposto alla guida e all'ordine degli dèi. L'errore fondamentale di Hegel nella sua acuta interpretazione dell'*Antigone* sta nel fatto che egli presuppone una unità più alta in cui i due mondi si conciliano, e non vede la loro assoluta incompatibilità. Hegel fece di Sofocle uno hegeliano [23]. Antigone deve perire perché il mondo di Creonte si infranga. Il grado più sublime di grandezza umana fa trionfare l'ordine divino, l'ordine di Antigone e (noi possiamo dire) di Sofocle.

IV. *Le leggi sublimi nell'*Edipo Re.

Ora devo passare alla dimostrazione di ciò che ho asserito a titolo preliminare, e cioè che Sofocle espresse le proprie concezioni in merito al mondo ed alla vita attraverso Antigone, senza peraltro distruggere con questo la grandiosa personalità unica della stessa [24]. Irrefutabili prove di questo fatto si trovano in altri drammi. Quando Elettra, nel suo odio inestinguibile contro l'assassino del proprio padre, ubbidisce alle « leggi più eccelse » e « poiché essa onora Zeus, ottiene la ricompensa più alta » (*Elettra*, vv. 1093 sgg.), tali leggi, anche nella giustificazione del matricidio, coincidono con « le antiche leggi, sul cui fondamento l'antica e veneranda maestà di Dike troneggia a lato di

---

[23] Bowra, *op. cit.*, pp. 65 sgg., cerca di dimostrare (e in ciò segue parzialmente il filosofo hegeliano inglese A.C. Bradley) che Hegel non ha asserito « that Creon and Antigone were equally right in the eyes of their creator », ma che egli si è servito dell'*Antigone* al solo scopo di illustrare la propria concezione generale in merito alla esistenza umana. Non posso condividere una siffatta distinzione. Allorché Hegel credette di ritrovare la propria filosofia nell'*Antigone*, questo dramma era per lui « realtà ». Secondo Hegel, Sofocle enunciava a modo suo la concezione di una eticità più alta, che il filosofo ha compendiato nella formula generale: « È soltanto l'unilateralità l'obiettivo contro cui si batte la giustizia ». Crede il Bowra che Hegel vedesse nel giudizio di Sofocle piuttosto unilateralità che giustizia? Cfr. anche l'esame delle concezioni di Bradley condotto da Waldock, *op. cit.*, pp. 28 sgg.
[24] Reinhardt, *op. cit.*, p. 84.

Zeus », alle quali si appella Edipo, allorché cerca di giustificare la sua spietata maledizione contro Polinice (*Edipo a Colono*, vv. 1381 sgg.) [25]. Polinice aveva sperato nel perdono e nell'aiuto del proprio padre, quando si richiamava alla « Clemenza » (Αἰδώς) « che accanto a Zeus siede compartecipe del suo trono » (v. 1267) [26]. La punizione attende chiunque violi le sacre leggi della *pietas* e della giustizia. L'εὐσέβεια, ossia il rispetto religioso degli dèi, e ciò che più importa a Zeus: « essa non perisce con gli uomini; e mai scompare, sia che gli uomini vivano, sia che essi si estinguano » (*Filottete*, vv. 1441 sgg.).

Al nostro quesito circa la vera natura di queste leggi eterne il poeta dà almeno una risposta ampia anche se non troppo concreta, nel famoso coro dell'*Edipo Re* (vv. 865 sgg.). In esso Sofocle parla delle « leggi sublimi », intese come leggi « della purezza santissima negli atti e nelle parole ». Questa definizione trasporta le leggi nella sfera della religione e del rituale. « Nate nell'etere supremo, Olimpo solo è il loro padre; non la natura mortale degli uomini le ha prodotte e mai le assopirà dimenticanza. Grande vive in loro un Dio, e mai invecchia ». Il coro auspica una vita che sia in armonia con queste leggi. Esse sono raffigurate con pregnanza meravigliosa e appassionata: sono leggi di origine divina, olimpiche, universalmente valide, e tali che abbracciano e permeano tutto il cosmo.

Le strofe successive descrivono colui che pecca contro queste leggi, l'uomo della ὕβρις, la quale « genera il tiranno ». Il coro invoca che la *polis* possa serbare le proprie antiche tradizioni. E la divinità rimanga *prostates* dello Stato: suo tutore e guida. Ché, se le cose si mettono diversamente, se l'empietà si impa-

---

[25] Bergk corresse ἀρχαίοις νόμοις in ἀρχαίοις θρόνοις. Di ciò si trova un parallelo in Eschilo, Oxyrh. Pap. XX, nr. 2256, 10, dove Dike stessa dice: ἵζω Διὸς θρόνοισιν [ἠγλα]ϊσμένη [παρὰ],

[26] Se il testo in *Antigone*, v. 797, è esatto, il coro definisce Eros τῶν μεγάλων πάρεδρος ἐν ἀρχαῖς θεσμῶν « colui che nella sua potenza siede a lato delle leggi eccelse ». Coteste leggi debbono essere le leggi non scritte; ma pochi versi dopo (v. 802) il coro canta, in un senso assolutamente divergente: νῦν δ'ἤδη 'γὼ καὐτὸς θεσμῶν ἔξω φέρομαι « anch'io stesso son portato a oltrepassare le leggi », s'intende, a causa della compassione, così come Emone le aveva infrante per amore. In questo caso la legge è il decreto di Creonte. Webster propone di intendere θεσμοί secondo diverse accezioni, poiché queste leggi non possono identificarsi con i μεγάλοι θεσμοί di natura divina. Il mutamento di significato che si ha nel breve giro di cinque versi è difficilmente spiegabile, ma non mi sovviene alcuna giustificazione più plausibile.

dronisce della *polis*, « per che cosa debbo danzare? », si chiede il coro (v. 896). In tal caso il suo culto consacrato agli dèi perde ogni senso. Con chiara replica alle osservazioni scettiche di Giocasta circa il valore degli oracoli di Apollo, il coro invoca da Zeus la conferma della di lui potenza e della veridicità degli oracoli. « Non più splende la venerazione per Apollo, il culto degli dèi è morto » (ἔρρει τὰ θεῖα) [27].

Nel canto del coro non ricorre il termine specifico di *leggi non scritte*, ma lo spirito di esse difficilmente potrebbe essere espresso in maniera più evidente. Non soltanto il poeta insiste, con parole dettate da una convinzione profonda, sul fatto che il cosmo, inteso nella sua totalità, nonché la *polis* sono sottoposti a leggi eterne e divine, e che il sovrano, la cui politica non si subordini a queste leggi, diviene un usurpatore e un tiranno; ma anche sotto il velo della poesia ci è dato riconoscere lo schema di una legislazione che regola i convincimenti e il comportamento degli uomini e che contrasta soltanto con le convinzioni e le regole di creazione umana. Le leggi eterne governano un mondo, un cosmo, ordinato dagli dèi e pervaso dalla profonda *pietas* degli uomini; esse non si occupano di una morale umana né della ragion politica. Allorché i Sofisti scoprirono il diritto naturale, essi confutarono l'ordinamento divino

---

[27] È necessario che io citi qui l'interpretazione di WHITMAN; qualora la si accettasse, ne verrebbe infirmata una gran parte delle mie argomentazioni. Egli vede nelle parole del coro soltanto « a popular reflection », la quale rivelerebbe la « somewhat confused morality of the bourgeoisie » (*op. cit.*, pag. 135). Io non posso ammettere una interpretazione secondo cui il sublime canto del coro con i suoi elogi delle leggi eterne, — canto che in parte troviamo già anticipato nella appassionata apologia di Antigone, in parte si trova riflesso altrove —, sarebbe una semplice espressione della credenza popolare comune e starebbe in contrasto con la personale credenza di Sofocle. WHITMAN stesso definisce la quasi casuale invettiva di Illo contro gli dèi, — pronunciata in un fugace istante di profonda sofferenza (*Trachinie*, v. 1266) —, « the outcry against the insufficiency of the gods », che proviene dalla individuazione « of the insufficiency of men », e interpreta l'invettiva stessa come eco delle personali concezioni di fondo sofoclee circa gli dèi. Inoltre, se il coro nell'*Edipo Re* contiene, come io ritengo, concezioni contrastanti con quelle di Illo, il coro, stando all'interpretazione del Whitman, verrebbe a reagire nella maniera più radicale contro le personali concezioni del poeta. È ben vero che il coro in questo caso riflette l'opinione popolare; ma ci è lecito, per questo, sostenere che Sofocle divergesse radicalmente dall'opinione popolare? WHITMAN commette l'errore di supporre che il coro in Sofocle non esprime mai l'opinione del poeta, per il fatto che, in effetti (vedi, ad esempio, *Filottete*, vv. 833 sgg.; vv. 850 sgg.) talora non la esprima.

tradizionale, che era altresì l'ordine sofocleo del cosmo. Sofocle riconosceva un solo Tutto inscindibile: la natura era divina, *physis* era sinonimo di *nomos*.

Forse si può ritenere un errore logico il fatto che Sofocle contrapponesse le leggi non scritte ai decreti di Creonte. Non possediamo il minimo accenno in Sofocle che attesti essere state le leggi di Creonte leggi scritte (e del resto la cosa appare già di per sé estremamente improbabile) [28]. Esse avevano natura di proclamazione (κήρυγμα), di pubblico decreto. In senso strettamente letterale non si verifica in questo caso alcuna antitesi tra legge scritta e legge non scritta. Sofocle non usa il termine « leggi non scritte » (ἄγραπτα νόμιμα) come un neologismo suo. Nella Grecia del V secolo senza dubbio la maggior parte delle leggi veniva riconosciuta come valida in virtù del fatto che fosse redatta per iscritto [29]. In fondo il decreto di Creonte è di quest'ultima specie, tal che l'« errore » di Sofocle (se così lo si può chiamare) risulta facilmente chiarito. Sofocle non ha inventato né il termine né l'oggetto cui il termine si riferisce; tuttavia egli ha assunto il concetto preesistente in modo personale, volgendolo ai proprî scopi. In effetti fu proprio lui a conferire al concetto stesso la maggiore pregnanza. Forse Eraclito ha parlato per primo di una legge divina da cui derivano tutte le leggi umane. Egli conferì una formulazione significativa alla concezione universalmente diffusa, ma spesso ancora del tutto vaga, della origine divina di tutte le leggi. Nel VI e V secolo a. Cr. la legislazione e la giurisdizione si staccarono sempre più decisamente dalla religione; un processo questo, che risulta strettamente connesso sopra tutto con l'avvento della democrazia e della legislazione democratica; conseguenza di questo fatto fu che

---

[28] In un altro passo leggiamo che Creonte, il quale ha agito in nome delle « leggi proclamate » (v. 481: νόμους τοὺς προκειμένους), deve alla fine sottomettersi alle « leggi fissate dagli dèi » (v. 1113: τοὺς καθεστῶτας νόμους). Le distinzioni non appaiono per nulla chiare; cfr. anche *Aiace*, vv. 1246 sgg.

[29] Si considerino i termini θεσμοὺς γράφειν (SOLONE, fr. 24, vv. 18 sgg.; ESCHILO, *Supplici*, v. 708) e ῥήτραν γράφειν (vedi la mia opera *Neugründer d. Staates*, p. 18). La confutazione di WADE GERY (CQ. 38, 1944, 7, n. 5) secondo cui le ῥῆτραι sarebbero state effettivamente redatte per iscritto, non intacca la mia argomentazione. Io parlavo soltanto delle ῥῆτραι spartane, e non di leggi o trattati redatti altrove, che pure andavano sotto il nome di ῥῆτραι. Nel caso di Sparta la formula ῥήτραν γράφειν risulta fuori luogo, e ciò è significativo.

i Greci riconobbero la differenza che sussiste tra la legge divina e quella umana, nonché la portata di tale differenza [30]. Si distinse il νόμος, la legge, in quanto diritto universalmente valido, ossia come obbligo e comandamento morale, il quale rivestiva un'autorità trascendente i criterî umani, dai νόμοι che rappresentavano le leggi particolari di un singolo Stato. Ciò è attestato ad esempio da un oscuro frammento di Pindaro, che parla del « νόμος, sovrano sopra tutti gli uomini e tutti gli dèi » (fr. 169, oppure dal τὸ μὲν πάντων νόμιμον (fr. 135) di Empedocle: dalla « legge ai tutte le cose che si estende intatta per l'etere sovrano e la luce infinita », che è un'eco del comandamento: « non uccidere ». La concezione di una legge universale o di una pluralità di leggi universali è reperibile in varie forme, ma non esisteva una dottrina universalmente riconosciuta, o per lo meno preponderante, in materia [31].

Anche la formula delle leggi non scritte può dar adito a diverse interpretazioni; tuttavia esse rispecchiano una versione popolare della medesima concezione. Ma non è lecito supporre senz'altro che la constatazione di Platone secondo il quale il termine in questione sarebbe una formula popolare (τὰ καλούμενα ὑπὸ τῶν πολλῶν ἄγραφα νόμιμα, *Leggi* 739 A), possa riferirsi già all'uso del secolo V, anche se Platone al pari di Sofocle parla di νόμιμα e non di νόμοι, che era termine di uso corrente. D'altra parte non abbiamo prove che la formula sia stata coniata da un grande filosofo, come ad esempio Protagora [32]. Appare molto più probabile che l'origine sia popolare. Per Sofocle le leggi non scritte sono sacre ed eterne, non legate ad alcuna particolare comunità, distinguendosi da tutte le leggi che sono mera fattura dell'uomo. Esse rappresentavano un fattore essenziale, anzi pre-

---

[30] Questi dati di fatto trovano il proprio riflesso nell'evoluzione semantica di θεσμός e di νόμος nel corso del VI secolo; cfr. la mia *Rechtsidee*, cap. III. Naturalmente io non parlo qui della differenza fra diritto sacro e diritto profano; sempre che esistesse una siffatta distinzione, essa rimase circoscritta all'ambito del diritto umano, ossia del diritto statuale.

[31] HIRZEL (v. pag. 39, nota 3 del pres. cap.) fornisce un ampio materiale e interpretazioni chiarificatrici, sebbene spesso trascuri completamente i riferimenti storici e cronologici. In passato ho cercato di chiarire lo sviluppo spirituale di cui l'uso notevole del termine ἄγραφοι νόμοι costituisce una parte (*Arch. Gesch. Phil.* 35, 1923, pp. 119 sgg.); ma il mio tentativo era sotto tutti i punti di vista prematuro.

[32] Cfr. DURING, *Eranos*, 44, 1946, 99.

minente in seno al pensiero e alle credenze del poeta, ed erano destinate ad incontrare in pari misura consensi e dissensi. Soltanto se si ammette che Sofocle aveva piena coscienza del contrasto d'opinioni su questo punto, si può comprendere il coro dell'*Edipo Re*, che con tanta enfasi si scaglia contro coloro che non credono nell'origine divina e nel carattere sacro delle leggi. Se non andiamo errati di molto, il coro è la risposta che il poeta dà ad un avversario o, comunque, ad opinioni contrarie alla sua. Gli antagonisti contro cui Sofocle reagisce con tanto calore, non possono essere stati insignificanti. Come egli stesso afferma, è l'umana grandezza quella che corre il rischio di violare le leggi dell'ordine divino o di sottovalutarle. Ciò che all'inizio di questo capitolo è stato detto delle leggi non scritte in generale, vale senz'altro nel caso delle leggi di Antigone o delle « leggi sublimi » dell'*Edipo Re*: esse sollevano un'istanza e costituiscono una sfida [33].

V. *Le leggi non scritte nell'orazione funebre pronunciata da Pericle.*

Questa constatazione ci porta naturalmente a porre il quesito circa l'oggetto cui era rivolta la sfida o che eventualmente potesse raccogliere la stessa. La concezione di Sofocle in merito alle leggi non scritte poteva essere condivisa soltanto da coloro che altresì condividevano le sue *Weltanschauungen* di fondo. Gli avversari appartenevano agli spiriti « moderni »: Sofisti e razionalisti che tanto influsso acquistarono nella seconda metà del secolo V. Forse è possibile pervenire ad una caratterizzazione più precisa. È, ad esempio, estremamente importante appurare se qualcuno abbia usato la formula delle leggi non scritte in un senso che diverga da quella sofocleo. Non possediamo alcuna prova documentaria sicura che sia precedente a quella di Sofocle, ma tuttavia sappiamo che uno dei suoi contemporanei, ossia Pericle, pare abbia usato la formula in questione. Anche se è possibile che la casualità della tradizione abbia avuto un qual-

---

[33] In tal modo le leggi divennero un mezzo per esprimere quell'atteggiamento che troviamo descritto ad esempio presso TUROLLA, allorché questi distingue il Sofocle della maturità, ossia il poeta dell'*Aiace*, dell'*Antigone*, dell'*Edipo Re* e delle *Trachinie*, dal Sofocle della vecchiaia, e chiama quello « l'apologeta ».

che peso a questo proposito, rimane tuttavia cosa sorprendente che a quasi nessuno sia venuto in mente di esaminare la portata di una coincidenza tanto notevole [34].

Tale fatto in parte si può spiegare in base al carattere delle testimonianze che riferiscono avere Pericle usato la formula delle leggi non scritte. In primo luogo possediamo il noto passo dell'orazione funebre riportata da Tucidide (II, 37 3). « Se nella vita pubblica noi restiamo nell'ambito della legalità, ciò avviene precipuamente a causa del timore, in quanto prestiamo obbedienza a coloro che sono investiti delle cariche ufficiali e alle leggi, in particolare a quelle leggi che furono istituite a favore di coloro che hanno subìto un torto, nonché a quelle che non sono scritte e la cui violazione comporta disonore per universale consenso »[35]. Le leggi non scritte che troviamo nominate in questo caso costituivano una sorta di codice etico la cui forza poggiava sul fatto che esso era universalmente riconosciuto. La violazione di detto codice significava la messa al bando sociale. Queste leggi non hanno in sé nulla di divino. Esse rappresentano delle convenzioni umane, e non costituiscono molto più di una espressione dell'opinione pubblica. La loro violazione comporta « disonore », ossia non implicano una punizione legale e neppure la perdita dell'integrità religiosa. Queste leggi non si rivolgono come le leggi non scritte dell'*Antigone* contro l'autorità dello Stato; avviene, invece, che coloro che sono investiti dei pubblici uffici e le leggi, compresevi quelle non scritte, operano di comune accordo. Mediante le leggi non scritte viene colmata una lacuna nel diritto pubblico e codificato [36].

Nonostante questa prima impressione non abbiamo ancora acquisito elementi sufficienti per individuare la loro precipua natura. Il discorso di Pericle non offre ulteriori delucidazioni,

---

[34] J. H. FINLEY, *Thucydides*, p. 134, istituisce un confronto tra i due casi in cui la formula viene usata, ma senza peraltro individuare la differenza di significato. Un breve accenno si trova presso JACOBY, *Atthis*, p. 246, nota 46.
[35] TUCIDIDE, II, 37, 3: ... διὰ δέος μάλιστα οὐ παρανομοῦμεν, τῶν τε αἰεὶ ἐν ἀρχῇ ὄντων ἀκροάσει καὶ τῶν νόμων, καὶ μάλιστα αὐτῶν ὅσοι τε ἐπ'ὠφελίᾳ τῶν ἀδικουμένων κεῖνται καὶ ὅσοι ἄγραφοι ὄντες αἰσχύνην ὁμολογουμένην φέρουσιν.
[36] Si tratta in questo caso altresì delle leggi che « non hanno bisogno di essere poste per iscritto, perché sono di per se stesse ovvie » (KRANZ, *RhrM*. 94, 1951, p. 234); ma dubito che un'interpretazione di questo tipo potesse essere accettata dagli Ateniesi del V secolo.

talché soltanto mediante un più profondo esame del significato implicito in questo passo possiamo sperare di ricavare altri elementi. Per quanto mi consta, è universalmente diffusa l'opinione che le leggi non scritte di Pericle fossero leggi universali, forse addirittura « le grandi sanzioni naturali della morale »[37]. Tale opinione viene suffragata dalla concezione assai diffusa, secondo cui le leggi non scritte sarebbero identiche a quelle regole fondamentali dell'etica greca, ossia ai tre « comandamenti greci » che Socrate nei *Memorabili* di Senofonte definisce leggi non scritte. Di questo problema mi occuperò nell'*Appendice* (ved. p. 229 sgg.), mentre qui mi limiterò esclusivamente all'interpretazione del testo tucidideo. Attraverso tutto il suo discorso Pericle cerca di chiarire come e qualmente la democrazia ateniese —e non certo la democrazia « in sé » — si differenzi dalle rimanenti forme di Stato. Egli sottolinea come in Atene non viga soltanto uguaglianza in virtù delle leggi (κατὰ τοὺς νόμους), bensì, al di là di essa, « via libera al capace »[38]. Parla delle libere relazioni tra i cittadini, ripete ancora una volta che nella vita privata non vi è luogo per l'invidia, e finalmente, con la frase precedentemente citata, ritorna sul principio che sta alla base della vita pubblica ateniese.

Pericle dunque parla esclusivamente di Atene. Egli afferma che « noi », ossia noi Ateniesi, siamo preservati dal commettere ingiustizia in virtù del fatto che prestiamo obbedienza a coloro che sono investiti dei pubblici uffici, e alle leggi. Con la formula « coloro che sono investiti delle cariche ufficiali » Pericle intende designare naturalmente cittadini ateniesi. Dei due gruppi di leggi, di cui si fa particolarmente menzione, il primo era stato emanato « in favore di coloro che hanno subìto un torto ». Il che potrebbe essere considerato come il fine di qualsivoglia legge, come lo scopo della giustizia in generale. Appare certo che Pericle non intendeva esprimere solamente una siffatta verità lapalissiana. Un'affermazione cui viene conferito un tale rilievo deve senza dubbio riferirsi a leggi cui, per così dire, stia

---

[37] FINLAY, *op. cit.*, p. 146.
[38] Cfr. GOMME, CQ. 42, 1948, p. 10. Sono d'accordo con la sua interpretazione del paragrafo 1). Ma mi appare azzardato là dove respinge per questo capitolo qualsiasi intenzione di un raffronto con Sparta. Nelle parole ἐλευθέρως πρὸς τὸ κοινὸν πολιτεύειν, dove l'accento cade sul primo termine, è delineata senza dubbio la differenza tra Atene e Sparta.

sottesa una coscienza sociale. Come è noto, tale coscienza in
Grecia era in generale assai poco sviluppata. Non si può parlare propriamente dell'esistenza di un'assistenza pubblica o anche
soltanto privata; e anche se essa nella stessa Atene rimase più o
meno allo stato di ideale, certo non appariva suscettibile di
realizzazione altrove. Troviamo ad esempio il ricovero a spese
dello Stato degli orfani di guerra, di cui sappiamo che essa
esisteva in alcuni Stati al tempo di Aristofane; nel secolo V
costituiva ancora una grande rarità [39]. Una modesta pensione
di invalidità era stata introdotta già al tempo di Solone e di
Pisistrato, ma riguardava soltanto gli invalidi di guerra [40]. Se è
vero che questo gruppo di leggi costituiva per la maggior parte,
se non proprio esclusivamente, una peculiarità tipica di Atene,
lo stesso carattere di peculiarità esclusiva dovrà essere proprio
dell'altro gruppo di leggi, citate da Pericle [41]. Le leggi non scritte,
la cui trasgressione comporta disonore, sono anch'esse peculiari
di Atene, e non si deve credere che soltanto l'osservanza delle
leggi, e non anche le leggi stesse, fossero particolarmente caratteristiche della vita pubblica ateniese. La questione non sta
soltanto nel fatto che in Atene si temevano e si rispettavano
queste leggi; poiché la loro trasgressione portava con sé il disonore sociale, gli Ateniesi le avevano fatte proprie. In fondo la
loro esistenza era data unicamente dal fatto che fossero osservate. È proprio della natura delle leggi non scritte che esse
entrino in vigore soltanto nel caso in cui vengano osservate
oppure siano espressamente trasgredite; tale caratteristica non veniva
intaccata nemmeno dal loro carattere di universalità. Insomma
esse potevano trovare applicazione soltanto là dove venivano
riconosciute e quando venivano riconosciute; un vincolo formale puramente esteriore non poté mai esercitare la medesima
costrizione obbligatoria. Questo è il senso che sta alla base delle

---

[39] Cfr. ARISTOTELE, Politica, 1268 a, 8 sgg.; PLATONE, Menesseno, 249 A;
ESCHILO, III, 154; BOECKH, Staatshaushaltung d. Ath.³, I, p. 308.

[40] Scol. eschileo, I, 103; PLUTARCO, Solone, 31, 3; ARISTOTELE, Costituzione di Atene, 49, 4. Cfr. anche H. BOLKESTEIN, Wohltätigkeit u. Armenpflege,
p. 273.

[41] Presuppongo che questa interpretazione, la quale si fonda sulla ripetizione di ὅσοι, sia giusta, ossia che si faccia menzione di due tipi di leggi.
Qualora però si volesse interpretare la bipartizione come un duplice aspetto
delle medesime leggi non scritte, siffatta concezione non farebbe che rafforzare
la mia argomentazione.

parole di Pericle. L'unanimità con cui veniva condannata una infrazione delle leggi (αἰσχύνη ὁμολογουμένη) creava una legge che rifletteva l'opinione pubblica ateniese. Non possediamo il minimo accenno che ci attesti un analogo riconoscimento di tali leggi da parte di altri Stati. Al contrario, Atene possiede, per così dire, il monopolio di queste leggi. Teoricamente esse potevano anche essere valide per tutti gli Stati, ma per l'oratore rappresentano le leggi della società ateniese. Queste leggi e la loro applicazione fanno parte di quegli elementi per cui Atene si differenzia da qualsiasi altro Stato e da ogni altra società.

Non sempre si è tenuto conto sufficientemente del fatto che l'osservanza delle leggi da parte degli Ateniesi, quale ci viene presentata da Pericle, poggiava sul timore (δέος). Questo termine sembra accordarsi tanto poco con il quadro idealizzante, che nelle traduzioni esso è stato reso con «reverenza» o simili. Ma una differenza come questa non era molto sentita presso i Greci. In un passo delle *Ciprie*, spesso citato, si legge: «Dove è timore, ivi è anche reverenza» (fr. 20, Kinkel); in greco i due termini sono δέος e αἰδώς. Anche nell'orazione di Pericle il termine andrebbe tradotto con «timore», e questo si può collegare con il nostro «timor di Dio». A questo proposito possiamo ricordare anche il discorso di Atena nelle *Eumenidi* di Eschilo, allorché essa dichiara che ad opera dell'Areopago è assicurata la giustizia, la quale trae origine «dalla reverenza dei cittadini e dal timore innato in loro»[42]. Atena ammonisce di non bandire dalla città τὸ δεινὸν πᾶν, ossia tutto ciò che può ispirare reverenza o timore. In Eschilo l'antica e veneranda istituzione dell'Aeropago, che poco tempo prima aveva subìto una diminuzione decisiva di potenza e autorità, occupa il posto che nell'età periclea è proprio dei capi democratici temporanei dello Stato, nonché delle leggi dello Stato stesso; timore e reverenza nei confronti della santità terribile dell'Areopago si sono trasformati in timore nei confronti della punizione comminata dalla legge o della massa al bando sociale. Questo confronto può chiarirci in qualche modo la differenza che vige tra la generazione che nell'anno 458 stava sulla vecchiaia, e la successiva:

---

[42] *Eumenidi*, vv. 690 sgg.: σέβας ἀστῶν φόβος τε συγγενὴς τὸ μὴ ἀδικεῖν σχήσει. A mio avviso φόβος è ancora più forte di δέος. Oggigiorno sappiamo che la paura può essere assai più che mero timore.

in quegli anni si operò un radicale cambiamento nella concezione corrente circa lo Stato e il posto che gli compete.

Forse a questo proposito si possono istituire dei confronti anche con l'età successiva, così come si è fatto per quella precedente. Il razionalista direbbe che il timore presuppone una situazione contraria alla natura. Per costui le leggi diventano ceppi, mentre la natura è libera. Tale è ad esempio la concezione del Sofista Antifonte [43]. Le leggi in questione, afferma Antifonte, stabiliscono che sono giusti soltanto coloro « che si difendono, quando hanno subìto un torto, e non prima; oppure coloro che sono buoni verso i loro genitori, sebbene questi li abbiano trattati male; oppure coloro che permettono che si pronunzi (contro di loro davanti al tribunale) un giuramento, ma non rendono dente per dente ». Tutti questi esempi contengono per Antifonte parecchi elementi contro natura. Data la sua concezione, per cui la natura è essenzialmente egoismo naturale, ciò non fa meraviglia. Le leggi rifiutate da Antifonte non sono leggi in senso giuridico, non sono leggi scritte. Non è difficile vedere in esse esempi di leggi non scritte e precisamente del medesimo tipo di quelle esaltate da Pericle. I precetti di queste presentavano certamente una coincidenza parziale con le leggi non scritte di Sofocle, anche se si fondavano su basi del tutto differenti.

Ammesso che la nostra ricerca fin qui condotta abbia colto sostanzialmente nel segno, sarebbe dimostrato che l'atteggiamento spirituale del Pericle tucidideo è assai vicino a quello che caratterizzò presumibilmente il Pericle storico. Il quale, — per dirla in breve —, era situato in mezzo tra la generazione pia precedente e quella successiva dei giovani Sofisti amorali. Pericle seguì presumibilmente (e avremo modo di tornare ancora sull'argomento) quella corrente spirituale che fu « moderna » dopo la metà del V secolo, allorché si fece della ragione umana il criterio per risolvere i quesiti posti dalla natura e dalla vita. Ciò portò ad una crescente secolarizzazione delle idee circa il mondo, lo Stato, la società e la legge [44]. D'altra parte Pericle non fu un pensatore

---

[43] Frammento περὶ ἀληθείας, Col. 4, 1 sgg.

[44] « The laws were weighed in the balance of reason » (D. W. Lucas, *The Greek Tragic Poets*, p. 108). Un altro esempio di analoga tendenza è nell'orazione funebre di Gorgia (6 Diels), per quanto essa sia per la maggior parte un gioco di parole.

radicale che ponesse la natura umana al di sopra della legge e della tradizione. Nelle leggi non scritte egli non vedeva né qualche cosa di divino, né una convenzione priva di valore o addirittura nociva. Nella sua concezione della società ateniese esse rappresentavano sostanzialmente un codice morale, che, costruito dagli uomini e mantenuto per comune accordo, era tradizionale e con ciò specificamente ateniese.

In base alla interpretazione ora fornita sono incline a identificare pressapoco il Pericle tucidideo col Pericle storico. Ma questa conclusione mi ha portato quasi inavvertitamente in un àmbito problematico molto più ampio. È lecito attribuire senz'altro a Pericle le parole scritte da Tucidide? Per fortuna il quesito ora posto porta ad una conferma ulteriore della mia tesi. Anche nello Pseudo Lisia VI 10 risulta attestato che Pericle ha usato il termine « leggi non scritte ». Analizzeremo questo passo nel paragrafo seguente di questo capitolo. Per il momento basti dire che appare oltremodo improbabile, anzi addirittura impossibile, che l'autore di quella orazione (che fu tenuta nell'anno 399 o, se non proprio tenuta, fu redatta allora) attingesse le proprie notizie da Tucidide, la cui opera probabilmente non era ancora stata pubblicata[45]. Inoltre il medesimo termine presenta nei due passi due accezioni così diverse che non è possibile ricavare l'una dall'altra. Le due attribuzioni a Pericle sono assolutamente indipendenti tra loro e pertanto conferiscono una estrema verisimiglianza al fatto che questi abbia effettivamente usato una o più volte il termine in questione[46]. Assai più difficile riesce l'identificazione dell'accezione conferitagli originariamente da Pericle.

La questione se l'accezione del termine « leggi non scritte » nel contesto dell'orazione funebre periclea sia da attribuirsi a Pericle stesso (come si è fatto nell'argomentazione precedente), fa parte del problema tucidideo in genere, e precisamente di quegli specifici problemi particolari concernenti la misura in cui le orazioni inserite nell'opera di Tucidide riproducano verità storiche, nonché il modo in cui si debba interpretare il fondamentale enunciato di I, 22. Non posso qui esaminare nei singoli particolari tutte le questioni che sorgono a questo proposito; tuttavia vorrei accennare in breve al mio punto di vista, per poi

---

[45] Cfr. K. v. Fritz, *Tapa*, 71, 1940, p. 109, nota 74.
[46] Questa prima conclusione è stata già tratta prima; cfr. ad esempio B. Ed. Meyer, *Forschungen*, II, pp. 398 sgg.

proseguire in questa mia indagine specifica [47]. Conformemente al parere della maggioranza degli storici moderni, noi pensiamo che non soltanto la « forma », bensì anche lo « spirito », — che del resto ben difficilmente si possono scindere —, sono tucididei; tuttavia rimane certo che alla base di ciascun discorso sta una tradizione fedele e veritiera dei fatti (ἀληθῶς λεχθέντα). Questo elemento di veridicità sarà più debole in quei discorsi che Tucidide non ha udito personalmente, specialmente in quelli destinati a tratteggiare piuttosto il quadro di una particolare situazione politica che la personalità soggettiva dell'oratore. È questo ad esempio il caso delle orazioni tenute nell'assemblea a Sparta. L'elemento di veridicità sarà maggiore quando l'oratore sia una personalità di primo piano, di cui Tucidide intende caratterizzare l'operato e l'atteggiamento spirituale mediante la sua orazione. Non si deve dimenticare a questo proposito che i Greci non intendevano per tradizione fedele e veritiera una riproduzione strettamente letterale, come ad esempio è dimostrato dalla versione letteraria di documenti epigrafici che ci sono pervenuti.

Credo che si possa supporre con una certa sicurezza che Tucidide nel redigere i discorsi attribuiti a Pericle si sia attenuto abbastanza all'originale, per non alterare i tratti essenziali del carattere e delle concezioni di Pericle, anche se questo « originale » pare fosse costituito piuttosto dall'uomo Pericle che da qualche particolare orazione periclea. Delle diverse orazioni funebri ufficiali tenute da Pericle quella dell'anno 440 fu certo la più famosa, laddove quella del 431 forse fu meno originale e meno concettosa di come ce la tramanda Tucidide [48]. Ciò tuttavia non intaccherebbe la nostra supposizione, secondo cui in questa orazione si troverebbero in ampia misura concezioni personali di Pericle. L'orazione funebre, che delle tre orazioni periclee riportate da Tucidide è forse la « più imprecisa » e pur tuttavia la più decisamente periclea, si avvicina notevolmente nella sua ispirazione generale a tutti gli elementi delle concezioni periclee che

---

[47] Cfr. l'eccellente capitolo di A. W. Gomme, *Essays in Greek History and Literature*, pp. 156 sgg., il quale, nonostante le indubbie esagerazioni, è assai notevole; recentemente ne tratta anche J. de Romilly, *Histoire et raison chez Thucydide*, 1956, specialmente pp. 236 sgg.

[48] Plutarco 8, 9. 28, 4 sgg. Stesimbroto, *FGrH*. 107 F 9. Ione, *FGrH*. 392 F 16. Aristotele, *Retorica*, 1365 a, 31; 1411 a, 2.

ci sono noti [49]. Evidentemente Tucidide ha tralasciato o limitato alcuni temi ricorrenti nelle orazioni funebri; il che tuttavia non farebbe che dimostrare la sua intenzione di concentrarsi tanto maggiormente sui punti essenziali enunciati da Pericle, e anzi di elaborarli ulteriormente in profondità. Effettivamente non collima, ad esempio, con l'atteggiamento assunto da Pericle nei confronti della religione ufficiale e popolare e con l'uso da lui fatto dell'indovino Lampone, la mancanza, nell'orazione funebre, di ogni riferimento agli dèi. Esagerava Tucidide ed esprimeva le sue proprie concezioni? Più avanti avrò modo di trattare della politica religiosa di Pericle e in quella occasione citerò anche un passo dell'orazione funebre anteriore, in cui si fa sì cenno degli dèi, ma in modo quasi empio e con tanta superficialità, che tale cenno appare più grave di una preterizione. Tucidide ci fornisce la verità essenziale e non le digressioni più che altro casuali; questa verità essenziale è che Pericle in sostanza era irreligioso. Se si tenta di vedere Pericle indipendentemente da Tucidide, non esiste alcun motivo che si opponga alla corrispondenza della nostra interpretazione del passo contenuto nell'orazione funebre periclea con l'immagine del Pericle storico, anche se questa immagine rimane vaga e imprecisa. È per lo meno estremamente verosimile che Pericle abbia parlato delle leggi non scritte come di un fattore dell'etica umana, che in esse non vedesse nulla di divino e fosse dell'opinione che tali leggi e la loro osservanza determinassero in modo assoluto la vita di Atene.

Un altro passo di Tucidide si presta a sostegno della nostra interpretazione [50]. Nel famoso capitolo III 82, quant'altro mai tucidideo, lo spirito delle ἑταιρίαι, ossia dei *clubs* e delle fazioni, viene caratterizzato (par. 6) in questo senso, che questi gruppi agivano contro le leggi vigenti, cioè le leggi dello Stato, ed erano collegati piuttosto da una comune illegalità che da una « legge divina » [51]. Non si fa qui menzione di « leggi non scritte »; al loro posto sta il « νόμος divino », così come nel capitolo 84,3 (proba-

---

[49] Ad ogni modo sono convinto che la versione tucididea ci fornisce maggior copia di elementi del Pericle autentico che i luoghi comuni ironici del Menesseno di Platone. Cfr. A. H. M. JONES, *Cambr. Hist. Journ.* XI, 1953, 2.
[50] Cfr. HIRZEL, *op. cit.*, p. 22.
[51] οὐ γὰρ μετὰ τῶν κειμένων νόμων ὠφελίᾳ αἱ τοιαῦται ξύνοδοι ἀλλὰ παρὰ τοὺς καθεστῶτας πλεονεξίᾳ· Καὶ τὰς ἐς σφᾶς αὐτοὺς πίστεις οὐ τῷ θείῳ νόμῳ μᾶλλον ἐκρατύνοντο ἢ τῷ κοινῇ τι παρανομῆσαι·

bilmente post-tucidideo) si enunciano simili cose a proposito delle
« leggi comuni »; oppure corrispondentemente alla constatazione
in II,53,4, secondo cui a cagione della peste « né il timore degli
dèi né la legge umana » trattenne gli Ateniesi dal delinquere. La
legge divina viene separata chiaramente dalla legge dello Stato;
essa non forma una parte di questa, per quanto debba regolare
la vita della società. Il termine può in questo caso ricordare Eraclito, il senso, in certo qual modo, Sofocle, ma in essi manca
completamente il motivo di fondo dell'asserto pericleo. Se si
prescinde dalle personali opinioni di Tucidide, appare senz'altro
giustificato assumere l'uso terminologico riscontrabile in III, 82
come una conferma del fatto che il termine « leggi non scritte »
(II 37) sia da attribuirsi piuttosto a Pericle che a Tucidide.

VI. *Le leggi non scritte nello* Pseudo Lisia VI.

La prova più valida per tale ipotesi rimane naturalmente
il fatto, già notato, che esiste un secondo passo, cioè lo Pseudo
Lisia VI, 10, dove l'uso del termine viene attribuito in maniera
del tutto indipendente a Pericle. Il termine in questione ricorre
nella discussione seguente: l'oratore accusa Andocide di « empietà », per la profanazione dei Misteri Eleusini. Si era tentato
di far uso contro di lui di alcune delle antiche leggi interpretate
dagli Eumolpidi, in quanto gli si imputava (certo a torto) l'infrazione di una precisa regola del culto [52]. L'oratore fa riferimento a
un detto di Pericle, secondo cui i giudici non dovrebbero fare
appello soltanto alle leggi scritte, bensì anche a quelle non scritte,
alle quali si ispirano gli Eumolpidi nelle interpretazioni. Dopo di
che egli — non sappiamo se continui a citare Pericle — prosegue
a parlare con parole tonanti di quelle leggi, « che ancora nessuno
cercò di distruggere oppure osò contraddire, e delle quali nessuno
sa chi le abbia emanate ». Questa perorazione pare riecheggiare

---

[52] Andocide I 110 sgg. I problemi connessi con i vari « esegeti » sono
stati discussi ampiamente negli ultimi tempi, ma hanno scarsissima attinenza
con il nostro problema. Rimando a JACOBY, *Atthis*, specialmente alle pp. 16
sgg., 26, 41, 244, nota 46; J. H. OLIVER, *The Athenian Expounders of the Sacred and Ancestral Laws*, 1950, specialmente alle pp. 18, 52; K. v. FRITZ, *Gnomon*, 22, 1950, pp. 217 sgg.; M. OSTWALD, *AJP*, 72, 1951, pp. 24 sgg.; BLOCH,
AJP, 74, 1953, pp. 407 sgg.

le parole di Sofocle, cosa che non sarebbe sorprendente; manca però l'accentuazione decisa dell'origine divina delle leggi; la questione rimane evidentemente aperta. Comunque l'oratore aggiunge: « Egli (ossia Pericle) credeva che essi (i rei) pagassero il fio non soltanto nei confronti degli uomini, ma anche nei confronti degli dèi » [53].

Questa ultima asserzione è un'osservazione dell'oratore e probabilmente non ha nulla a che vedere colle parole pronunziate da Pericle. L'autore dell'orazione non è né un grande scrittore, né un buon avvocato. Tuttavia le sue deficienze letterarie ed intellettuali non ci autorizzano a respingere *a priori* la sua testimonianza su Pericle [54]. Questa testimonianza appare certa, e il suo valore storico non risulta sminuito dall'aggiunta, appostavi dallo oratore, di un vago « si dice » (φασὶ). Come ricordare ancora a distanza di una generazione dalla morte di Pericle un'occasionale asserzione di questi, — anche se egli l'aveva ripetuta più volte —, se non come una memoria personale o come frutto di tradizione orale?

Circa le leggi di cui gli Eumolpidi erano esegeti, sappiamo in linea generale di che si trattasse. Erano regole e riti sacri connessi ai Misteri Eleusini e conservati attraverso una tradizione sacerdotale. Pertanto erano valide soltanto in Atene e più particolarmente solo in Eleusi [55]. Una di queste leggi καθότι ἂν Εὐμολπίδαι ἐχσηγῶνται [56] viene citata nel decreto ateniese circa l'offerta delle primizie dei campi alle dèe eleusine, considerata come un sacrificio particolare; un codicillo a tale decreto fu proposto dall'indovino Lampone, il quale era altresì esegeta, sebbene non in Eleusi [57].

---

[53] *Pseudo Lisia*, VI 10: καίτοι Περικλέα ποτέ φασι παραινέσαι ὑμῖν περὶ τῶν ἀσεβούντων, μὴ μόνον χρῆσθαι τοῖς γεγραμμένοις νόμοις περὶ αὐτῶν, ἀλλὰ καὶ τοῖς ἀγράφοις, καθ'οὓς Εὐμολπίδαι ἐξηγοῦνται, οὓς οὐδείς πω κύριος ἐγένετο καθελεῖν οὐδὲ ἐτόλμησεν ἀντειπεῖν, οὐδὲ αὐτὸν (? αὐτοί?) τὸν θέντα ἴσασιν · ἡγεῖσθαι γὰρ ἂν αὐτοὺς οὕτως οὐ μόνον τοῖς ἀνθρώποις ἀλλὰ καὶ τοῖς θεοῖς διδόναι δίκην·
[54] L'osservazione è rivolta contro v. FRITZ, *op. cit.*, pp. 103 sgg., specialmente p. 109.
[55] Si tratta evidentemente di quelle Εὐμολπιδῶν πάτρια che Cicerone ricorda (*ad Atticum*, I 9, 2: « Thyillus te rogat et ego eius rogatu Εὐμολπιδῶν πάτρια »); in quel tempo doveva trattarsi di regole redatte per iscritto.
[56] Si tratta della formula tradizionale, che troviamo sia nella iscrizione, (TOD, *Greek Hist. Inscr.* I, nr. 74, p. 36 sgg.), che nello Pseudo Lisia.
[57] Cfr. AJP. 69, 1948, p. 164 circa la parte avuta da Lampone nella fondazione di *Thurii*; cfr. altresì JACOBY, *Atthis*, 65.

Costui era notoriamente uno dei più influenti seguaci di Pericle. L'iscrizione contenente il decreto in questione è probabilmente post-periclea, laddove la politica che vi è rappresentata, con il suo patriottismo accentuato e il suo tener conto, insieme, di tutti i Greci, collima perfettamente con la cosiddetta politica panellenica di Pericle, la quale altro non era se non imperialismo ateniese sotto altra insegna. Lampone ebbe parte decisiva nell'avvenimento che più manifestamente rivelò tale politica, cioè nella fondazione di *Thurii*. È probabile che egli appartenesse alla commissione dei ξυγγραφεῖς, la quale promulgò il decreto eleusino, e che il decreto stesso fosse dovuto anzi a lui personalmente. Comunque si può affermare che Pericle, il quale fece edificare in Eleusi il nuovo *Telesterion*, condivideva in particolar modo l'interesse generale degli Ateniesi nei confronti di Eleusi, ed era bene informato circa gli Eumolpidi e le leggi da loro interpretate.

Allorché Pericle menzionò le leggi non scritte di Eleusi, si trattava di difendere, pare, un accusato di empietà, quasi certamente un suo amico, per quanto manchi qualsiasi riferimento preciso ad un determinato processo. In un passo successivo dell'orazione (par. 54) si legge che il bisnonno dell'oratore era un ierofante, ossia apparteneva alla casta sacerdotale, in cui potevano entrare soltanto gli Eumolpidi, e che il figlio di costui, cioè il nonno dell'oratore, trattenne con il suo consiglio il popolo dal condannare a morte senza processo un accusato di empietà. Costui aveva fatto appello alla coscienza di ognuno, e certo l'oratore deve avere operato una specie di giochetto sofistico se ora si fa menzione di quell'avvenimento per aizzare invece i giudici contro un altro individuo ugualmente accusato di empietà. Evidentemente il consiglio dato da un Eumolpida — e tale era certamente l'oratore, anche se non sappiamo né di lui né del nonno se fossero o meno esegeti — poteva concretarsi in un giudizio più mite. È forse da ricercarsi in ciò il motivo del fatto che Pericle faccia appello alle leggi non scritte degli Eumolpidi?

Pericle era certamente costretto a procedere con cautela e a dimostrare deferenza continua nei confronti delle concezioni degli uomini che formavano la corte giudicante. La Suda riferisce che Pericle fu il primo oratore che leggesse un testo scritto del discorso, quando si trovava a parlare in tribunale [58], e Plutarco ce lo descrive come, in generale, « circospetto nel parlare » (περὶ τὸν λόγον εὐλαβής, 8, 6). Non v'è dubbio che la maggior parte degli Ateniesi avevano grande reverenza nei confronti dei sacri riti di Eleusi. Queste leggi non scritte facevano parte del bagaglio trasmesso dagli antenati. Esse non rientravano nell'àmbito della legge dello Stato, tuttavia non si trovavano in contrasto con questa. Costituivano un tal quale completamento del diritto pubblico e in questo senso non erano dissimili dalle leggi non scritte dell'orazione funebre, sebbene sia per il contenuto che per la loro natura divergessero : le prime avevano carattere religioso e particolare, le altre morale e universale.

Appare sensato credere che anche i riti particolari dei Misteri avessero per Pericle una funzione in seno alla struttura della vita sociale. La *polis* fu sempre, anche in epoca più tarda, una comunità non meno religiosa che politica; la vita, i diritti e i doveri dei cittadini, ossia dei membri di questa comuntà, rientravano in ugual misura e inscindibilmente in entrambe le sfere. Per questo l'empietà (ἀσέβεια) fu sempre anche un reato politico. Tuttavia la concezione di singoli uomini o epoche poteva differire notevolmente. Pericle contava fra i suoi amici Protagora e Anassagora, e quando alcuni della sua cerchia furono accusati di empietà, l'attacco fu portato al contempo contro Pericle stesso. Egli dovette necessariamente opporsi ad una concezione intesa a subordinare completamente la vita pubblica alla religione. Più avanti, nel corso della mia indagine, avrò modo di illustrare come Pericle per molti rispetti condividesse in ampia misura la religione del popolo e se ne servisse come strumento politico; anche se ciò era motivato spesso più da ragioni tattiche che da un'autentica convinzione religiosa, non si trattava tuttavia di ipocrisia. Forse, in termini più ristretti, ciò vale altresì nel caso delle leggi religiose di Eleusi.

Ma comunque stiano le cose, è certo che bisogna guardarsi dalle esagerazioni ed evitare il pericolo di forzare eccessivamente nel senso di attribuire a Pericle una concezione organicamente costituita, ossia una teoria delle leggi non scritte. Ed è quanto si è cercato di evitare in questo studio. I due passi in cui Pericle, stando agli storici, ha usato il termine in questione, rivelano una

---

[58] Suda dice alla voce: Περικλῆς ... πρῶτος γραπτὸν λόγον ἐν δικαστηρίῳ εἶπε. Cfr. E. G. TURNER, *Athenian Books in the 5th and 4th Centuries B.C.*, 1952, p. 18.

diversa accezione. Pericle non aveva un concetto chiaro circa una legge non scritta, e, del resto, tanto meno lo aveva Sofocle. La differenza sta nel diverso spirito con cui i due uomini usarono il medesimo termine. Muovendo da questo atteggiamento intellettuale è possibile interpretare le due testimonianze periclee nel senso dell'attestazione della possibilità di un uso differenziato del medesimo termine nell'àmbito di una stessa concezione, di una stessa *Weltanschauung*. Poiché la natura delle leggi non scritte era tanto vaga (e di ciò avrò modo di parlare più avanti), il concetto generale di esse poteva essere foggiato agevolmente in conformità delle particolari convinzioni dell'uno o dell'altro uomo.

Nel caso dei Misteri Eleusini Pericle può avere usato una formula abbastanza nota senza attribuirle un significato più riposto; ma anche in questo caso l'uso del termine non starebbe in contraddizione rispetto all'atteggiamento spirituale che abbiamo individuato dietro la formula nell'orazione funebre. Il termine nell'orazione funebre si riferiva unicamente ad Atene e rivelava una filosofia della vita che poggiava sopra ideali etici e politici, in particolare sulla fede nel valore dell'uomo e nell'importanza dell'opinione pubblica come espressione del volere comune dei cittadini. Neppure i sacri riti di Eleusi rientravano nell'àmbito di un ordine divino del mondo, opposto ad un ordine creato dagli uomini. Di più non oserei affermare. Il fatto che Pericle usasse il termine in questione in due occasioni con differente accezione dimostra che egli non vi connetteva un concetto fermo e determinato. Per Pericle il termine aveva certamente un valore meno complesso che per Sofocle, ma anche nella versione periclea le leggi non scritte acquistano un peso notevole in virtù dei princìpî della loro universale validità e della messa al bando sociale che la loro infrazione comporta. Nel diverso uso del medesimo termine si palesa chiaramente il contrasto ideologico fra i due uomini. Il concetto generale delle leggi non scritte abbracciava significati differenti, anzi pressoché contradittorî.

VII. *Conclusioni.*

Prima di abbandonare il tema di questo capitolo, occorre trovare la conferma che sarebbe effettivamente errato concepire le leggi non scritte come un *corpus* di regole in certo qual modo fisse. L'unico elemento su cui non ci sono dubbî è il fatto che esse non erano redatte per iscritto.

Di passata ricorderò che, stando ad Andocide I 81 sgg., venivano dette non scritte anche quelle leggi che non erano state riportate nella nuova codificazione dell'anno 403 a.Cr. Queste erano considerate non legali e tanto più erano considerati tali i ψηφίσματα non scritti (I 86)[59]. Ciò non avveniva, come talvolta si è affermato, in base ad un decreto di Solone; mentre la legge in questione non può in effetti essere datata anteriormente al 403, e il termine « non scritte » è usato in quel passo andocideo esclusivamente come *terminus technicus*. Questa legge non presenta la minima attinenza con i problemi di cui si occupa il presente capitolo[60], essa dimostra soltanto quanto vago fosse il termine anche in un'epoca così tarda. Non è cosa priva di importanza il constatare questo fatto, poiché esso mostra come il termine non avesse ricevuto nemmeno più tardi una formulazione definitiva e potesse essere polivalente.

Ora dobbiamo definire in qual modo l'idea astratta delle leggi non scritte viene intesa in generale. Si deve osservare anzitutto che, qualora fossero esistite delle regole universalmente riconosciute e correnti sotto la denominazione di leggi non scritte, la stessa formulazione concettuale sarebbe dovuta valere anche per Sofocle e per Pericle. In questo caso l'intero problema si prospetterebbe in maniera molto più semplice, ma verremmo a conflitto con le conclusioni fin qui raggiunte. Una interpretazione di questo tipo non potrebbe essere fondata senza ulteriori disamine, talché la nostra specifica ricerca verrebbe ad esulare eccessivamente dall'àmbito che ci siamo proposti. In effetti esiste una sola concezione, che può essere presa seriamente in considerazione; essa si fonda sul fatto che Socrate nei *Memorabili* (IV 4, 19 sgg.) di Senofonte definisce leggi non scritte le tre regole fondamentali dell'etica greca, i « tre comandamenti », che vengono di continuo ricordati negli scritti. Esaminerò partitamente la questione nella *Appendice* e spero che in quella sede risulti chiaro come i tre comandamenti non abbiano nulla a che vedere con il complesso di problemi qui trattati; né Sofocle né Pericle intendevano riferirsi

---

[59] Cfr. HIRZEL, *op. cit.*, pp. 37 sgg.; v. FRITZ, *op. cit.*, pp. 107, 122.
[60] Come afferma ad esempio B. POST, *From Homer to Menander*, 1951, pp. 99 sgg.

a tali comandamenti, allorché parlarono di leggi non scritte. Ora ritorno a queste, senza potere enunciare ulteriori elementi circa il loro effettivo contenuto, per la determinazione del quale, del resto, mancano altre testimonianze. Il che in sostanza è naturale; non ci si può certo attendere una formulazione chiara. Abbiamo cercato di caratterizzare una parte della loro possibile portata; una definizione o delimitazione certa e chiara risulta impossibile, data la natura stessa del concetto. Inoltre, se si tien conto altresì del fatto che queste leggi si svilupparono più tardi in un diritto naturale, apparirà quanto mai evidente di quale ampiezza fosse la possibilità di escursione nell'àmbito dei significati proprî del concetto di leggi non scritte [61]. Un Ateniese del V secolo avrebbe potuto asserire, — sia che condividesse le credenze di Sofocle, sia che la pensasse come Pericle, indifferentemente —, essere cosa certa che questa o quella regola poteva essere chiamata legge non scritta; ma a una domanda più stringente avrebbe risposto che esistevano ancora un grande numero di regole che nessuno poteva enumerare. Come abbiamo già notato, è proprio della natura delle leggi non scritte l'essere poste in essere soltanto quando vengono osservate e trasgredite. Esse si fondavano sulla credenza in una potestà trascendente che poteva imporle agli uomini. Che poi tale potestà fosse divina o piuttosto una convenzione creata dagli uomini, dipendeva unicamente dalle convinzioni che il singolo aveva nei confronti di questi problemi. È questa la ragione per cui le leggi non scritte potevano esprimere concezioni del tutto opposte.

Fino a che punto ciò si verifica nel caso di Sofocle e di Pericle? Qualsiasi risposta deve muovere ovviamente dal fatto (sempre che, come io ho cercato di dimostrare, tale fatto sussista) che entrambi hanno usato il termine in questione. Per quanto concerne Sofocle, la cosa è certa; mentre nel caso di Pericle rimangono delle lacune. Nonostante ciò, non credo di travisare i risultati acquisiti, affermando che la duplice testimonianza nel caso di Pericle ci porta al medesimo risultato di certezza. Ammesso che le cose stiano in questo modo, sarebbe allora estre-

---

[61] Circa la sintesi di νόμος e di φύσις in un νόμος più alto vedi ad esempio: EURIPIDE, *Baccanti*, v. 896: νόμιμον ἀεὶ φύσει τε πεφυκός. Cfr. F. HEINIMANN, *Nomos und Physis*, pp. 166 sgg. La pluralità dei significati è posta in rilievo da W. C. GREENE, *Moira*, pp. 227 sgg.

mamente improbabile che Sofocle o Pericle abbiano coniato per primi il termine. Il fatto che i due uomini contemporanei gli conferiscano un significato tanto disparato, nonché l'uso differente nel contesto dei singoli passi, sembra attestare che il termine nella sua pregnanza emblematica fosse familiare ad entrambi.

Ci si può chiedere che cosa è possibile dedurre dal fatto che il poeta e l'uomo di Stato abbiano usato il medesimo termine. Sofocle gli conferisce un accento particolare, e abbiamo già notato che il poeta forse per primo lo porta ad una pregnanza di significati, quando lo eleva a simbolo efficace della potestà che domina Antigone e il suo mondo [62]. Forse le parole di Antigone riecheggiavano ancora nell'orecchio e nella mente degli ascoltatori, allorché Pericle, per così dire, replicò, usando le stesse parole in un'accezione tanto diversa? E forse ciò accadeva nell'orazione funebre dell'inverno del 440 a. Cr., circa un anno e mezzo, soltanto, dopo la rappresentazione dell'*Antigone*? Non lo sappiamo. Anche se si trattasse di una mera ipotesi, che forse conferisce eccessivo peso all'accenno contenuto nell'epitaffio, essa sarebbe tuttavia logica e sensata. E troverebbe una tal quale conferma nel passo dell'*Edipo Re*, dove Sofocle respinge chiaramente la concezione che nega la natura divina delle « leggi sublimi ». Qui, a quanto pare, il tema è assurto veramente a oggetto di una disputa.

Circa i vicendevoli rapporti tra i due personaggi avremo modo di occuparci ulteriormente più avanti. Per ora basti accennare che essi si conoscevano bene. Sofocle doveva essere al corrente delle concezioni del potente uomo di Stato, e naturalmente esse rivestivano ai suoi occhi uno straordinario interesse. Sofocle si sarà certamente accorto assai per tempo che le concezioni di Pericle in merito agli dèi e agli uomini divergevano dalle proprie. Forse si è reso conto addirittura che il contrasto insito nelle loro *Weltanschauungen* si rifletteva nella loro interpretazione delle leggi non scritte. Ma la cosa rimane dubbia, e, per non gravare smodatamente la presente indagine con un eccessivo numero di ipotesi, appare consigliabile astenersi dal postulare un consapevole riferimento al poeta da parte dell'uomo di Stato o

---

[62] Cfr. Kranz, *RhM*. 94, 1951, p. 237: « Sofocle parla in questo punto in maniera così espressamente didascalica che possiamo affermare con certezza essere stato lui il primo a proporre dalla scena questo tema ». Forse si può addirittura asserire che la sua è stata la prima dichiarazione pubblica del genere, che rivestisse importanza.

all'uomo di Stato da parte del poeta. L'interdipendenza rimane comunque valida in sostanza, anche se parecchi elementi erano inconsapevoli e non voluti. In fondo si tratta di un contrasto nell'àmbito delle concezioni e delle convinzioni, e non tra persone, sebbene ciascuno conoscesse le opinioni dell'altro. Ponendo in rilievo le leggi non scritte, entrambi obbedivano ad una esigenza importante, anzi essenziale, della loro vita interiore. Origine divina e carattere universale sono essenziali per un mondo retto dalla divinità; nella interpretazione periclea le leggi non scritte erano regole collegate alla comunità attraverso la tradizione e la opinione pubblica, e formavano un completamento delle leggi dello Stato. Non soltanto nel caso di questo problema Sofocle si trovava su una posizione conservatrice di difesa. Già nella sua più antica tragedia pervenutaci (*Aiace*, vv. 1036 sgg.) troviamo un passo degno di nota: Teucro insiste sulla propria fede salda nella potenza degli dèi, ma al contempo osserva che esistono altri i quali non credono ad essi. Come abbiamo già notato, il poeta respinge nella maniera più ferma l'origine umana e la natura umana delle leggi non scritte: οὐ δέ νιν θνατὰ φύσις ἀνέρων ἔτικτεν (*Edipo Re*, v. 868). Non è necessario vedere qui un accenno al termine φύσις, così caro ai Sofisti. Anche le famose parole con cui Antigone caratterizza il proprio destino, che è quello di non dividere l'odio, ma condividere l'amore, si fondano proprio sulla sua φύσις (v. 523). Il comandamento che le impone il suo cuore, la sua natura, cui ella deve obbedire, è l'eterna legge, in cui Sofocle vedeva la legge divina che sta al di fuori e al di sopra di qualsiasi legge umana. Pericle non si trovava in una posizione di lotta aperta contro la religione ufficiale, e in ciò non differiva da Sofocle; del resto, come avrebbe potuto trovarvisi? Eppure si trattava in fondo di un conflitto tra religione e areligiosità. O la vita umana era governata da potestà divine oppure soggiaceva ad un ordinamento politico creato da uomini. La vecchia struttura, di cui la *polis* era concretamento ed espressione, era minacciata di dissolvimento interiore.

Se il nodo dell'intero contrasto aveva una tale portata, la posta che Sofocle assegnava alle leggi non scritte o sublimi rappresentava assai più che un elemento, sia pure importantissimo, di uno o di due suoi drammi, anzi assai più che una mera professione di fede da parte del poeta. Si dovrà allora pensare che si trattasse di una sfida a tutti coloro che non credevano nel carattere divino dell'ordinamento del mondo e nella potenza degli dei [63]. Qui tocchiamo la frattura più profonda e importante nella vita spirituale di Atene. Nel corso ulteriore della nostra indagine dovremo individuare i rapporti e i contrasti esistenti tra queste due ideologie, di cui Pericle e Sofocle furono, almeno fino a un certo punto, esponenti; e si vedrà come le forze ideologiche in lotta siano indubbiamente quelle che dominarono nell'Atene periclea.

---

[63] Cfr. altresì Lucas, *The Greek Tragic Poets*, p. 150, circa due passi che ci mostrano l'atteggiamento «predicatorio» di Sofocle (*Antigone*, vv. 450 sgg. e *Edipo Re*, vv. 863 sgg.).

CAPITOLO TERZO

LA FIGURA DEL SOVRANO IN SOFOCLE

I. *I re nei drammi di Sofocle.*

Sia che le famose parole di Tucidide, secondo cui lo Stato pericleo costituì « la signoria dell'uomo migliore », caratterizzino in modo azzeccato la situazione politica di quel tempo, o non, comunque si rivela in esse il forte influsso esercitato dal grande uomo di Stato sui suoi contemporanei e sulla generazione successiva. Se nell'opera di Sofocle si potessero reperire analoghe tracce di un siffatto influsso, le nostre cognizioni circa i rapporti tra Pericle e il tragediografo risulterebbero assai notevolmente ampliate. Soltanto dopo aver operato un tentativo di ricerca volto in questo senso, si potrà determinare fino a qual punto esso risulti fondato. Tuttavia va tenuto presente che dobbiamo sempre muovere dal seguente principio fondamentale: ammesso che la personalità di Pericle e il suo operato abbiano avuto effettivamente un qualche riflesso nei drammi di Sofocle, ciò poteva verificarsi soltanto nel caso in cui l'azione e la problematica del dramma rendevano necessario l'intervento di un uomo di Stato eminente; e nel caso in cui questioni concernenti il governo nonché la condotta politica erano elementi essenziali per la caratterizzazione del conflitto tragico e delle concezioni di fondo inerenti al dramma, come pure per la sorte dei personaggi. Il che non significa affatto che questioni di questo tipo costituissero il tema principale della tragedia. Sarebbe contraditorio rispetto alla poetica di Sofocle e alla peculiarità della tragedia attica, se i problemi religiosi e morali non stessero al centro di tutti i drammi. Talché questi problemi, nonché gli uomini che ne erano gli esponenti, acquistarono un valore che, nonostante il vincolo che lega il poeta alla religione e all'etica del proprio tempo, trascese per secoli, anzi per millenni, l'importanza del momento e il ristretto influsso sul pubblico ateniese dell'epoca. Tuttavia il nostro interesse presente si concentra sopra l'influenza da essi esercitata al tempo di Sofocle.

In due dei drammi di Sofocle che ci sono pervenuti, e soltanto in essi due, la personalità e il destino del sovrano, — il quale proprio in virtù della sua specifica qualità di sovrano assurge a protagonista o, per lo meno, a principale antagonista —, formano il nucleo centrale. Tutti gli altri problemi, anche se più importanti e fondamentali, non possono essere disgiunti dalla circostanza per cui un solo uomo è a capo dello Stato. Si tratta naturalmente dell'*Antigone* e dell'*Edipo Re*. Se chiamiamo « politico » tutto ciò che ha attinenza con il sovrano in quanto capo della *polis*, non faremo con ciò violenza al senso di questo termine, né, d'altra parte, sminuiremo affatto quegli altri problemi più profondi e insieme più nobili, che concernono i rapporti tra l'uomo e la divinità, cui si è accennato in qualche modo nel capitolo precedente. Ritengo che sia errato il credere che qualunque grande tragedia greca possa svilupparsi, per così dire, sopra un solo piano. I problemi politici formano una parte delle questioni più essenziali; tuttavia rappresentano — specie nei due drammi citati — una parte integrante da cui non si possono disgiungere i problemi etici e religiosi. Se mi è lecito proporre una schematizzazione di comodo, direi che nell'*Antigone* cozza contro l'eccelsa potenza degli dèi il sovrano cattivo, nell'*Edipo Re* il sovrano buono, ciascuno forte del proprio orgoglio d'indipendenza e della sicurezza in se stesso.

Un breve esame conferma che, tranne il Creonte dell'*Antigone* e l'Edipo dell'*Edipo Re*, nessuno dei personaggi di Sofocle presenta una importanza « politica » analoga. Odìsseo nell'*Aiace* è saggio e prudente, anzi di più: è esperto delle umane passioni e conscio della nullità dell'uomo; nel *Filottete* è un opportunista astuto e amorale. Del primo si può dire che esso è un vero aristocratico, dell'altro, che è un tipico demagogo; ma in nessuno dei due drammi Odisseo appare come un uomo di Stato e un sovrano. D'altra parte, il giovane Neottolemo, modello di onestà e di decoro, è un rappresentante ideale della gioventù aristocratica; tuttavia ciò non ha nulla a che vedere con il fatto che egli sia anche re. Egisto nell'*Elettra* ha usurpato la parte di Agamennone ed è diventato sovrano e tiranno (vv. 219, 340, 661); ma chi « combatte le sue battaglie con l'aiuto di una donna » (v. 302), non è altro che un vile fellone, il « cattivo » del dramma e, al contempo, di fronte a Clitennestra, una figura secondaria. Altrettanto insignificanti, se pure per altri motivi, sono sovrani come Teseo nell'*Edipo a Colono*, — che è certamente un modello di grande e nobile umanità, ma, in quanto re, del tutto incolore [1], — o come, per restare nello stesso dramma, Creonte: un opportunista crudele, ipocrita e privo di scrupoli, quali non erano infrequenti tra i politici ateniesi all'epoca della guerra del Peloponneso; ma anche costui non è un uomo di Stato.

In maniera un poco diversa si prospetta la cosa nel caso degli Atridi nell'*Aiace*. Agamennone può avanzare la pretesa di essere il comandante in capo di tutto l'esercito greco accampato davanti a Troia; Menelao, il quale si crede quasi uguale al fratello, deve tollerare d'essere disprezzato come un mero sottoposto di Agamennone [2]. Entrambi sono sovrani; e Agamennone può parlare di sé come di un tiranno, cui non appare facile l'adempimento della « *pietas* » (v. 1350). Da queste e simili parole risulta chiaramente che Sofocle era consapevole della problematica religiosa e morale di fondo che deve essere affrontata da qualsiasi governante. Quando Menelao si ritiene in diritto di

---

[1] Teseo interrompe un sacrificio per combattere in favore di Edipo. WHITMAN, *op. cit.*, p. 209, vede in questo fatto una prova di svincolamento dai ceppi religiosi. Dubito che questa ipotesi sia giustificata. Ma è proprio a proposito del personaggio di Teseo che il REINHARDT, *op. cit.*, p. 221, fa notare al lettore il fatto che Sofocle conosceva molto bene Pericle e che aneddoti plutarchiani pongono in rilievo il nobile trattamento usato da Pericle nei confronti dei suoi nemici. Non ci è dato sapere se il Sofocle della vecchiaia avesse in mente un'immagine di Pericle che corrispondesse all'umanità ideale di Teseo. Tuttavia ricordo con compiacimento che REINHARDT in questo passo si ispira ai medesimi principi che presiedono alla presente indagine.

[2] *Aiace*, vv. 960, 1050, 1105 sgg., 1116, 1223, 1232, 1386; cfr. anche *Elettra*, v. 1.

emanare la proibizione del seppellimento di Aiace, il motivo che egli adduce per giustificare il proprio operato è questo: che la legge e l'ordine possono essere garantiti soltanto dal timore e dal rispetto (vv. 1073 sgg.); e Agamennone dubita che « la legge » possa sussistere, qualora decreti « giusti » non siano senz'altro accettati (vv. 1246 sgg.). Abbiamo già notato che il torto stava chiaramente dalla parte degli Atridi; ma ciò non intacca minimamente il fatto che fosse sorto un conflitto tra diritto e potere o addirittura tra un tipo di legge e un altro tipo di legge. Gli Atridi dell'*Aiace* sono i precursori del Creonte dell'*Antigone*; ma, come un abisso separa il mondo dei due antagonisti dei dominatori, il mondo di Teucro da quello di Antigone, così i sovrani stessi si trovano su due piani assolutamente diversi. Il solo fatto che la più vigorosa difesa della posizione di sovranità sia operata da un uomo così debole e spregevole, quale è Menelao, sta a dimostrare che i due re nel dramma rivestono anzitutto semplicemente la parte dei malvagi. Anche se Agamennone professi criteri più alti e sinceri del fratello, essi non sono tuttavia veri rappresentanti della sovranità e dell'arte di governo. Sofocle non tenta di specificare maggiormente le proprie concezioni circa il carattere problematico insito nell'arte di governo: e tanto meno ne ha fatto il tema centrale del dramma [3].

Da Aiace fino a Edipo morente i personaggi maschili e femminili veramente importanti sono in tutti i drammi grandi personalità individuali che, in vario modo, ma sempre ad opera degli dèi, patiscono rovina o giungono a salvezza. Ma, se si eccettuano Creonte, nell'*Antigone*, e il re Edipo, le loro nature e la loro problematica non risultano determinate dal fatto che essi siano re, sovrani o uomini di Stato. Pertanto possiamo a buon diritto limitare la nostra indagine all'*Antigone* e all'*Edipo Re*, nonché ai caratteri dei sovrani che vi compaiono. A questo proposito non riveste grande importanza — ma neppure va trascurato — il fatto che Creonte non sia propriamente il protagonista del dramma, mentre tale è Edipo.

Nell'assumere questi due personaggi come esemplificazioni del tipo del sovrano in Sofocle teniamo senz'altro presente il fatto

---

[3] Circa la confutazione di una nuova interpretazione « sociologica » dell'*Aiace* vedasi l'*Appendix C* dell'edizione inglese.

che il poeta non vedeva nei grandi caratteri da lui concepiti dei fenomeni psicologici isolati [4]. Egli non fornisce mai lo studio dello sviluppo di un carattere; ogni carattere è fissato una volta per tutte, ma reagisce alle istanze sempre nuove che la situazione umana e transumana gli pone. Anche l'uomo più eccelso deve inserirsi nella problematica che la convivenza con altri uomini porta seco; ciascun uomo è parte di un cosmo più grande, che si compone di uomini e di divinità, di forze politiche e sociali, materiali e spirituali. Egli appartiene alla propria cerchia umana, alla propria famiglia, alla sua stirpe, al suo popolo, alla sua *polis*, e insieme appartiene all'ordinamento fissato dagli dèi. Certo si può affermare che, della grande triade tragica, Sofocle fu quello che creò i più grandi caratteri umani; ma nella sua creazioni egli era più profondamente immerso in quella realtà genuina che sola conferisce al singolo carattere piena significazione. Per quanto eroici siano i suoi personaggi maschili e femminili, essi non vivono nel vuoto pneumatico del mito «puro». Nel caso di Creonte e di Edipo il carattere di realtà sta nel fatto che essi sono re e sovrani; nonostante la situazione mitica ben precisa e i tratti individuali di ciascun personaggio, risulta che Sofocle possedeva una concezione del sovrano e della sovranità in tutto chiara e consapevole.

II. *Creonte nell'Antigone*.

Nei principî che enuncia, e nel suo primo discorso e altrove, il re Creonte mostra di prendere sul serio i canoni fondamentali dell'arte di governo: egli non intende respingere i savî consigli, lo Stato e la patria stanno in cima ai suoi pensieri (vv. 178 sgg.), e assicura che è costretto ad emanare il suo decreto funesto per motivi puramente patriottici e morali (vv. 207 sgg.). Perciò il violare le leggi emanate dai reggitori dello Stato costituisce per Creonte un crimine scellerato, anche se le leggi in

---

[4] Questo il nucleo di verità insito nella esagerata formulazione che si riscontra, ad esempio, presso B. W. Zurcher, *Die Darstellung d. Menschen im Drama des Euripides*, Basel, 1947, p. 189, 10, secondo cui «per Sofocle la creazione di un carattere reale vero e proprio risulta assolutamente impossibile per ragioni attinenti al grado di sviluppo raggiunto allora dallo spirito nel suo divenire storico (!)» Cfr. altresì p. 100, nota 26.

questione dovessero essere meschine e ingiuste (vv. 481, 663 sgg.). Egli sostiene la πειθαρχία, ossia propugna che si presti obbedienza al sovrano, ed è contrario all'anarchia (vv. 672, 676). A tal proposito non riveste eccessiva importanza il fatto che Creonte assuma in buona fede i suoi principî e si mantenga ad essi fedele (sebbene anche ciò sia importante), quanto piuttosto il fatto che le sue massime sono, prendendole alla lettera, moralmente ineccepibili, ma assolutamente prive di qualsiasi sanzione divina. Nel suo mondo non hanno parte alcuna le divinità; si tratta di un mondo costruito sul metro dell'uomo e dello Stato.

Come abbiamo già osservato, le radici più profonde del conflitto tra Antigone e Creonte sono da ricercarsi nella assoluta incompatibilità delle loro concezioni di fondo. Creonte non è né soltanto « il tipico tiranno », né semplicemente il rappresentante dello Stato. Poiché ognuna di queste interpretazioni contiene elementi di verità, sia l'una che l'altra è stata sovente addotta come unica spiegazione della condotta di Creonte. Costui è certamente un tiranno nonché un rappresentante dello Stato, ma la sua posizione « politica » risulta caratterizzata soprattutto dal fatto che egli viva in un mondo il quale non soltanto si contrappone come estraneo e nemico a quello di Antigone, ma altresì non tien conto del fondamento religioso dello Stato. I doveri religiosi occupano per Creonte soltanto il secondo posto, laddove la sovranità incondizionata dello Stato (vedi, per esempio, i vv. 745, 775 sgg.) e le norme di un'etica umana e politica (vv. 207 sgg., 514 sgg., 730 sgg.) sono assolutamente preminenti. Egli intende evitare la contaminazione della città (v. 776), poiché suo obiettivo è il mantenere intatta la grandezza dello Stato; ma le parole di Creonte, secondo cui gli uomini non possono contaminare gli dèi (v. 1044), altro non sono che la parola d'ordine, — ben nota dal tempo di Euripide —, propria di coloro che combattono la vecchia religione; costoro pongono le potestà divine, sempreché naturalmente le riconoscano, talmente al di là di ogni umano criterio, che il legame tra l'uomo e la divinità s'infrange e queste diventano impotenti e vuote di significato.

Creonte mediante il rifiuto di onorare « il mondo di Ades » (τὰν Ἀιδου) (v. 780) scuote le fondamenta più essenziali della religione. L'ordinamento divino del mondo comprende necessariamente anche i morti, ma soltanto nel caso in cui i vivi e, in particolare, i sovrani riconoscano questo fatto. Le divinità dello Stato seguono, secondo Creonte, i principî di un governo patriottico. Il fratello nemico diventa un proscritto politico nemico, e il nemico dello Stato è altresì il nemico degli dèi (vv. 199 sgg., 280 sgg.). Questo assolutismo dello Stato culmina nella blasfema affermazione di Creonte, secondo cui nemmeno la possibilità di perpetrare una profanazione del cielo lo avrebbe trattenuto dal fare ciò che ritenesse giusto (vv. 1040 sgg.). In tal modo il carattere irreligioso proprio del sovrano, di cui un primo accenno tematico si era avuto nell'*Aiace* con un'affermazione di Agamennone (v. 1350, v. pag. 80), risulta chiarito da più parti. Gli atti di Creonte non sono tanto conseguenze di una bizzarria transitoria o del suo carattere personale, quanto piuttosto tipici di un sovrano autocratico e irreligioso. Su questo punto avrò modo di tornare ancora più volte. Un autocrate, un tiranno, è necessariamente irreligioso; già Otane nella nota discussione riferita da Erodoto (III 80, 3) afferma che un uomo viene guastato dai vantaggi che gli derivano dalla sua posizione di tiranno [5]. Al tempo di Sofocle e di Erodoto si era acquistata coscienza dell'influsso negativo ai fini della morale esercitato dal potere assoluto, e questa consapevolezza era tutt'altra cosa rispetto all'odio contro il tiranno, caratteristico della democrazia. Il mondo di Creonte è angusto e cieco; e tale circostanza non risulta eliminata dal fatto che egli si trovi in una posizione di buona fede nei confronti di esso. Sofocle neppure per un istante lascia sorgere in noi il dubbio che il destino riservato a questo mondo possa essere diverso da una ineluttabile distruzione ad opera dell'ordine divino [6].

La lotta tra i due ordini, in cui i due personaggi si affrontano come soldati, accanitamente rivali, si prospetta perciò costantemente come una lotta per l'affermazione della loro razionalità e

---

[5] Questo tema è stato rilevato e trattato a fondo da G. VLASTOS nel suo saggio *Isonomia* (*AJP.*, 1953, pp. 356 sgg.).

[6] Cfr. il REINHARDT, *op. cit.*, p. 88; l'opinione di SCHADEWALDT (*Aias und Antigone*, 1929, pp. 82 sgg.), secondo cui la morte di Antigone è per lo meno in parte la punizione del torto che essa avrebbe fatto alla *polis*, mi riesce inaccettabile. Ciò che in un certo senso giustifica l'operato di Creonte, non è detto che condanni in ugual misura Antigone. La *polis* può riflettersi assai diversamente nei differenti individui. Pare che, finché la discussione durerà, la grandiosa ma erronea interpretazione di Hegel sia destinata a rispuntare continuamente, come qui nel caso di SCHADEWALDT. Cfr. in generale anche TIERNEY, *Studies*, 1943, p. 327.

saggezza. « Rifletti », « cerca di capire » (φρόνησον) sono le prime parole di Ismene, con cui essa cerca di distogliere Antigone dal suo proposito, definito « privo di senno » (ἄνους, v. 99; cfr. v. 68). Con i medesimi termini Tiresia cerca di trarre Creonte dalla falsa strada (v. 1023). Ironicamente Antigone conferma che a causa della sua δυσβουλία (v. 6) dovrà soffrire; e il coro definisce il suo atteggiamento « insipienza » (ἀφροσύνη, v. 383), « precipitazione » (v. 853) e « vaneggiamento di parole e follia del cuore » (v. 603). Reciprocamente Antigone e Creonte si accusano di insipienza e follia (vv. 469 sgg.; v. 492). Per converso la εὐβουλία e il lucido intelletto (εὖ φρονεῖν) sono qualità necessarie e pregiudiziali per un sovrano, e le scene decisive prima della catastrofe risultano determinate dal fatto che a Creonte vengono meno proprio quelle qualità che egli pretende sue con tanta energia [7]. Alla fine Creonte « impara » (cfr. vv. 992, 1023), ma impara troppo tardi (vv. 1270 sgg.; 1348 sgg.), e la sua resipiscenza è unicamente frutto della paura (vv. 1095 sgg.). La « pia colpa » di Antigone (v. 74) si contrappone alla irreligiosità di Creonte (v. 1348). La riflessione del coro, secondo cui è σέβειν μὲν εὐσέβειά τις, ma il potere deve essere comunque rispettato (vv. 872 sgg.), rappresenta un compromesso opportunistico; ad esso si contrappongono le ultime parole di Antigone prima di avviarsi a morire (εὐσεβίαν σεβίσασα, v. 943) nonché le parole conclusive del dramma: « La saggezza è la parte più alta della felicità, né mai si deve far empio insulto agli dèi. I gran vanti degli uomini boriosi vengon puniti con gravi percosse. In tal modo si impartisce saggezza anche alla tarda età ». I passi citati parlano un linguaggio possente e non lasciano dubbî circa il vero significato della tensione tematica. *Pietas* e saggezza fanno tutt'uno, poiché la vera saggezza riconosce l'ordinamento divino del mondo.

Pertanto il problema di un maggiore o minore grado di senno e di saggezza non incide sulla presente discussione. Qualsiasi tentativo inteso a ricercare nella follia, precipitazione e avventatezza di Antigone la causa sostanziale del suo tragico destino porta a conclusioni errate. La sua « follia » è piuttosto la vera saggezza, anche se risulta che la sua mentalità unilaterale, che non tiene conto di ciò che la circonda, contribuisce alla sua

---

[7] Vedi vv. 1015, 1050 sgg., 1090, 1242, 1261, 1269, 1339; vv. 176 sgg., 207; cfr. coro v. 682.

rovina. La polemica di Sofocle è rivolta contro una saggezza puramente razionale, fondata esclusivamente sul raziocinio umano. Da una parte troviamo la fanciulla, la cui vita spirituale si accorda pienamente con l'ordine divino del mondo; essa è legata profondamente alla propria famiglia da un sentimento sacro della tradizione ed è piena di quella dedizione eroica, quale può avere soltanto una donna. Dall'altra parte sta un vecchio, pieno di orgoglio per la sua saggezza e la sua potenza, che non si fida di nessuno se non di se stesso, in quanto reggitore e rappresentante dello Stato. Egli è cieco e blasfemo, ma altrettanto sicuro, anzi certissimo, che la propria legge politica sia l'unica valida, quanto lo è Antigone nei riguardi delle sue leggi non scritte (sebbene una differenziazione di grado si farà alla fine evidente). Al di là dei due personaggi il contrasto insito nelle concezioni di fondo appare sempre evidente.

Alcuni ulteriori cenni basteranno per dimostrare come talune verità, apparentemente ovvie, enunciate a proposito di questa tragedia sono soltanto verità parziali. Così ad esempio il contrasto tra Stato e famiglia è senza dubbio importante. Nel noto passo controverso che suscitò parecchi dubbî anche in Goethe, e in cui si riflette un episodio narrato da Erodoto (vv. 905 sgg.), Antigone fa lo strano, ma significativo, tentativo di giustificare il suo modo di agire, affermando con enfasi di essere stata costretta a violare la legge dello Stato per non infrangere la legge dell'« amore » tra fratello e sorella. Perché in questo caso si tratta di adempiere ai sacri doveri derivanti dallo stretto vincolo di parentela e consanguineità, che non potrà mai essere ristabilito, dal momento che i suoi genitori sono morti[8]. In questi versi, che poeticamente sono deboli, ma significativi per il loro contenuto concettuale, Antigone fornisce, fino ad un certo punto, una professione di obbedienza nei confronti dello Stato; e proprio per questo fatto appare chiaramente come non già lo Stato in sé, bensì soltanto lo Stato che spregia le leggi supreme della pietà, si contrapponga alle esigenze del vincolo familiare.

Un secondo esempio dimostra ancora maggiore attinenza con il nostro problema specifico. Certamente Creonte è un tiranno. Il carattere dottrinario delle sue concezioni, la fede assoluta nella

---

[8] Cfr. WEBSTER, op. cit., p. 99; REINHARDT, op. cit., pp. 92 sgg.; BOWRA, op. cit., p. 93 sgg.

propria infallibilità, gli improvvisi scoppi di collera e gli atti ciechi, nonché i suoi numerosi e irriflessivi sospetti: tutto questo, o quasi, si può considerare tipico di un tiranno. Tutta l'atmosfera che regna a corte e nella città ci porta nell'àmbito di una signoria tirannica o, per lo meno, autocratica e basata sulla violenza. L'impressione della personalità di Creonte sui cittadini del coro appare chiaramente, e l'effetto che un tiranno fa sull'uomo di bassa estrazione, il cui unico obiettivo sta nel portar in salvo la pelle, si manifesta nella figura semi-comica del guardiano. Presumibilmente Creonte non può essere paragonato a nessuno dei tiranni storicamente noti; tuttavia rimane un tiranno. Forse si può dire che il V secolo aveva in generale un concetto del tiranno come di un uomo che poneva il proprio potere e la sua ambizione al di sopra di qualsiasi altra istanza, specie del diritto, e perseguiva i proprî fini e desiderî senza aver riguardo dei criteri etici. Tale fu primamente l'immagine del tiranno condivisa dall'opinione pubblica; ma quando la prospettiva mutò, essa divenne la materia prima per le costruzioni teoriche estremistiche dei Sofisti. Sofocle ha tracciato il ritratto di un uomo, non ha dato un mero e sbiadito compendio di determinate teorie. La sua profonda penetrazione psicologica appare, ad esempio, nell'avversione collerica e violenta manifestata da Creonte all'idea di dovresi sottomettere ad una donna; chi si infuria così è un uomo che cerca di colmare una debolezza interiore mediante l'affermazione di una estrema virilità e crudeltà (vv. 484 sgg., 525, 579, 756). E tuttavia quest'uomo rimane un tiranno. Ma Creonte, al contempo, è anche qualcos'altro.

Se il suo decreto fosse soltanto una conseguenza dell'arbitrio tirannico, esso rivestirebbe scarsa importanza e l'*Antigone* non sarebbe quella grande tragedia che è. Tiranni melodrammatici, come ad esempio Lico nell'*Eracles* di Euripide, non si tróvano presso Sofocle. Creonte è effettivamente il re legittimo, e questo fatto spiega tanto la sua posizione nell'àmbito dello Stato, quanto l'orgoglio con cui egli è consapevole di questa sua posizione. La sua fede nella importanza preminente dello Stato è, nonostante l'angustia che la caratterizza, sincera e profonda. In uno Stato assoluto è assoluto naturalmente anche il capo. « L'état c'est moi » è l'espressione necessaria di un assolutismo totalitario. In quanto si identifica con lo Stato (v. 738), Creonte dimostra una volontà sincera di rafforzarlo (v. 191); altrettanto sincero è l'impulso etico che, senza la prospettiva di un tornaconto personale o di un utile collettivo, lo spinge a istituire una distinzione tra il morto che ha combattuto per la sua città e quello che l'ha assalita (vv. 207 sgg.). Egli è anche convinto che soltanto una presunzione delittuosa sarebbe in grado di infrangere le leggi vigenti dello Stato (v. 481). Quello stesso uomo che ispira ai suoi sudditi un tale timore, che essi non osano parlare apertamente (vv. 504, sgg.; 690 sgg.), afferma essere a suo avviso indice di pessimo sovrano il fatto che questi si rifiuti di prestare orecchio al savio consiglio di chicchessia (vv. 178 sgg.). Creonte si è costruito un programma di governo che pullula di eccellenti principî, ma i suoi atti non corrispondono alle sue parole. Tuttavia non è un ipocrita.

Se le cose stessero chiaramente nei termini prospettati da più di uno studioso, se cioè Creonte portasse una maschera e fosse semplicemente un mentitore, la sua figura e, in fondo, anche il suo conflitto con Antigone risulterebbero privi di interesse: una narrazione tracciata con procedimento primitivo in toni chiari e scuri nettamente contrapposti, del tutto priva di tragicità intesa nel senso sofocleo. Né d'altra parte basta affermare che Sofocle tratteggi Creonte con una sorta di scoperta ironia, in virtù della quale ogni spettatore doveva accorgersi immediatamente che il ritratto del re corrispondeva a quello del tipico dottrinario, con la sua fede cieca nelle proprie illimitate facoltà. Certo l'ironia esiste, ma si tratta dell'ironia che deriva da quella più profonda saggezza la quale considera la prassi degli uomini *sub specie aeternitatis* e perciò inevitabilmente insensata o tragica.

Già nelle parole di Creonte si può rilevare la scarsa coerenza tra i principî generali da lui enunciati e il suo decreto. Tali principî non vengono enunciati come una giustificazione dei propri atti, ma recitati, come avviene per Polonio nell'*Amleto*, come un personale catechismo di buone massime [9]; Creonte aggiunge soltanto che ha emanato il suo decreto « in conformità di esse » (v. 192). Rimane certo dubbio se il divieto di seppellire Polinice fosse veramente cosa che toccasse l'interesse dello Stato; ma que-

---

[9] Demostene ripete questi versi con quella serietà e assenza di ironia (XIX, 247), con cui oggi un preside potrebbe ripetere al suo allievo i consigli dati da Polonio a Laerte (ed effettivamente ripeté, come mi risulta da una personale esperienza).

sta è un'altra questione. Creonte con i suoi principî incarna lo Stato, talché non può sorgere per lui a questo proposito alcun dubbio o problema. Virginia Woolf ha detto una volta che gli spettatori alla fine di una rappresentazione giungono persino a simpatizzare per Creonte. Ciò non si spiega in base ad una abilità tecnica del poeta, bensì perché, nonostante l'erroneità delle sue concezioni e la ripugnanza dei suoi metodi, Creonte diventa vittima dei suoi principî e dei suoi misfatti, e perché i colpi infertigli dal destino lo hanno reso alla fine umano.

Creonte ha norme sue proprie, ma queste non stanno mai al di fuori dello Stato, e dal momento che egli si identifica con lo Stato, non sono mai poste al di fuori dell'àmbito della sua mentalità personale. Il coro non osa contraddire il decreto di Creonte (v. 211), tuttavia avverte il nucleo essenziale della questione. « Così è, come a te piace... Poiché tua è la potestà sopra ogni legge, per i morti come per i vivi ». « Car tel est ton plaisir! ». Nella loro coscienza i cittadini sono consapevoli che tutto è ingiusto; ma vi si adattano. La volontà del sovrano è diventata legge dello Stato e trascende in un àmbito che è posto al di là di qualsiasi politica. Creonte, il « tiranno », che esige obbedienza anche a decreti ingiusti (vv. 666 sgg.), non è soltanto un autocrate. È sua ferma convinzione che lo Stato è onnipotente e assoluto, persino nei confronti degli obblighi concernenti la tradizione e la religione. Il suo Stato è lo Stato « totale » o, per lo meno, « autoritario ».

Creonte non ripudia gli dèi; anche quando afferma che la propria volontà è la volontà dello Stato, crede di ottemperare al volere degli dèi. D'altra parte una politica di tipo totalitario è, per propria essenza, antagonistica rispetto alla religione e alle esigenze della coscienza individuale; ciò era noto a Sofocle anche senza le esperienze nostre di uomini del XX secolo [10]. Sofocle non era un politico. Le sue tragedie sono politiche soltanto nel senso che « respirano l'atmosfera della *polis* », nel senso cioè che esse risultano legate alla *polis*; mentre il poeta si astiene da

---

[10] Naturalmente non ripudiava la *polis* in sé; bensì polemizzava contro una politica « totale ». WHITMAN (*op. cit.*, p. 233) osserva: « Creon embodies the moral atrophy of civic institutions », mentre Antigone, al contrario, « the ideal of individual moral perception »; egli usa concetti moderni non pertinenti e a mio avviso trasferisce al contempo nel linguaggio nel XX secolo concetti proprî del XIX.

qualsiasi spicciola politica del momento. Rivestì cariche pubbliche, ma la sua mentalità era apolitica, perché si proiettava al di là della politica. E tuttavia, dal momento che Sofocle concepiva la vita come un tutto organico, aveva piena coscienza dell'importanza della politica nell'àmbito della vita umana.

La profonda concezione di Sofocle risulta inoltre ulteriormente precisata ad opera di una serie di avvenimenti caratteristici ed importanti che si succedono nel corso dell'*Antigone*, di cui non abbiamo ancora fatto menzione. Due volte vengono fatti insistenti tentativi al fine di distogliere Creonte dalla decisione di mettere a morte Antigone: una prima volta ad opera di Emone, un'altra ad opera di Tiresia. La supplica di Emone è rivolta piuttosto al re che al padre, e alla fine il figlio usa i tipici argomenti politici della *polis* contro la tirannide. Su questo terreno Creonte si sente sicuro: si tratta del suo proprio mondo politico, e l'idea che i cittadini possano essere contrarî al proprio modo di agire non lo turba; poiché in questo caso la questione si prospetta come mera questione di potenza. Alla fine il suo assolutismo si rivolge contro i principî da lui stesso enunciati, e ciò fa sì che, al contempo, gli risulti impossibile comprendere con quale profonda sincerità il figlio gli parla. Tiresia, invece, gli minaccia sventura, perché il sacrilegio si espande e gli dèi degli Inferi sono offesi. In quel momento Antigone ed Emone sono già morti, e la sciagura incombe ineluttabile su Creonte. Gli dèi non interverranno più; è troppo tardi, come è troppo tardivo anche il pentimento di Creonte. Tuttavia l'intervento di Tiresia è necessario per produrre il mutamento interiore di Creonte [11]. Tiresia è il naturale consigliere di Creonte; a lui, in quanto veggente profetico, è dato conoscere il volere degli dèi, ed egli lo può trasmettere al re. Nella sua persona si trova rispecchiata la funzione che gli indovini e gli interpreti degli oracoli rivestivano in seno alla vita pubblica; ma, al contempo e soprattutto, egli è il nunzio della sopravveniente sventura, la voce dell'ordine divino violato da Creonte. Come più tardi nell'*Edipo Re* « il profeta cieco è il veggente, e gli scettici dallo sguardo acuto sono i ciechi » [12]. Creon-

---

[11] Cfr. WHITMAN, *op. cit.*, p. 96: « we did not need the gods to tell us Antigone was right, though doubtless Creon did ».

[12] H. D. F. KITTO, *Greek Tragedy*, 1939, p. 137. Questa frase manca nella seconda edizione del 1951.

te cede senz'altro e quasi senza indugio. Egli sente la minaccia di un mondo da lui disprezzato, cui non appartiene. Il tronfio tiranno è affetto da una interiore debolezza, che spiega l'improvviso mutamento; e questa debolezza si manifesta nell'istante in cui egli si avvede che il suo angusto mondo è andato in pezzi. Dal punto di vista psicologico nonché dal punto di vista dell'effetto teatrale l'improvviso mutamento nell'atteggiamento di Creonte può anche apparire insufficientemente motivato. Ma in tal modo l'intenzione del poeta acquista tanto maggiore evidenza: ciò che importa a Sofocle è palesare il problema fondamentale, in genere, nonché la debolezza che infirma il mondo di Creonte. Le poche parole del santo veggente, che annunzia la divina verità, sono sufficienti; ciò che nessuna ragione politica, nessuna supplica umana hanno saputo operare, è raggiunto; e l'intera costruzione dell'umano orgoglio e dell'umano raziocinio crolla rovinosamente.

III. *L'inno sulla grandezza dell'uomo.*

Forse nulla ci fornisce maggiori elementi circa il mondo spirituale di Sofocle più del famoso inno sulla grandezza dell'uomo (*Antigone*, vv. 332 sgg.); il quale, se non vado totalmente errato, risulta altresì estremamente importante ai fini di una caratterizzazione del personaggio di Creonte, tratteggiato dal poeta. Comunemente si suppone a ragione che Sofocle in questo inno si ispirò al mito di Protagora, ossia ad una delle enunciazioni del grande sofista più essenzialmente caratteristiche, più emblematiche e, probabilmente, più vastamente note. Certamente per questo fatto Platone ha ripreso il mito (*Protagora* 320 D) e lo ha eternato. In Sofocle l'inno inizia con lo squillo: πολλὰ τὰ δεινά, e in tal modo si rifà chiaramente al πολλὰ μὲν γᾶ τρέφει δεινά, di Eschilo, che è pure il verso iniziale di un canto del coro (*Coefore*, v. 585). Tuttavia Eschilo paragona soltanto gli orrori della terra con l'orrore degli umani delitti, laddove in Sofocle τὰ δεινά diventano l'oggetto e l'essenza dell'umano potere e dell'umana signoria. Il termine δεινός ha più significati (possente, terribile, orroroso, orribile), ma l'inno esprime l'immensa ammirazione per la vittoria dell'uomo sulla natura: sulla terra e sul mare e sugli animali. Questo potere non fu conferito all'uomo dagli dèi o da un Prometeo benevolo; l'uomo lo ha conquistato da sé, basandosi unicamente sulle proprie forze. Inoltre esso ha appreso a se stesso il linguaggio e il pensiero nonché le ἀστυνόμους ὀργάς: in tal modo divenne un animale sociale. In queste parole si rispecchia la saggezza di vita del mito protagoreo (321 D) e l'umana volontà di autoconservazione mediante la fondazione di città (322 B); con la differenza che in Protagora l'uomo dipende dall'aiuto di Prometeo. Nell'inno di Sofocle una sola cosa risulta invincibile per l'uomo: la morte. Essa costituisce il limite, l'unico limite certo, imposto al vittorioso progredire dello spirito umano, sebbene l'uomo, grazie al ritrovamento di farmaci contro le malattie ed epidemie, sia riuscito ad arginare la potenza stessa della morte. Anche se la morte non può essere vinta, non per questo la grandezza dell'uomo risulta pregiudicata. Il pericolo sta piuttosto nel fatto che l'uomo, divenuto norma di sé medesimo, non possiede, nonostante la propria δεινότης e la propria maestria inventiva (v. 365), norme etiche stabili, in base alle quali possa decidere caso per caso. « Ora inclina al male, ora al bene ». Solo colui che osserva «la legge della patria, il diritto degli dèi consacrato dal giuramento» (o li tiene in onore), è altamente onorato nello Stato, mentre «è privo di patria colui che con sfida temeraria indulge al male »[13]. Ancora manca all'uomo ciò che Protagora chiama ἡ πολιτικὴ τέχνη, l'arte di vivere nella comunità della *polis*, che è frutto della reverenza e della giustizia, di αἰδώς e di δίκη.

Qual è propriamente il significato di questo inno? È esso in sostanza soltanto un corollario dello stupore manifestato dal coro per l'inspiegato seppellimento di Polinice? È una condanna del decreto di Creonte? Oppure costituisce soltanto una constatazione di ordine generale, che poco ha a che fare con l'azione specifica

---

[13] *Antigone*. vv. 365 sgg.: σοφόν τι τὸ μαχανόεν / τέχνας ὑπὲρ ἐλπίδ'ἔχων / τοτὲ μὲν κακόν, ἄλλοτ'ἐπ'ἐσθλὸν ἕρπει· / νόμους περαίνων χθονὸς / θεῶν τ'ἔνορκον δίκαν / ὑψίπολις ·ἄπολις ὅτῳ τὸ μὴ καλὸν / ξύνεστι τόλμας χάριν. / μήτ' ἐμοὶ παρέστιος / γένοιτο μήτ' ἴσον φρονῶν / ὃς τάδ' ἔρδοι· Il fatto che si legga con PFLUGK e PEARSON περαίνων o con REISKE e JEBB γεραίνων non comporta differenze sostanziali. Ma come si può rilevare dalla citazione da me riportata, non posso accettare l'interpunzione fornita da PEARSON, Egli intende νόμους ... δίκαν come un'aggiunta esplicativa di τοτὲ ... ἄλλοτ ... ἕρπει, e interpreta ὑψίπολις come un'esclamazione a sé stante. Di opinione contraria a PEARSON è, ad esempio, FRIEDLANDER, *Herm*. 69, 1934, p. 60. BOWRA, *op. cit.*, p. 85, pone dopo ἕρπει un semicolon, ma mantiene l'altro davanti ad ὑψίπολις. Nella sua traduzione costruisce come ho fatto io (lo stesso avviene in REINHARDT). Vedi anche nota 18 del Cap. III, p. 94.

del dramma? Su tutto questo gli studiosi presentano pareri discordi. Io ritengo che qualsiasi interpretazione debba fondarsi sulla esegesi del passo νόμους ..... χθονὸς θεῶν τ' ἔνορκον δίκαν e delle parole ὑψίπολις e ἄπολις, tra loro contrapposte; mentre però non vanno perduti di vista la grandezza dell'inno nel suo insieme nonché i suoi rapporti con le altre parti del dramma.

Appare evidente a prima vista che il « diritto degli dèi consacrato dal giuramento »[14] non è altro che la legge divina, di cui già abbiamo ampiamente parlato, e che più tardi ricompare nel dramma (v. 450) contrapponendosi a quelle leggi che non furono emanate da Zeus e da « Dike, che tiene dimora presso gli dèi Inferi ». Può darsi che i νόμοι χθονὸς cioè le leggi del paese o della terra, vadano connesse strettamente a δίκαν, talché l'intero passo verrebbe ad essere una sorta di endiadi a significazione delle leggi non scritte. Sussiste per lo meno la possibilità di intendere i νόμοι χθονὸς come le leggi della terra in cui i morti vengono seppelliti[15]. Il decreto di Creonte faceva violenza alle più antiche leggi della terra e del paese. Il coro si ribella interiormente contro tale decreto, ma non ha sufficiente forza per disobbedire apertamente (vv. 211 sgg.); esso è tuttavia profondamente impressionato dall'apparente miracolo del seppellimento (v. 278) e si oppone a Creonte, con considerazioni di ordine generale, dalla propria elevata posizione; cosicché queste esprimono piuttosto le concezioni del poeta che l'opinione degli anziani di Tebe.

Esiste un'altra spiegazione che si può assumere come più probabile. I νόμοι χθονὸς sono per lo più i νόμοι ἐπιχώροι, le leggi del paese, le leggi della polis. Ossia il significato probabile sarebbe, allora, che, nonostante l'accentuazione del carattere strettamente tradizionale delle leggi, sussisterebbe tuttavia un accenno al decreto di Creonte. Tali leggi vanno distinte da quella succes-

---

[14] Si potrebbe anche far dipendere θεῶν dal sostantivo ὅρκος, che è contenuto in ἔνορκον: « Dike, cui l'uomo è consacrato in nome degli dèi »; ma io do la preferenza alla interpretazione riportata più sopra. Il senso, in sostanza, rimane comunque il medesimo.

[15] Cfr. v. 24: κατὰ χθονὸς ἔκρυψε inoltre, Edipo Re, v. 1546. Appare improbabile che i νόμοι χθονός siano da intendersi come leggi scritte del mondo ctonico, come νόμοι τῶν κατὰ χθονὸς θεῶν o νόμοι τῶν χθονίων (cfr., ad esempio, ESCHILO, Persiani, v. 640; Coefore, v. 399). Se così fosse, l'intero passo risulterebbe una chiara e inequivocabile presa di posizione a favore di Antigone e contro Creonte.

siva, ossia dalla θεῶν ἔνορκος δίκα. Il duplice termine comprende allora sia le leggi di Creonte che le leggi di Antigone. Il coro non prende partito né per l'uno né per l'altra, bensì combatte l'atto temerario (τόλμας χάριν, v. 374) dell'ignoto che ha violato il decreto di Creonte, nonché l'empietà insita nel decreto stesso. Secondo tale interpretazione l'inno viene inteso anzitutto come l'espressione del turbamento di un coro timorato di Dio; in questo caso esso non fornirebbe un commento allo specifico conflitto del dramma, ma piuttosto una constatazione di ordine generale in merito ai limiti dell'umana grandezza. In tal modo però l'inno diventa ancora più decisamente l'espressione delle concezioni individuali più profonde di Sofocle stesso; perché allora si tocca il problema centrale del pensiero del poeta, ossia la posizione dell'uomo in un mondo governato dagli dèi.

Esiste, infine, ancora una terza possibilità d'interpretazione [16]. Le parole θεῶν τ'ἔνορκον δίκαν sembrano riecheggiare in un altro canto corale, in cui si rimprovera ad Antigone di « scuotere nella sua immane temerarietà l'eccelso trono di Dike » (v. 845) [17].

Qui Dike sta a significare la legge dello Stato violata da Antigone. L'atteggiamento del coro nei confronti di Antigone è sempre piuttosto critico, e bene si accorderebbe con esso atteggiamento se gli anziani fossero anche più turbati per l'avvenuto seppellimento, mentre ancora ignoravano chi fosse il seppellitore. Sembra che il loro timore dell'anarchia nello Stato sia più forte del timore nei confronti dell'empietà, talché le loro parole si riferirebbero unicamente alla violazione del decreto di Creonte. Con ciò sarebbe escluso che nell'inno del coro siano reperibili concezioni personali proprie del poeta. Se questa fosse la giusta interpretazione, l'intero tono dell'inno verrebbe ad ingenerare per lo meno alquanta confusione.

Cerchiamo dunque di interpretare il passo controverso tenendo conto dei versi successivi. Colui che tiene in onore il diritto e la giustizia, è altamente onorato nella *polis*; mentre colui che conduce una vita dedita al male, si pone al di fuori dell'àm-

---

[16] Che troviamo ad esempio in BOWRA, *op. cit.*, pp. 84 sgg., senza che si faccia menzione delle altre possibilità. Cfr. altresì p. 51, nota 17.

[17] REINHARDT traduce: « ... tu precipiti innanzi agli eccelsi gradini del diritto », facendo così coincidere, anch'egli, Dike con la legge dello Stato (analoga cosa avviene in WEINSTOCK).

bito della *polis*: è un proscritto [18]. Con tale affermazione il coro si fa difensore della *polis*: e non interessa se il poeta si identifichi o meno con le parole pronunciate dal coro stesso. La questione verte circa la posizione che compete all'uomo in quanto membro della *polis*, e non in quanto parte del genere umano; poiché la *polis* costituisce ad un tempo l'àmbito specifico in cui si svolge l'azione drammatica, e però il podio naturale per il coro, nonché il campo di battaglia sul quale Sofocle sviluppa la propria polemica. Mediante l'obbedienza alle leggi l'uomo diventa cittadino vero; e solo il cittadino è uomo nel vero senso del termine. Un ἄπολις, ossia un uomo che è situato al di fuori dell'àmbito della *polis*, è posto altresì al di fuori della società, anzi del genere umano in generale. All'elogio della forza invincibile dello spirito umano e delle sue conquiste civili, che il coro intesse, segue un quadro dei pericoli etici insiti nelle conquiste umane e si insiste sulla necessità urgente di altri criterî, che non siano un mero portato « civile ». Sofocle ha assunto in gran parte il mito protagoreo, ma soltanto per approfondire il problema e fare sfociare, in sostanza, l'elogio in un monito [19]. Egli mostra

---

[18] Ritengo che la traduzione di ὑψίπολις, da me fornita, sia in questo caso l'unica possibile; cfr. anche BAILEY in: *Greek Poetry and Life*, p. 237. Il termine non significa « the citizen of a proud city » (LIDDEL-SCOTT-JONES) e tanto meno « high is his city » (BOWRA, *op. cit.*, p. 85). Nessun singolo cittadino può rendere ὑψηλή una città: neppure l'intercessione di Abramo per Sodoma e Gomorra pretende di raggiungere tanto. In effetti è vero proprio il contrario: « l'intera *polis* soffre spesso per colpa di un uomo malvagio » (ESIODO, *Erga*, v. 240); questa è la credenza greca comune, e non l'altra. Analogie linguistiche ci sorreggono a questo proposito: ὑψίζυγος ὁ ὑψίθρονος ὁ ὑψηνεφής è colui che siede eccelso sopra una panca, un trono, una nuvola, e δρύες ὑψίκομοι non sono alberi che portano in alto, sulla cima, il fogliame, bensì alberi il cui fogliame è « alto », perché essi sono molto grandi. E le leggi eterne sono dette ὑψίποδες nell'*Edipo Re*, v. 866, non perchè siano dotate di piedi eccelsi, sibbene perché i loro « piedi » deambulano in altezze sublimi. D'altra parte, è ἀδύπολις (*Edipo Re*, v. 509) colui che è bene accetto alla *polis*; mentre ἄπολις non è colui che non è cittadino di nessuna *polis*, bensì colui che è situato al di fuori della propria *polis* in qualità, ad esempio, di proscritto. Sofocle usa il termine nello stesso significato di ἀπόπτολις (*Edipo Re* v. 1000, *Trachinie*, v. 647, *Filottete*, v. 1018, *Edipo a Colono*, vv. 208, 1357), ed ἔμπολις è pressoché identico a πολίτης (*Edipo a Colono*, vv. 637, 1156). Parecchi tentativi di traduzione mi sembrano, senza necessità, liberi.

[19] L'interpretazione di MORRISON, secondo cui la « morale » dell'intero passo sarebbe « that rulers should take lessons from Protagoras » (CQ. 35, 1941, p. 14), mi sembra inconsistente. TIERNEY, *op. cit.*, p. 336, dice con maggior verosimiglianza che il coro « are trying... to read Creon a lesson based upon a Protagorean text ». Ma anche questo sembra una eccessiva semplificazione.

l'uomo nella sua indipendenza: sia per quanto concerne il dominio sulla natura, sia per ciò che riguarda l'osservanza nei confronti di leggi emanate da lui stesso. Da questa indipendenza deriva tanto la grandezza dell'uomo, quanto la sua rovina. Il poeta canta i successi e la radicale inanità dell'uomo, non per discutere certe teorie e certi temi sofistici, bensì per sottolineare la necessità della legge, della tradizione e della religione ai fini della vita, sia del singolo che della comunità, nonché per rivelare la catastrofe tragica che colpisce chi le trascura.

« Colui che commette queste cose mai dovrà sedere al mio focolare o nutrire i miei stessi sentimenti »: con queste parole termina il canto del coro. È improbabile che esse presentino un più stretto rapporto con gli avvenimenti del dramma, di quello che caratterizza le strofe precedenti. Infatti si è pensato che il coro alludesse all'« uomo » che aveva proceduto al seppellimento vietato; e a τόλμας χάριν (v. 371) corrisponderebbe θράσος del v. 853. Ma anche se il coro si fosse mostrato più indignato per il fatto che Polinice era stato seppellito contravvenendo al decreto di Creonte, che per l'empietà del decreto stesso, se, dunque, la terza delle interpretazioni prospettate fosse quella giusta, non è men vero che il poeta sapeva chi fosse l'autore del seppellimento e per quali ragioni Antigone vi avesse proceduto; se egli non avesse pensato soprattutto a colui che aveva infranto in verità i limiti imposti all'umana potenza, non avrebbe conferito a questo inno un tono così profondamente serio e un *pathos* tanto possente. Per Sofocle quest'uomo era Creonte, non Antigone. L'inno, che è uno dei più grandi di Sofocle, insegna anzitutto che l'uomo possiede bensì acutezza e volontà creativa, ma è assolutamente nullo di fronte a decisioni di ordine morale. Anche se forse l'inno può essere inteso nel senso che il coro sarebbe l'espressione della debolezza e del pavore dell'uomo medio anziano, esso tuttavia acquista il proprio pieno significato soltanto se teniamo presente che il poeta, con la sua famosa « ironia », pone in bocca al coro parole che posseggono una profondità concettuale molto più ampia.

Insomma, nessuna interpretazione — ed io personalmente ritengo essere la seconda probabilmente quella giusta — può prescindere dalla figura di Creonte. Egli fa parte di coloro che antepongono il proprio intelletto e i propri criterî etici alla legge, e la sua posizione e potenza lo rendono particolarmente importante. Talché egli crea dapprima lo Stato assoluto, in quanto pone la legge dello Stato al di sopra di quella divina, e poi identifica lo Stato con il reggitore, ossia con se stesso. Sia che si parli di assolutismo o di cesarismo oppure di Stato totalitario, in fondo si tratta della medesima cosa, cioè di uno dei fenomeni che si ripetono nel corso della storia, anche se in certi periodi esso acquista maggiore preminenza che in altri [20]. Sappiamo, per averlo sperimentato di persona, come un fenomeno di questo tipo possa sorgere da una sorta di iper-irrazionalismo e tralignare in una specie di idolatria. Per ciò che concerne il sovrano assoluto, si tratta piuttosto di una fiducia dell'intelletto nelle proprie forze, ossia del tentativo di porre in preminenza assoluta la ragione umana; e insomma della totale preterizione dell'elemento irrazionale. Atene fu nella seconda metà del secolo V un campo di battaglia dove si scontrarono opposte forze spirituali; e i Sofisti, a prescindere da tutti gli altri elementi che essi incarnavano, erano gli alfieri del nuovo spirito razionalistico. Molte parole e pensieri contenuti nei discorsi di Creonte si possono senz'altro riportare alle dottrine di questo o di quel Sofista. Ma esulerei dall'àmbito della presente ricerca se illustrassi ancora una volta il materiale già raccolto da altri [21]. Ad opera dei Sofisti la ragione acquistò preminenza assoluta nel regno dello spirito; e in base al pensiero razionalistico stesso si perviene all'identificazione dello Stato con il sovrano in quanto individuo d'eccezione; e la potenza intellettuale del sovrano fu considerata la fonte del benessere comune. In tal modo l'assolutismo dello Stato e del sovrano poggiavano sulla preminenza dei principî razionalistici. Creonte è una delle tante prove che attestano con quanta intensità Sofocle partecipasse, sia ricettivamente che attivamente, alle polemiche intellettuali e morali del proprio tempo.

---

[20] Per il problema dei ricorsi storici cfr. J. VOGT, *Gesetz und Handlungsfreiheit in der Geschichte*, 1955.

[12] Per quanto concerne i rapporti, spesso esagerati, tra Sofocle e la Sofistica, si veda (a prescindere dal già citato saggio di Morrison): w. SCHMID, *Philol.* 62, 1903, pp. 1 sgg.; NESTLE, CP. 5, 1910, pp. 129 sgg.; UNTERSTEINER, *op. cit.*, I, 528 sgg. Nestle arriva addirittura a definire l'*Antigone* una dichiarazione di guerra contro i Sofisti.

IV. Edipo nell'Edipo Re.

È stato osservato più volte che il Creonte dell'*Antigone* e l'Edipo dell'*Edipo Re* presentano parecchie affinità, sebbene « Edipo, nonostante i suoi difetti, sia il sovrano buono, e Creonte, nonostante i suoi pregi, quello cattivo »[22]. Edipo è un re buono, un padre del proprio popolo, un sovrano retto e grande e, insieme, un intelletto d'eccezione. I suoi pensieri sono costantemente rivolti alla *polis*[23]; considera la sua posizione un dono concessogli dalla libera decisione dei cittadini (v. 383); Edipo non si preoccupa tanto di se stesso, del proprio benessere, quanto piuttosto del popolo e dello Stato (vv. 314 sgg., 443). Il fatto che Creonte con la sua pacata resistenza ponga in dubbio l'autorità di re Edipo, viene interpretata da questi come un tradimento nei confronti della *polis*, perpetrato nella persona di lui, Edipo; questo deve essere il senso racchiuso nell'esclamazione « O *polis*, o *polis!* » (v. 629) fraintesa da Creonte (v. 630). Edipo non divide soltanto il proprio trono con la consorte, che fu già sposa del suo predecessore (v. 579), e ora, come regina e associata al potere, non fa che accrescere la dignità e la grandezza di lui; anche Creonte partecipa al suo potere sovrano: è questo un segno che Edipo ha cercato di evitare ogni parvenza di autocrazia. Inoltre Edipo è un uomo pio, che crede agli oracoli, tiene in onore i vincoli familiari, teme e odia tutto ciò che è impuro. Tutta l'azione del dramma nonché la tragedia stessa dell'uomo Edipo è incentrata sulla sua *pietas*[24].

E pur tuttavia Edipo è detto « tiranno ». Ma il termine greco è ambiguo, e il titolo del dramma, in cui la parola *tyrannos* appare, del resto, aggiunta più tardi, è stato giustamente trasformato in *Oedipus Rex*, ossia in *Edipo Re*. Tirannide sta a significare più volte nel dramma semplicemente il potere sovrano del re (vv. 128, 380, 1095). D'altra parte Edipo possiede un senso ben preciso della eccelsa dignità ed importanza proprie della sua posizione di re nonché dei sovrani in generale (vv. 128 sgg., 257 sgg., 267 sgg.). Egli è un uomo d'eccezione e ne è cosciente (v. 8), un uomo che comanda volentieri e volentieri ode il pro-

---

[22] WEBSTER, *op. cit.*, p. 63. Cfr. anche C. ROBERT, *Oidipus*, pp. 347 sgg..
[23] Cfr. vv. 302, 312, 322, 331, 340, 629.
[24] Vedi l'edizione curata da J. T. SHEPPARD, p. XXVII.

prio comando (vv. 226, 235, 252). Le parole con cui descrive la propria posizione sono pressoché identiche a quelle di Creonte (v. 237 = *Antigone*, v. 173) [25], e queste attestano che nel proprio intimo Edipo tende all'autorità piena ed assoluta. Tale tendenza risulta altresì evidente in base all'atteggiamento dei suoi sudditi. Essi si avvicinano a Edipo come a un dio, supplici (vv. 2, 31 sgg.), e il re viene venerato come σωτήρ, ossia come salvatore (vv. 46 sgg.). I Greci erano ben consapevoli del pericolo che siffatta venerazione comportava; essa poteva condurre alla ὕβρις. Più facilmente di qualsiasi altro mortale un grande uomo investito della sovranità poteva oltrepassare i limiti imposti agli uomini dagli dèi.

E in effetti Edipo si trova esposto ai pericoli della tentazione. Il re è prossimo alla soglia della tirannide. Ciò è dimostrato con tutta chiarezza dalla scena in cui interviene Creonte (vv. 513 sgg.); in essa appare oltremodo evidente l'analogia tra Edipo e il Creonte dell'*Antigone*. Nell'un caso e nell'altro troviamo il medesimo cieco sospetto rivolto anche contro gli amici, la medesima inclinazione a conclusioni affrettate, la medesima brama collerica di vendetta. Dovunque Edipo incontra resistenza o soltanto crede di trovare un'opposizione, perde il controllo di se stesso; il modo con cui tratta in una delle ultime scene il vecchio pastore suscita la nostra indignazione (vv. 1152 sgg.). Edipo corre il pericolo di acquisire in sede morale le qualità di un tiranno; la sua posizione e la sua grandezza conducono necessariamente alla tirannide politica. Anche in questo caso, al pari di Creonte, Edipo si identifica con lo Stato e sostiene il principio della legittimità monarchica anche se il sovrano sia cattivo (v. 629). Si arriva al punto che Creonte, il quale nell'*Edipo Re* incarna la moderazione e il sano buon senso comune, deve ricordare al re che la *polis* non appartiene esclusivamente a lui (v. 630). E ancora alla fine si leva contro Edipo cieco e dispe-

---

[25] SHEPPARD, il quale fornisce una eccellente esegesi, ritiene che le parole di Edipo γῆς τῆσδ', ἧς ἐγὼ κράτη τε καὶ θρόνους νέμω siano meno pretenziose di quelle di Creonte ἐγὼ κράτη δὴ πάντα καὶ θρόνους ἔχω, soprattutto perché νέμω non è termine così forte come ἔχω. Tuttavia Zeus viene invocato con la formula: ἀστραπᾶν κράτη νέμων (v. 201). La distinzione istituita da Sheppard è senza dubbio troppo sottile; e per quanto essa, di fatto, attinga la propria giustificazione nella differenza di fondo esistente tra Edipo e Creonte, l'analogia tra i due passi citati mi pare più certa e importante della loro discrepanza.

rato il rimprovero (v. 1522): « Non voler importi in ogni cosa ».

Il parallelismo tra i due drammi risulta più evidente nelle due scene in cui interviene Tiresia, sebbene nella tragedia posteriore tutti gli elementi abbiano acquistato maggiore radicalità. Come Creonte, Edipo diffida del veggente venerando e nutre il sospetto che costui possa essere stato prezzolato (vv. 379 sgg.). Tale fatto acquista in questo caso un'importanza anche maggiore, perché il problema della veridicità degli oracoli e delle profezie sta al centro dell'azione drammatica e l'atteggiamento di Edipo nei confronti di Tiresia contraddice alla genuina *pietas* del re. Dapprima Edipo accoglie Tiresia con reverenza e lo apostrofa con attributi che, in sostanza, paiono confarsi più propriamente a se stesso: *prostates, soter, anax* (vv. 304 sgg.). Ma improvvisamente il suo atteggiamento muta completamente, poiché Edipo presagisce dei pericoli per il proprio regno e per lo Stato (vv. 330 sgg.). La sua *pietas* viene meno nell'istante in cui viene scalfita la sua posizione politica, la sua primazia assoluta e incontestata in seno allo Stato. Non si tratta né di meschino pavore per la propria sicurezza personale e per la perdita del potere, né di collera originata da un orgoglio ferito. In primo luogo l'ostilità violenta di Edipo viene provocata dal silenzio di Tiresia, che in quel momento di terribile ansietà acquista il significato di un'offesa e di un attacco proditorio contro lo Stato; ma poi, mentre la tensione si accentua, segue l'accusa che egli, Edipo, il grande re e salvatore dello Stato, è in realtà il peccatore che contamina e distrugge lo Stato. La *polis* e il regno sono in pericolo, e con essi risulta minacciato ciò che sta maggiormente a cuore ad Edipo. Edipo, in quanto sovrano assoluto, appartiene, nonostante la sua *pietas*, al mondo della politica e delle norme umane e non all'ordine divino del mondo.

Edipo si oppone alle profezie del veggente con argomentazioni di ordine razionale (vv. 394 sgg.). Fin da principio una delle peculiarità più marcate del carattere di Edipo è costituita dal consapevole orgoglio per la propria saggezza, originato certamente dal successo conseguito nella risoluzione dell'enigma proposto dalla Sfinge. Probabilmente egli concederebbe al sacerdote che ciò fu da lui compiuto « con l'aiuto di un dio » (v. 38), così come sottomette la propria sorte e quella dei suoi cittadini al volere supremo « della divinità » (v. 146). All'uomo che inizia l'assolvimento del suo nuovo compito invitando alla propria presenza il venerando veggente (vv. 287 sgg.), non manca la *pietas* reverente; ma il dramma ce lo mostra soltanto nel suo orgoglio smisurato per i successi del proprio intelletto. Nessun veggente aveva trovato la soluzione dell'enigma, afferma vanitosamente Edipo, nessun uccello, nessun Dio l'aveva rivelata a lui; proprio lui, «all'oscuro di ogni cosa», doveva arrivare e trionfare sulla Sfinge (vv. 35 sgg.) [26]. Trasportato dall'orgoglio e dalla coscienza della propria forza, Edipo tiene in dispregio le arti del veggente e quasi si sente superiore agli dèi. Al popolo, che invoca la liberazione dalla peste, Edipo dice che esso può sperare in un esaudimento delle sue preghiere, qualora dia ascolto a lui e segua il suo consiglio (vv. 216 sgg.). Si tratta di una ripetizione della lotta tra la vera saggezza e l'orgoglio spirituale consapevole dei propri mezzi (cfr. vv. 316, 396), che abbiamo già trovato nell'*Antigone*. L'atteggiamento di scostante disprezzo, tenuto da Edipo nei confronti dei consigli di Creonte e della profezia di Tiresia, corrisponde al comportamento di Creonte verso Emone e Tiresia. La mancanza di vera saggezza è uno dei tratti caratteristici essenziali dell'uomo che si trova costantemente alle soglie dell'empia tirannia.

Tuttavia, nonostante questi difetti, Edipo non è moralmente colpevole. Egli non costituisce un esempio di ὕβρις, bensì è un uomo veramente grande, che supera di gran lunga, e nello spirito e nel carattere, il re Creonte. Egli soffre perché, sebbene a sua insaputa, ha agito contro le leggi degli dèi. Di un uomo, il quale abbia ucciso il proprio genitore e sposato la propria madre, non si può dire che sia «innocente». È stato detto giustamente che in questo caso concetti quali colpevolezza e innocenza sono semplicemente privi di senso. Il punto centrale della questione sta nel fatto che, in conformità alla profezia divina, sono stati perpetrati crimini nefandi e perciò l'umana grandezza si è posta in contrasto con la potenza degli dèi. Cotesta umana grandezza è la conseguenza dell'orgogliosa consapevolezza di se stesso, propria di un uomo il quale accentra in sé il potere.

---

[26] Non posso condividere la teoria di Sheppard, secondo cui Edipo soltanto gradualmente, nel corso dell'azione drammatica, diviene così minaccioso, perché sicuro del fatto suo, e così tirannico. Non si dà in questo caso alcuno sviluppo psicologico, bensì soltanto un carattere che costantemente sta ai confini fra *pietas* ed irreligiosità, fra moderazione e tirannia.

La fiducia che Edipo ripone in se stesso nonché l'indipendenza del suo spirito si palesano nella maniera più accentuata nel discorso in cui egli parla di sé come del figlio della Tyche (vv. 1076 sgg.). Nella sua ricerca della verità Edipo ha raggiunto il punto terminale, il momento in cui il mistero della sua origine dovrà svelarsi. Egli è abbastanza magnanimo per attendere con fermezza qualsiasi responso, per quanto non sappia immaginare cosa più obbrobriosa di un'umile origine. È ancora più convinto del proprio valore che dell'importanza di un'origine regale; in quanto è pronto ad accettare il peggio, fa di questa sua accettazione un'ulteriore prova della propria grandezza. Tyche è la sua vera madre; dimenticati sono i re. Un tempo egli ha portato a Tebe la Tyche, il « caso della sorte », « con favorevole presagio » (v. 52), quella medesima « Tyche salvatrice », il cui avvento attende da Delfi ad opera dell'ambascerie di Creonte (v. 80). Ma è altresì Tyche quella che, a detta di Giocasta, rese vana la profezia degli dèi (vv. 949, 977), e Tyche, ancora, come asserisce lo stesso Edipo (v. 263), uccise Laio prima ancora che questi generasse un figlio che potesse ucciderlo. Queste affermazioni agivano sugli spettatori, che erano al corrente della verità, con tragica ironia; Tyche doveva apparire loro come una potenza nefasta e terribile. E non soltanto appariva nefasta e terribile, ma lo era. Senza saperlo, Edipo, parlando della Tyche, si avvicina alla verità, al giuoco orribile che gli dèi intessono con la sua vita. Egli la definisce datrice di beni (v. 1081), non perché abbia dimenticato che essa apporta anche il male, bensì perché crede che la casualità della sorte gli sia stata, fino a quel momento, propizia. I mesi gli sono fratelli, « nati con *lui* » (v. 1082); essi hanno accompagnato la sua ascesa. Come loro, egli è un figlio del tempo e della natura: τῆς γὰρ πέφυκα μητρός.

Evidentemente Tyche non è ancora la divinità mutevole e terribile, — anche se, a volte, protettrice —, quale divenne più tardi in un'epoca scettica e angosciata [27]. Inoltre appare chiaro

---

[27] NILSSON, *Gesch. d. griech. Religion*, I, p. 713, vede nell'*Edipo Re* « il concetto di Tyche proprio dell'età successiva » e lo reperisce altresì nell'*Antigone*, v. 1158, e nell'*Aiace*, v. 485, ma non nella θεία τύκη del *Filottete*, vv. 1316 sgg., 1326 e fr. 196. Ritengo che NILSSON non rispetti a dovere la caratteristica dell'elemento tragico in Sofocle. Una analisi esauriente della formula « figlio della Tyche » trovasi in DIANO, *Dionisio* XV, 1952, pp. 56 sgg.

che Edipo ha oltrepassato con la sua pretesa di essere figlio della Tyche i limiti tracciati dalla tradizione e dalla religione. In quel medesimo istante inizia altresì il processo di una sempre crescente consapevolezza della propria origine. Egli acquista coscienza del fatto che la sua vita è dominata da forze trascendenti; ma ancora non è consapevole della potenza terribile e orrenda insita in esse. Egli ha perso il terreno su cui poggiava, ma il suo animo grande e possente non conosce disperazione. Sebbene sia violentemente scosso, Edipo si affida ulteriormente al proprio genio; ed effettivamente la sua tragicità sta essenzialmente nel fatto che egli rimane spiritualmente integro e non scende a compromessi, talché proprio per questo provoca la sua rovina.

Edipo non è solo: l'amore e la preoccupazione di Giocasta lo circondano sempre. La tragicità di questa donna sta nel fatto che le sue azioni portano Edipo verso la comune rovina, poiché essa gradualmente riconosce la verità, ma sempre in anticipo sul re. È stato detto qualche volta da taluni studiosi moderni che Giocasta è un personaggio superficiale. Ciò rappresenta un giudizio scarsamente motivato; ma la reazione a tale giudizio si spinge, a mio avviso, troppo oltre e non riesce a individuare i termini reali della questione. Allorché Giocasta parla dell'oracolo annunciato a Laio, dice trattarsi di « un oracolo, non dico di Febo stesso, ma dei suoi vati » (v. 711). Essa sottolinea che quell'oracolo è stato evidentemente smentito dal corso degli eventi, e nel fare ciò istituisce nuovamente una differenza tra la divinità e la profezia. Non occorreva essere senz'altro irreligiosi per ammettere che dei veggenti potessero talora incorrere in errore; già il coro aveva espresso dianzi il medesimo dubbio (v. 500) [28], e un siffatto scetticismo poteva rivolgersi anche contro i sacri oracoli di Delfo. Ma il fatto che Giocasta distingua la divinità dai sacerdoti dimostra che essa è consapevole della irreligiosità delle proprie parole. Ci si chiede pure perché Giocasta non abbia una fede. Jebb vede la causa di ciò nello sconvolgimento provocato in lei dal fatto che la vita di Laio non fosse stata salvata dal sacrificio del loro primogenito; ma una interpretazione di questo genere non risulta suffragata da alcuna prova, mentre notiamo che la donna parla con assoluto distacco della sorte di entrambi. Dob-

---

[28] Cfr. p. 44.

biamo piuttosto ritenere che, in seguito al nuovo matrimonio e ai figli che ne nacquero, la sua vita di un tempo fosse relegata in un passato remoto che non scalfiva più il presente. Giocasta è sinceramente convinta della falsità dell'oracolo; crede di saperne di più. Essa ha un modo di pensare distaccato, che non si spiega sufficientemente in base al suo amore per Edipo.

Quando Giocasta nuovamente si rifà alla questione (v. 851), accusa la stessa divinità. Ora non conosce più alcun ritegno. Consiglia di non tenere in nessun conto ogni profezia (vv. 857 sgg.), e, anche se tale consiglio è suggerito dal suo amore per Edipo — un sentimento che è tanto amore materno quanto amore coniugale —, ciò non basta a spiegare la sua empietà sempre più evidente. Si tratta pur sempre del medesimo oracolo, e se Giocasta avesse ancora una volta attribuito l'erroneità di esso ai sacerdoti e non alla divinità, più agevolmente sarebbe riuscita a convincere Edipo dell'erroneità stessa. Il suo amore per Edipo, che vince ogni altro sentimento, può spiegare fino ad un certo punto, e per così dire «giustificare», il suo scetticismo e la sua blasfemia, che tuttavia rimangono tali. Il suo atteggiamento scettico pare derivi più dal cuore che dal cervello; ma il solo fatto che il suo amore per Edipo la occupi a tal punto da trascurare, anzi spregiare per esso gli dèi, dimostra a sufficienza l'assenza di qualsiasi religiosità nei suoi sentimenti e pensieri. La vita di Giocasta è senza dubbio quant'altra mai tragica; tuttavia ciò non toglie che questa donna sia effettivamente irreligiosa. La sua pubblica preghiera ad Apollo è frutto della paura che le angoscie di Edipo hanno suscitato in lei (v. 917); si tratta in sostanza poco più che di un atto di dovere, del tutto convenzionale, come risulta dalle sue stesse parole (vv. 911 sgg.). Quando le riferiscono la notizia che Polibo è morto, essa non ringrazia già gli dèi, bensì si lascia andare a nuovo e amaro dispregio delle «profezie degli dèi» (v. 947). Giocasta cerca di calmare le angoscie di Edipo interpretando l'oracolo mediante un riferimento razionalistico a determinati sogni (vv. 980 sgg.). Con questo precorrimento del metodo psicanalitico — che è una delle testimonianze più sorprendenti e significative della profonda introspezione e della vastità d'intenti che caratterizzarono l'opera di Sofocle — Giocasta ripudia ogni credenza nei segni della divinità. Pertanto è perfettamente logico che la sua irreligiosità si spinga fino all'asserzione che gli uomini non hanno nulla da temere, giacché la loro vita risulta determinata dai mutamenti della Tyche; non si può prevedere nulla; e la cosa migliore è che ciascuno viva come meglio gli pare (vv. 977 sgg.). Perseguitata dall'angoscia, e nell'ardente desiderio di dissipare i crescenti sospetti di Edipo distraendo il suo spirito indagatore, Giocasta enuncia infine il principio della mancanza assoluta di leggi universali, e l'assoluta noncuranza nei confronti degli dèi e dei loro ammonimenti.

Edipo «regna sul paese dividendo il potere con Giocasta» ($γῆς$ $ἴσον$ $νέμων$, v. 579). Ciò non significa che essa, di fatto, abbia parte nel governo; la sua parte di sovranità differisce da quella di Creonte. Il significato del verso è che non è possibile dividere i pensieri e gli atti di Edipo da quelli di Giocasta; in quanto sovrani, essi fanno tutt'uno. Là dove cessa la fede di Edipo, cessa altresì la fede di Giocasta; in entrambi la Tyche prende il posto degli dèi, la scepsi e il fatalismo il posto del timore nei confronti della divinità. Giocasta si spinge sempre all'estremo, sia nella speranza e nella gioia, sia nella sventura, mentre Edipo ancora indugia e si trattiene; ma questi cerca sempre di adeguare i propri pensieri a quelli di lei. Spesso si ha la sensazione, certamente giusta, che Edipo in più di una asserzione si rivolga alla donna che è sua madre. Questa fatale realtà, che nel corso del dramma non può mai essere nominata e tuttavia non viene mai obliata, incombe come un'ombra sul loro vincolo reciproco, senza che essi ne abbiano coscienza. Nessuna interpretazione dell'atteggiamento tenuto da Giocasta nei confronti degli dèi spiega quale sia il motivo recondito che sta alla base di esso. Ella non può in alcun modo essere veramente pia, la sua scepsi è in certo qual modo necessaria, perché la sua rovina è determinata dall'incesto. Giocasta condivide la vita e il destino di Edipo come quella creatura che più lo ama e da cui più è amata. Come lui, anche essa non è moralmente colpevole né innocente. Il suo personaggio sta a dimostrare — e in ciò è più radicale e meno inibito di Edipo — che entrambi in fondo appartengono ad un mondo regolato da norme meramente umane, cui il poeta appassionatamente si oppone. Pio è soltanto colui che incondizionatamente accetta il proprio destino impostogli dalle mani degli dèi.

Attraverso il destino di Giocasta la sorte di Edipo acquista maggior rilievo. La stessa funzione riveste il grande inno del coro sulle «leggi sublimi» (vv. 863 sgg.), che costituisce un vero e proprio parallelo rispetto all'inno sulla grandezza dell'uomo, contenuto nell'*Antigone*. Il primo è già stato citato altrove, ma senza che si esaminassero le sue implicanze rispetto a Edipo. È stato esaurientemente dimostrato [29] che l'inno in questione, specie per quanto concerne l'attacco contro il tiranno, mira a colpire Edipo e Giocasta. Comincia con un'invocazione alla purezza e al reverente timore, che è una risposta chiara ai dubbi di Edipo e di Giocasta nei confronti degli oracoli; termina con un ancor più significativo accento di timore: che cosa succederà quando nessuno crederà più nella veridicità degli oracoli divini? [30] Nelle strofe intermedie il coro descrive l'uomo generato dalla ὕβρις, una ὕβρις, qual'è quella che caratterizza il re e la regina. La descrizione si attiene nei tratti generali alla immagine convenzionale del tiranno; si allude al suo orgoglio, alla sua rapacità, alla sua mancanza di timore religioso. Non tutte queste deficienze sono riscontrabili in Edipo; ma non sarebbe soltanto pedantesco, bensì errato, se ci si attendesse una corrispondenza puntuale. Il coro teme che la smisurata alterigia e presunzione di sé conducano alla tirannide e all'empietà, e pensa che Zeus, il vero sovrano del mondo, punirà i peccati dei re della terra. Se così non agisse, la religione perderebbe ogni senso e il mondo sarebbe giunto alla fine. In questo caso il timore non è soltanto quello del coro; possiamo dire che il poeta stesso enuncia le proprie convinzioni di una appassionata *pietas* e denuncia i pericoli gravi che minacciano il suo mondo. Questa verità non risulta sminuita dal fatto che a tale fine Sofocle si giovi di espressioni convenzionali. Nel tragico destino di Edipo, preannunciato da questo inno disperato, Sofocle vede anzitutto un altro esempio della lotta tra l'ordine divino e l'ordine terreno. In questo dramma non esiste un vero e proprio paladino del mondo divino o di quello umano. Il conflitto si svolge dentro l'animo di Edipo e all'interno della sua propria vita, nel suo oscillare tra i doveri di un re buono e le colpe del tiranno, tra timore nei confronti della divinità e irreligiosità. Infine Tyche, espressione della imperscrutabile volontà degli dèi, provoca la rovina di Edipo. In tal modo la sua definitiva miscredenza diventa verità divina contro di lui; che è il colmo dell'ironia tragica.

---

[29] Sempre dallo SHEPPARD.
[30] Sono convinto che questo inno vanifichi il tentativo di considerare il sacrificio di Giocasta ad Apollo come una prova che attesterebbe essere la donna né scettica né miscredente (BOWRA, *op. cit.*, p. 204).

V. Creonte e Edipo.

Edipo è un gingillo nelle mani del destino, ma al contempo un grande sovrano e una forte personalità. Creonte nell'*Antigone* è poco più di un determinato tipo di reggitore politico, di un mero rappresentante del mondo politico. Per ciò che riguarda le due tragedie, la nostra indagine ha concentrato i suoi interessi su un unico piano ben preciso, e naturalmente siamo ben lungi dall'avanzare la pretesa di aver fornito una interpretazione esauriente dei due drammi.

Ho cercato di captare taluni accenni del poeta, onde tratteggiare l'immagine di due sovrani, per la cui personalità e per il cui destino la posizione di primazia assoluta ebbe una parte determinante; come pure la ebbe il loro conato, o per lo meno pretesa, di mantenere intatte elevate norme etiche. Consapevolmente o inconsapevolmente essi si ribellano agli dèi e perciò precipitano se stessi e i loro consanguinei nella rovina. I vecchioni del coro prendono bensì partito qualche volta, ma in generale si attengono alla *pietas* tradizionale e, quando è in questione il còmpito che spetta ai reggitori, si limitano « a non sapere nulla » (*Edipo Re*, v. 530). D'altra parte, i due sovrani stessi possiedono manchevoli conoscenze in merito a cose di maggiore momento. Hanno parecchi tratti in comune, ma altresì in più punti si differenziano, e non soltanto per il carattere.

L'assolutismo politico di Creonte trova il proprio antagonista in Antigone; in virtù del solo fatto di essere condannata per opposizione al re, Antigone è vittoriosa su Creonte e sullo « Stato, l'onnipotente colosso dai piedi di creta », ossia sullo Stato governato da un uomo come Creonte [31]. Nell'*Antigone* Sofocle traccia l'immagine di un sovrano la cui rovina è ampiamente giustificata. Nel mondo di Creonte non c'è posto per la magnanimità o per la grandezza umana, né per leggi divine non scritte, poiché la potenza dello Stato è divenuta strumento di politica totalitaria e di norme meramente umane, mentre i problemi etici vengono risolti dal raziocinio e dall'intelletto dell'uomo inteso come essere autonomo.

È vero che Edipo è un sovrano più savio e moderato, ma

---

[31] WHITMAN, *op. cit.*, p. 87, parla di « the allmighty lay-figure of State »; cosa che, evidentemente, si attaglia soltanto allo Stato di Creonte.

in sostanza i due casi si prospettano con una tal quale analogia di fondo. Contrariamente a Creonte, Edipo è assurto al potere per meriti suoi proprî e si è conquistato l'amore del suo popolo mediante determinate qualità, che ne fanno un eccellente sovrano. La sua tragica ricerca rivolta all'acquisizione della verità percorre diversi gradi, ma, nonostante tutti i mutamenti, egli rimane sempre il medesimo sovrano conscio delle proprie responsabilità; e, anche se attraversa taluni momenti tirannici, mai raggiunge gli abissi della boria e della corruzione spirituale di Creonte. Ma anche Edipo e Giocasta antepongono le norme umane a quelle divine. Edipo sta su un piano più alto di Creonte; e tuttavia precipita rovinosamente, perché anch'egli tenta di vivere in base al criterio secondo cui l'uomo sarebbe la misura di tutte le cose.

CAPITOLO QUARTO

LA SIGNORIA DI PERICLE

I. *Pericle e la carica di stratego.*

La posizione politica di Pericle si fondava sopra tutto sul fatto che egli rivestisse la carica di stratego. Ciò è universalmente riconosciuto e incontestato. Meno chiari risultano taluni particolari di carattere giuridico o di altro genere, per cui appare opportuno esaminare con maggiore precisione di quanto sia fatto finora il suo *curriculum* politico. Cominciamo dai primi anni, in cui Pericle pose i fondamenti dell'epoca grandiosa, l'inizio della quale coincide, press'a poco con il tempo in cui fu rappresentata l'*Antigone* [1].

Dopo la rivoluzione democratica dell'anno 462 e dopo l'assassinio di Efialte, che era a capo dei rivoluzionari [2], Pericle, poco più che trentenne, divenne il capo del partito democratico. Dopo la cacciata di Temistocle e la morte di Aristide (Plutarco 7, 2) egli aveva iniziato la sua carriera politica nel solco della tradizione alcmeonida in qualità di cosiddetto democratico, anche se ciò, a quanto ci risulta dai testi, avveniva assai contro la sua natura,

---

[1] Ciò avvenne verso la fine del sesto decennio del secolo V, probabilmente nella primavera dell'anno 442. Intorno a questa datazione parlo nel capitolo VI, par. III.

[2] L'assassino non è mai stato identificato; ma lo stesso Aristotele (fr. 367; Plutarco 10,8), il quale asserisce essere stato l'uccisore un certo Aristodico di Tanagra, cioè un non-ateniese, non nega che l'assassinio era stato organizzato da avversarî politici di Efialte, che avevano prezzolato Aristodico.

giacché era di carattere altezzoso e imponeva un aristocratico distacco [3]. Il rovesciamento dell'Areopago, per quanto opera di Efialte, pose le basi della carriera di Pericle. Di Efialte si poté dire più tardi che egli era responsabile del « vino non miscelato della libertà civica » (Platone, *Repubblica*, 562 C, riferito da Plutarco 7, 8); è noto che il vino non miscelato era considerato dai Greci malsano. Ma l'intera opera costruttiva successiva risale a Pericle, anche se non possediamo dati precisi in materia; una tradizione unilaterale e settaria vede addirittura in Efialte soltanto un aiutante di Pericle (Plutarco 7, 8) [4]. Inoltre, durante tutto il tempo in cui Cimone stette in esilio, non vi fu alcun capo oligarchico prominente; talché il capo - partito Pericle, nonostante la sua giovane età, dovette essere già in quel tempo, e per una serie di anni, il membro politicamente più in vista del collegio degli strateghi, press'a poco come lo era stato per un lungo numero di anni. Il solo Pericle fu accusato più tardi di aver tentato di corrompere il popolo (Plutarco 9, 2 sgg.); nessun altro uomo politico risulta anche semplicemente citato, e sul solo Pericle ricadde ogni lode e biasimo per l'introduzione di fondamentali provvedimenti democratici, quali, ad esempio, l'emolumento elargito ai giurati. Analogamente stanno le cose per quanto concerne la politica estera, anche se più tardi gli fu in parte attribuita la responsabilità di avvenimenti accaduti dopo il 460. In primo luogo la spedizione in Egitto e la lotta per la Egemonia di Atene nella Grecia centrale. Non è del tutto escluso che siffatti lungimiranti progetti fossero concepiti da elementi militari, quali Tolmide o Mironide. Ma tutto ciò mi appare meno plausibile del fatto che lo stesso giovane Pericle fosse, in certo qual modo, un imperialista abbastanza spinto. Con il passare degli anni divenne più

---

[3] Già il padre di Pericle, Santippo, era un uomo preminente, ma non è noto a quale γένος appartenesse. (L'opinione secondo cui avrebbe fatto parte dei Buzigi si fonda su un errore). Si può soltanto ritenere che la sua famiglia avesse stretti vincoli di affinità con gli Alcmeonidi. Santippo sposò Agariste, sorella di Megacle, e il secondo figlio di Pericle si chiamava Paralo. Ritengo che difficilmente la famiglia di Santippo avesse una posizione sociale preminente; altrimenti Pericle non sarebbe passato universalmente per alcmeonida.

[4] Nulla sappiamo di Archestrato, compagno di Efialte, che viene menzionato un'unica volta (Aristotele, *Costituzione degli Ateniesi*, 35, 2); cfr. C. HIGNETT, *Hist. of the Ath. Const.*, pp. 197 sgg.; per le date dei provvedimenti di Pericle vedasi HIGNETT, *op. cit.*, pp. 215 sgg.

saggio, ma rimase sempre un imperialista. Possediamo una testimonianza riguardante i primi anni della sua attività (Plutarco, *Cimone*, 13, 4, che risale a Callistene *FGrH* 124 F. 16), secondo cui Pericle ed Efialte si spinsero al di là delle isole Chelidonie, rispettivamente con cinquanta e trenta navi. Il fine di questa manovra era forse un'incursione contro Cipro, per proteggere l'Egeo contro la flotta fenicia; ma non ci è lecito collegare avventatamente questa azione navale con la spedizione in Egitto, oppure trarre dalla distribuzione un poco sorprendente della flotta tra i due ammiragli una qualsiasi deduzione. Una sola cosa si può affermare con sicurezza: che entrambi erano strateghi e presumibilmente di sèguito, ossia con ogni probabilità tra gli anni 465/4 e 463/2. A questa epoca e a quella immediatamente successiva fa riferimento un singolare passo di Aristotele (*Costituzione degli Ateniesi*, 26, 1): « In quel tempo fu intrapresa una spedizione campale ἐκ καταλόγου (ossia con il richiamo di cittadini) sotto la guida di generali inesperti dell'arte della guerra, la cui nomina era avvenuta in base all'autorità delle loro famiglie ». Questa sembra essere una constatazione sorprendente in una fonte che solitamente è favorevole agli oligarchi e alle famiglie aristocratiche; ma, in effetti, essa è rivolta contro i democratici al potere, ossia contro Pericle. Secondo Aristotele si ebbero perciò gravi perdite tra gli opliti, delle quali, ad esempio, ci dà notizia anche la nota iscrizione della *phyle Eretteide* (Tod, *op. cit.*, n. 26). La descrizione di un generale inetto di nobile famiglia — ossia di una di quelle famiglie cui fece riferimento più tardi Eupoli, ma in maniera encomiastica (fr. 117) — si attaglia perfettamente a Pericle; in ogni caso questi fu certamente stratego nella battaglia di Tanagra (anno 457) (Plutarco 10, 2) [5]. Sul campo di battaglia Pericle poté anche essere superato da Mironide, e, sino ad un certo punto, forse anche da Tolmide, ma la sua celere ritirata da Tanagra salvò l'Attica da un'invasione e costituì per Atene, come è stato già giustamente notato, una vittoria strategica. Per tutta la sua vita, e non soltanto nell'àmbito militare, Pericle fu più abile nella strategia che nella tattica. Nelle sue mani era riposta la direzione della intricata politica estera degli anni 460-

---

[5] Preferisco la data tradizionale dell'anno 457 a quella del 458 proposta da ATL. III 177. Cfr. HZ. 173, 1952, p. 546. Accame, *Rfil.* 80, 1952, pp. 114 sgg.. L'ufficio di stratego fu probabilmente occupato da Pericle nell'anno 458/7.

454; difficilmente si può pensare che ciò avvenisse senza che Pericle fosse in quel tempo stratego. Ciò vale anche se altri provvedimenti presi da Pericle, come ad esempio l'inizio della costruzione delle Lunghe Mura (probabilmente negli anni 459/8) e la legge sull'arcontato (457/6), avrebbero potuto realizzarsi anche per iniziativa di un cittadino non investito di alcuna carica pubblica [6]. Il fatto che Pericle rivestisse la carica di stratego anche nella spedizione nel golfo di Corinto (455/4 o 454/3) [7] suffraga decisamente l'ipotesi che egli fosse stratego ininterrottamente negli anni attorno al 450. Certo ci può essere stata qualche interruzione, probabilmente nll'anno 457/6, allorché, dopo la battaglia di Tanagra, Mironide e Tolmide concentrarono su di sé l'attenzione universale (cfr. Aristodemo 12, 2; Diodoro XI 84, 2).

Le testimonianze che ci rimangono degli anni che vanno dal 450 al 440 ci danno un quadro analogo dell'attività di Pericle come stratego, e con tutta probabilità in base ad una elezione unanime da parte dei cittadini (ἐξ ἁπάντων), si verificarono ulteriori avvenimenti che difficilmente potrebbero essere spiegati se non si presume che Pericle fosse stratego; così ad esempio la pace di Callia (449/8), la spedizione contro Delfi (448/7 o 447/6) e la sottomissione dell'Eubea (446/5). Poi, a partire dal 443/2, si susseguono i quindici anni in cui Pericle fu ogni anno stratego e non conobbe opposizione (Plutarco 16, 3)[8]. Se si nutrono dubbi circa il periodo precedente per ciò che riguarda la assunzione o no da parte di Pericle della carica di stratego, questo potrebbe valere soltanto per gli anni 445/4 e 444/3; certo, in merito a questo ultimo anno, si è affermato che Pericle non vi ricoprì la carica di stratego. Comunque stiano le cose, l'essenziale è che Pericle in questi anni ebbe un avversario non trascurabile in Tucidide, figlio di Melesia. Per esempio non si può dimostrare con sicurezza che Tucidide fosse stratego nell'anno 444/3 e Pericle no; ho esaminato la questione in altra sede e non desi-

---

[6] Vorremmo si potesse sapere se Pericle, o qualsiasi altro stratego, facesse parte della *Bulé*, pur non essendo in carica.

[7] Tucidide I 111, 2; Diodoro XI 85, 88, 1 sgg. ricorda le campagne di Pericle negli anni 455/4 e 453/2.

[8] Plutarco dice espressamente che tale periodo ebbe inizio dopo l'ostracismo contro Tucidide. Ciò significa che la temporanea interruzione nell'anno 430/29 non è stata considerata nel còmputo degli anni. Cfr. anche la nota seguente.

dero qui ripeter le mie argomentazioni[9]. Comunque sia, i termini del problema rimangono invariati. Che Pericle prima del 443/2 fosse o meno eletto ogni anno o quasi ogni anno, in nulla muta il fatto che egli fosse sempre lo stratego dominante e, per quanto ci è dato sapere, rivestisse, ogniqualvolta assumeva questa carica, l'assoluta supremazia, sia che avesse dei colleghi, sia che non li avesse [10].

Nei primi anni della sua supremazia lo statista democratico si era affermato al potere più forse per il fatto di essere democratico che per le sue qualità di uomo di Stato. Più tardi, quando ormai il potere era saldamente consolidato, non dovette più blandire il popolo; poté anzi attuare la sua difficoltosa politica finanziaria e prendere misure necessariamente impopolari in vista della guerra futura. La nostra indagine prende soprattutto in considerazione appunto quest'ultimo periodo dal 443/2 al 429/8, in cui Pericle si era sbarazzato di tutti i rivali ed era dominatore unico e assoluto sul popolo e sullo Stato. In questo periodo va situata la collaborazione politica di Pericle con Sofocle, nonché la rappresentazione dell'*Antigone* e, in fondo, anche quella dell'*Edipo Re*, la quale con ogni probabilità ebbe luogo poco dopo la morte di Pericle. Nell'anno 443/2 Sofocle fu a capo del collegio degli Ellenotami e nel 441/0 fu uno degli strateghi. Tratteremo più ampiamente l'argomento in uno dei capitoli successivi. Per il momento ci interessa esaminare la posizione di Pericle in quanto

---

[9] L'ipotesi citata è avanzata da WADE-GERY nel suo brillante articolo; *Thukydides, Sohn des Melesias* (*JHS*. 52, 1932, pp. 205 sgg.). Per l'opinione contraria a questa tesi cfr. GOMME, *Hist. Comm.* I, pp. 386 sgg. nonché il mio saggio su *Thurii* (*AJP*. 69, 1948, spec. pp. 159 sgg.).

[10] L'opinione di Plutarco secondo cui Pericle prima dell'ostracismo contro Tucidide sarebbe stato per quaranta anni προτεύων, è una evidente esagerazione derivata dal fatto che Plutarco sapeva che Pericle aveva avuto una parte di primo piano ἐν Ἐφιάλταις καὶ Λεωκράταις καὶ Μυρωνίδαις καὶ Κίμωσι καὶ Τολμίδαις καὶ Θουκυδίδαις. Questa lista rispetta in sostanza l'ordine cronologico; è chiaro che non tiene conto del fatto che nell'anno 479 (Plutarco, *Aristide* 20) compaiano Leocrate e (un altro?) Mironide (cfr. *RE*. Suppl. VII 510). Forse è stato il nome di Cimone (che qui compare per gli anni 451/49) che ha indotto Plutarco o la sua fonte a indicare un totale esatto di anni che andrebbero situati nell'epoca d'oro di Cimone, prima del 462. Del resto, quando Plutarco per designare il periodo della incontrastata primazia di Pericle sua le parole οὐκ ἐλάττω τῶν πεντεκαίδεκα ἐτῶν, si tratta di un'espressione puramente convenzionale, che probabilmente ha lo stesso valore del suo apparente contrario οὐ πλείω τ. π. ἐ. Cfr. Tucidide VIII 65,3 e Aristotele, *Costituzione degli Ateniesi*, 29,5 (circa i Cinquemila).

membro permanente e preminente del collegio degli strateghi[11].
È un fatto d'importanza essenziale che Pericle solitamente fosse
eletto « da tutti i cittadini » e non soltanto dalla sua *phyle*[12].
Risulta che la *phyle* di Pericle, cioè l'Acamantide (n.
V nello elenco ufficiale), aveva oltre a Pericle, negli anni 441/0, 439/8,
433/2, 432/1, 431/0 un secondo stratego: dapprima Glaucone,
figlio di Leagro, e poi Carcino, figlio di Senotimo; forse nelle
iscrizioni dei Propilei è reperibile anche una testimonianza per
l'anno 435/4[13]. D'altra parte ritengo che la Pandionide (n. III)
fosse la *phyle* di Formione e di Agnone e che questi due fossero
strateghi negli anni 440/39 e 430/29. È dunque opinione quasi
universalmente condivisa che la ragione per cui una stessa *phyle*
aveva in uno stesso anno due rappresentanti va ricercata nella
elezione di un candidato ἐξ ἁπάντων. Poiché in tutto gli strateghi
potevano essere soltanto dieci, uno di quelli eletti dalle *phylai*
doveva dimettersi; come si ovviasse a questa difficoltà non sappiamo;
ma è lecito presumere con buon fondamento che venisse
risolta[14].

---

[11] Per quanto segue vedasi il mio saggio in AJP. 66, 1945, pp. 113 sgg., nonché la lista degli strateghi nella nuova edizione delle Sources for Greek History, 1951³, pp. 401 sgg., di HILL, curata da MEIGGS e ANDREWES; costoro hanno perfezionato la lista da me fornita. HIGNETT, *op. cit.*, pp. 347 sgg., avanza forti riserve contro la posizione di taluni nomi nella lista. Considera non convincente la ricostruzione della lista per l'anno 439/8 fornita da WADE-GERY, e nemmeno crede che Formione appartenesse alla *phyle* Pandionide. (III); talché naturalmente perviene a risultati assai diversi. Non posso condividere il suo scetticismo e pertanto anche dopo la lettura dell'opera di HIGNETT non ho apportato mutamenti di sorta alle pagine seguenti. Se egli avesse ragione nel sostenere che in quegli anni la *phyle* Acamantide fosse l'unica ad avere due rappresentanti, così che Pericle verrebbe ad essere l'unico stratego eletto ἐξ ἁπάντων, la posizione del tutto singolare e dominante di lui in seno al collegio degli strateghi risulterebbe anche più chiara di quanto osassi ritenere. Con ciò, dunque, la mia tesi di fondo verrebbe soltanto ulteriormente corroborata.

[12] Ciò non significa che Pericle fosse un « generale in capo ». Una carica di questo genere non esisteva. L'elezione ad opera di tutte le *phylai* costituiva un onore che naturalmente conferiva all'eletto una certa supremazia. Al contempo Pericle, in quanto era, secondo la formula tucididea, δέκατος αὐτός, rivestiva il comando supremo su tutti i suoi colleghi, così come qualsiasi stratego in quanto, ad esempio πέμπτος αὐτός, era comandante supremo in una determinata spedizione campale, in cui quattro altri strateghi erano subordinati a lui.

[13] Vedi ATL. T 72 d, 13: [ἀπὸ στρατι]ᾶς τῆς με[τ]ὰ Γ[λαύκονος].

[14] Ho ricordato in AJP., 1945, p. 115, nota 7, molti dei tentativi moderni di soluzione del problema in questione, alcuni dei quali però stanno in contraddizione con le conclusioni che abbiamo tratto dalle fonti a nostra disposizione.

Phyle	441/40	440/39	439/8	435/4
I	Socrate	[Socrate]	[Socrate]	
II	Sofocle		Dem[ocleide]	
III	Andocide	Formione Agnone	[Formione]	
IV	Creonte		Ch[...]	
V	Pericle Glaucone	Pericle	Pericle Glaucone	Pericle G[laucone]
VI	Callistrato	[Callistrato]	[Call]i[strato]	
VII	Senofonte	[Senofonte]	Se[nofonte]	[Pro]tea
VIII				
IX		Tlempolemo	Tlemp[olemo]	
X	Clitofonte			
ignoti	Lampide Glauchete?	Tucidide Anticle Epitele?		

Phyle	433/2	432/1	431/0	430/29	429/8
I	Diotimo				
II		Socrate	Socrate		
III	Formione?	Formione	Formione	Formione Agnone	Formione
IV					
V	Pericle Glaucone	Pericle Carcino	Pericle Carcino	Pericle	Pericle
VI	Lacedemonio				
VII	Protea	Protea	Protea	Senofonte	
VIII	[Metag]ene				
IX	Dracontide				
X					
ignoti	Archena[ute]	Archestrato Callia Eucrate	Cleopompo	Cleopompo Estiodoro Fanomaco Melesandro	Cleippide

Nei quindici anni successivi al 443/2 Pericle fu eletto da tutto il popolo almeno cinque volte, Formione almeno due. Pericle poi fu l'unico che fosse eletto di seguito ogni anno; ma ciò, come abbiamo veduto, non avvenne sempre ἐξ ἁπάντων. Non sappiamo se negli anni prima del 443/2 le elezioni avvenissero secondo il medesimo metodo, ossia con ripetuto incarico ἐξ ἁπάντων; tuttavia non può esserci alcun dubbio che Pericle anche in quell'epoca esercitò la sua supremazia sul collegio degli strateghi, e perciò sullo Stato. Se si avessero maggiori notizie circa gli strateghi degli anni precedenti, risulterebbe certamente che molti di essi erano fedeli seguaci di Pericle. In tal modo egli avrebbe avuto voce nel collegio anche quando non rivestiva personalmente la carica di stratego.

Forse qualcosa di più preciso si può dire dei quindici anni in cui Pericle, se si prescinde dal breve periodo in cui non venne eletto, dominò incontrastato, o, per lo meno, dei tredici anni intorno ai quali si hanno sufficienti notizie. La tabella da noi compilata (vedi pag. 117) fornisce un elenco dei nomi di tutti gli strateghi di quegli anni, di cui abbiamo notizia. Le aggiunte da noi fatte a completamento dei nomi sono riportate tra parentesi quadre; attribuzioni dubbie sono segnalate mediante un punto interrogativo; là dove si presenta una duplice datazione tra cui scegliere (Archestrato 433/2 o 432/1, Cleopompo 432/1 o 431/0) si è riportato un solo anno.

Nel caso presente il rapporto tra ciò che sappiamo o comunque possiamo dedurre, e ciò che non sappiamo, pende a nostro favore [15]. Su novanta strateghi conosciamo sicuramente o quasi sicuramente i nomi di 63; se poi non consideriamo gli anni 435/4 e 429/8, intorno ai quali possediamo testimonianze estremamente manchevoli, il rapporto diventa addirittura di 70 a 57. Se si prescinde da Pericle, Formione è citato sette volte, Glaucone, Senofonte e Protea ciascuno quattro volte, Socrate (I) e Callistrato tre volte, l'altro Socrate (II) nonché Agnone, Tlempolemo, Carcino e Cleopompo due volte. Archestrato e Callia rivestivano importanti incarichi militari; anche se in base alle testimonianze di cui disponiamo ricorrono soltanto una volta, ap-

---

[15] WILHELM WEBER, il quale aveva letto il mio saggio in AJP., in una lettera esaminò alcuni dei punti di cui trattiamo in questa sede. Dopo lunga interruzione fu questa la prima e pressoché l'ultima volta che potei discutere con il mio antico maestro una questione scientifica.

pare tuttavia probabile che essi fossero già strateghi in epoca precedente. Inoltre pare giustificato inserire nella lista per l'anno 440/39 i nomi di Socrate (I), Callistrato e Senofonte. È altresì significativo che nella VII *phyle* Protea fosse eletto per quattro anni di seguito; allorché la *phyle* non poté più disporre di lui (probabilmente era deceduto)), essa tornò sul suo stratego precedente, Senofonte; è probabile che questi e Protea siano stati in carica unitamente anche negli anni 438/7-436/5. Anche se taluni elementi risultano suppliti dalla supposizione, tutti questi esempi dimostrano tuttavia la tendenza generale a tenere in carica possibilmente per più anni di séguito uno stratego. Il che era cosa naturale e ragionevole. Certo desidereremmo sapere fino a qual punto abbia avuto parte in questa decisione il buon senso degli elettori e fino a qual punto, invece, essa sia stata frutto delle manovre e dell'influsso di Pericle. Quest'ultima ipotesi non è certamente da escludersi; d'altra parte va notato che i due moventi suddetti riuscivano spesso al medesimo risultato.

Dei collaboratori di Pericle Formione è certo il più interessante. È dubbio se costui fosse stratego durante tutti gli anni dopo il 440/39, o per lo meno durante la maggior parte di essi. Comunque, rivestiva una posizione assai forte ed è notevole il fatto che avesse una parte tanto importante. Tucidide ci dà notizie di lui, ma in misura minore di quanto ci si potrebbe aspettare [16]. Evidentemente dovette la sua elezione e rielezione alle proprie qualità militari, che agli occhi di Pericle dovevano parere non meno accette della sua mancanza di interessi politici. Sta di fatto che, proprio in quegli anni in cui Pericle fu unico rappresentante della propria *phyle*, Formione venne eletto invece di lui « da tutti i cittadini »; ossia in tempo di guerra si desiderava avere un buon generale, non però un avversario di Pericle.

Ci avventuriamo in un terreno malfermo quando cerchiamo di determinare fino a quel punto le altre rielezioni di Pericle fossero frutto di influenze o, per lo meno, avvenissero in conformità della sua politica. Comunque è necessario fare alcune considerazioni. Glaucone e Carcino furono certamente eletti in conformità delle direttive di Pericle, poiché questi doveva avere

---

[16] Cfr. anche *AJP.*, 1945, pp. 122 sgg.. La tabella illustra come soltanto Formione e non già Agnone potesse essere eletto ἐξ ἁπάντων nel caso in cui venissero scelti due strateghi (contrariamente a Hignett, *op. cit.*, p. 352).

il pieno dominio sulla propria *phyle*. La stessa cosa pare valesse anche per Formione, il quale favorì Agnone, sebbene costui fosse tutt'altro che un abulico strumento nelle di lui mani; era invece egli stesso un uomo di notevole valore, e, in particolare, un buon diplomatico, cosicché completava ottimamente le doti di Formione. Più tardi, nell'anno 430, Agnone appoggiò un'aggiunta alla proposta radicale di Dracontide (Plutarco 32, 4); ciò costituisce una testimonianza del fatto che Agnone in quell'occasione affrontò Pericle, suo avversario, con correttezza e senza animosità; non abbiamo prove che Agnone, il quale nell'anno 437 aveva fondato Anfipoli, non avrebbe appoggiato la politica di Pericle negli anni precedenti la guerra del Peloponneso [17]. Anche tra gli altri nomi riportati nella lista figurano alcuni strateghi importanti, senza tener conto di Sofocle, di cui non ci occupiamo in questa sede [18]. Troviamo, ad esempio, Andocide, — nonno dell'oratore — il quale combatté nella Megaride (Tod, *op. cit.*, n. 41, 7) e nel medesimo anno (446) fu uno dei dieci legati che conclusero la pace dei trent'anni (Andocide III 6; Eschine II 124). Democleide, che presentò l'ordinanza relativa alla colonia di Brea (Tod, *op. cit.*, n. 43); Anticle, che si identifica probabilmente con quell'Anticle che propose un'aggiunta al decreto concernente la Calcide (Tod, *op. cit.*, n. 42); poi Lacedemonio, figlio di Cimone, che insieme a Senofonte, figlio di Euripide, aveva rivestito la carica di ipparco (prima dell'anno 445; Hill, *op. cit.*, 3ª ed., B 20); la sua investitura a comandante supremo durante la sommossa di Corcira avvenne con ogni probabilità per motivi politici. Senofonte fu stratego nella guerra contro Samo e comandò più tardi insieme con altri due (τρίτος αὐτός) un'armata contro Potidea, che si spinse più in là fino nell'interno della Tracia, ma perì insieme con la maggior parte delle sue truppe (Tucidide II 71, 1; 79, 1, 7). Fu certamente un eccellente soldato; unitamente a Lampone appare nelle *Drapetides* di Cra-

---

[17] Cfr. il frammento dai *Ploutoi* di Cratino (Page, *Greek Lit. Papyri*, n. 38) e le mie osservazioni in *op. cit.*, p. 120. Tuttavia andavo errato quando dedussi da Tucidide II 95, 3 che Agnone forse fu stratego nel 429/8. In quell'anno in cui gli Ateniesi πάντα τὰ πράγματα ἐπέτρεψαν a Pericle (Tucidide II 65, 4), soltanto costui poteva essere stato eletto ἐξ ἁπάντων Poiché non riesco a convincermi che in uno stesso anno fosse eletto più di uno stratego regolare con questo metodo.

[18] Quale ironia del caso, che uno degli strateghi per l'anno 441/0, ossia uno dei colleghi di Sofocle, si chiamasse Creonte!

tino (fr. 53, 57), da cui si può dedurre — senza che tuttavia si abbiano prove certe — che egli fece parte dei seguaci di Pericle. D'altra parte, Dracontide fu certamente uno dei più violenti accusatori nel processo contro Pericle (Plutarco 32, 3); più tardi appare come uno degli avversari di Cleone (Aristofane, *Vespe*, v. 157); si tratta in sostanza di un oligarco [19]. Chi fosse il Tucidide dell'anno 440/39 non possiamo stabilire; troppi in quell'epoca portavano questo nome [20]. I rimanenti strateghi capeggiarono — e precisamente in modo collettivo — diverse spedizioni campali, più o meno importanti, ma che tutte rientravano nell'àmbito della politica e della strategia bellica volute da Pericle [21].

Da quanto abbiamo esposto risulta con sufficiente sicurezza che la maggioranza degli strateghi, e particolarmente quelli che rivestirono la carica per più di un anno, appoggiarono Pericle per lo meno nella sua politica estera imperialistica. Per quanto ci è dato sapere, nessuno intraprese una opposizione attiva, se si eccettuano quelli che gli si misero contro durante il breve periodo in cui aveva perduto la fiducia popolare. Può darsi che l'elezione di Formione al posto solitamente occupato da Pericle avvenisse perché la fama di Pericle, come capo militare, aveva ricevuto qualche colpo; ciò sarebbe più che plausibile dopo lo scarso

---

[19] Dracontide e Lacedemonio sono gli unici strateghi che potrebbero corroborare la tesi, *a priori* per nulla assurda, secondo cui nell'anno 433/2 gli avversari di Pericle acquistarono una notevole influenza in seno al collegio degli strateghi. Cfr. PRESTEL, *Die antidemokratische Strömung im Athen des 5. Jhdts.* (Bresl. Hist. Forschgn. 12, 1939), p. 64.

[20] Cfr. specialmente gli Scolii agli *Acarnesi*, v. 703 e alle *Vespe*, v. 947, di Aristofane; inoltre *AJP.*, 1945, p. 119, nota 21. MEIGGS e ANDREWES (*op. cit.*, p. 371) propendono a identificarlo con due altri omonimi, di cui uno, figlio di Panteneto, era, secondo Teopompo, *FGrH.* 115 F 91 (cfr. Filocoro, *FGrH.* 328 F 120 con il commento di JACOBY) avversario di Pericle; ma si tratterebbe di una confusione con il figlio di Melesia. Cfr. ora RAUBITSCHEK, *Hesperia* XXIV, 1955, pp. 287 sgg.

[21] Vorremmo avere maggiori notizie di Metico (o Metioco), che pare fosse architetto o oratore (Fabricius, *RE.* XV 1408). Secondo la testimonianza di un comico (adesp. 1325) costui era στρατηγός, ὁδοιποιός, σιτοφύλαξ· tutto in una volta: un vero πολυπράγμων. Plutarco, *Praec. ger. reip.* 811 F, lo chiama uno degli ἑταῖροι di Pericle. Uno dei tribunali prendeva (ufficialmente?) nome da lui (per cui doveva essere o architetto o oratore): Μητίχου δικαστήριον (ο τέμενος oppure κάλλιον); e PIETERS, *Cratinus*, 1948, p. 85, ha ricostruito assai felicemente un accenno a questo fatto, contenuto nel frammento corrotto 72 di Cratino: ἐς τὸ κάλιον Μητίχου (invece di ἢν τύχῃ) καθείργνυται.

successo conseguito nella prima campagna della guerra contro Samo e naturalmente ancor più in séguito agli eventi del 430. L'apparente inattività del primo anno della guerra del Peloponneso suscitò nel popolo canti satirici e storielle amene che dileggiavano lo stratega Pericle come un pavido (Plutarco 33, 7). Egli impedì in quel tempo la convocazione dell'assemblea popolare e non osò abbandonare la città finché i Peloponnesi si trovavano in suolo attico (Tucidide II 22, 1; Plutarco 33, 6; 34, 1). Resta da stabilire se Pericle non lo abbia fatto piuttosto come un provvedimento di carattere autocratico che come segno di debolezza e di dipendenza nei confronti dell'assemblea popolare. Tuttavia, infine, la devastazione delle campagne e la peste portarono il popolo alla disperazione, cosicché Pericle fu destituito e processato; ma ben presto fu rieletto stratego, e la parte avuta da due ex-strateghi nel corso di questi avvenimenti non fu tale da poter turbare l'usuale armonia che aveva regnato negli anni precedenti in seno al collegio degli strateghi. Si deve pertanto giustamente supporre che Pericle in tutto questo tempo avesse parte nell'elezione degli strateghi e che la sua posizione di supremazia trovasse l'appoggio dei suoi colleghi nel comando delle operazioni di guerra.

D'altra parte, la sua grande autorità e la sua influenza non si potrebbero spiegare senza il favore popolare. Egli rimase il capo dei democratici; e i suoi stessi avversarî pare non gli abbiano mai rimproverato provvedimenti disonesti o violenti al fine di influenzare l'opinione pubblica e il risultato delle elezioni. Qualche volta poté darsi che il popolo vedesse attuata la propria volontà, che non sempre coincideva con quella di Pericle; forse l'elezione di Sofocle rientra in questo ordine di realizzazioni (vedi più oltre, pp. 154 e sgg); in generale però venivano eletti strateghi gli uomini designati da Pericle o, per lo meno, quei candidati contro cui non sussistevano a suo avviso riserve decisive. Pericle non perdette mai il potere e il controllo sul popolo, proprio perché il politico geniale non dimenticò mai che la sua posizione di primazia poggiava sulla condiscendenza del popolo stesso. Plutarco riferisce che Pericle, prima di iniziare una spedizione campale, soleva ripetere a se stesso: « Ricordati, Pericle, che comandi su uomini liberi, su dei Greci, su cittadini ateniesi » (*Moralia* 186 c; 813 d); donde poi Plutarco o la sua fonte attingessero questa notizia o quella della tacita preghiera che, a detta di Plutarco 8, 6, precedeva ogni discorso di Pericle, non è possibile determinare. Può darsi che Pericle tenesse in primo luogo presente la necessità di evitare una inutile perdita di vite umane (cfr. Plutarco 18, 38, 3); ma il proponimento attesta altresì quale chiara coscienza egli avesse del fatto che un generale deve tener conto dei sentimenti dei suoi soldati, che erano poi suoi concittadini [22]. Nel periodo che va dall'ostracismo contro Tucidide, figlio di Melesia, fino a uno o due anni prima dello scoppio della guerra peloponnesiaca, Pericle non dovette affrontare alcuna opposizione politica di rilievo, anche se avrà certamente compreso sempre più nettamente che gli elementi più radicali tra i democratici seguivano la sua politica soltanto con riluttanza [23]. E i processi per ἀσέβεια furono un chiaro campanello d'allarme. Ma come stratego, e tra gli strateghi, Pericle non aveva rivali. Milziade aveva acquistato fama a Maratona; non altrettanto Pericle poteva legare il suo nome ad una battaglia importante: e tuttavia nei *Demoi* di Eupoli (fr. 100) Pericle e Milziade vengono evocati perché entrambi provvidero affinché la carica di stratego non venisse affidata ad alcuno dei « giovincelli corrotti ». Allorché gli Ateniesi se la presero con Pericle (Tucidide II 21, 3) « lo ingiuriarono perché non li portava alla battaglia, sebbene fosse stratego ». Ma quando Pericle stava morendo, lo elogiarono — proprio lui che altrove vedeva certo le proprie benemerenze — per i nove trofei che aveva conquistato come generale (Plutarco 38, 3). Nella memoria egli sopravvisse come il grande stratego. Ciò non significa che la carica avesse formato la fama dell'uomo, bensì al contrario, che l'uomo creò la carica, in quanto talmente infuse in essa la propria grande personalità, da renderla assolutamente singolare. Certamente Pericle fu preceduto in questa carica da altri: così, ad esempio, da Temistocle e da Cimone; ma costoro non conseguirono un uguale successo. Pericle, in

---

[22] Cfr. Gomme, *Hist. Comm.* I, p. 23 sgg. L'opposizione dovette farsi sentire già prima del secondo anno di guerra, come ho già rilevato nella edizione inglese. Questo fatto è stato sottolineato giustamente, tra gli altri, da Schachermayr in una recensione del mio libro, che apparirà nella HZ.

[23] Tucidide, figlio di Melesia, riprese probabilmente dopo il suo ritorno dall'esilio nell'anno 433 l'attività politica (*Vita Thuc.* 7; Aristofane, *Vespe*, vv. 947 sgg.). È probabile che fosse l'accusatore di Anassagora (Diogene Laerzio II 12); cfr. Wade-Gery, *JHS.*, 1932, pp. 219 sgg. Cleone nei primi anni della guerra fu tra gli avversari di Pericle, ma naturalmente nel campo opposto; cfr. Ermippo, fr. 46 Kock.

virtù della sua posizione di stratego, poté sviluppare il suo talento di oratore, la sua integrità e le sue qualità di politico, in una parola: il suo genio. La sua posizione, che tanto sostanzialmente si differenziava dal contenuto normale della carica di stratego, era pur tuttavia nominalmente limitata alla carica stessa e perciò strettamente contenuta nell'àmbito della costituzionalità. In virtù della sua qualità di stratego Pericle fu ad un tempo servitore del popolo e reggitore assoluto dello Stato o, come direbbero i Greci, e molti effettivamente dissero, un tiranno.

II. *Pericle il tiranno.*

La carica di stratego rappresentava il lato costituzionale e concreto della posizione di Pericle. Ho cercato di dimostrare come tale carica fosse al contempo una fonte e un'espressione del suo potere politico. D'altra parte la carica di stratego non può darci molti ragguagli circa i riflessi politici e psicologici della signoria periclea. La biografia di Pericle tracciata da Plutarco contiene molti elementi inficiati da pregiudizio e ostilità [24], ma le uniche testimonianze contemporanee sul Pericle degli anni tra il 450 e il 430 derivano (se si eccettua Tucidide, di cui parleremo fra poco) dalla commedia, ossia, quasi esclusivamente da Cratino, che lo attaccò violentemente. Senza dubbio Cratino rispecchia alcune reazioni che, nonostante la loro unilateralità, hanno una portata più generale. Riconosce, al pari di altri commediografi, come ad esempio Ermippo (fr. 46) ed Eupoli (fr. 94; 96; anche l'adesp. 10), la potenza oratoria di Pericle. Ma in Cratino ciò ha valore di rimprovero, non di elogio; egli afferma che Pericle quando fece costruire le Lunghe Mura « riuscì a concludere qualcosa con le parole, non con i fatti » (fr. 300) [25]; con ciò

---

[24] La storia raccontata da Idomeneo, uno scrittore dei primi anni del III secolo, secondo cui Pericle avrebbe assassinato di propria mano, per gelosia, Efialte (Plutarco 10, 7), è un esempio particolarmente grottesco di quella tradizione oligarchica, su cui si fonda almeno una delle fonti di Plutarco.

[25] Non sappiamo da quale commedia derivi questa frase. Ma la costruzione delle due mura esterne durò circa dal 458 (460?) al 456, mentre quella delle mura mediane, a cui senza dubbio fa riferimento Cratino, ebbe inizio nel 445. Socrate (secondo Platone, *Gorgia* 445 e) ricordava come Pericle parlasse al popolo περὶ τοῦ διὰ μέσου τείχους.

il commediografo viene a trovarsi in significativa contraddizione rispetto alla più tarda testimonianza di Tucidide (I 139, 4), che definisce Pericle «estremamente potente e nella parola e nei fatti». Come oratore egli viene paragonato a Zeus, che lancia fulmini e tuoni (Aristofane, *Acarnesi*, vv. 530 sgg.; adesp. 49) [26].

Ma Pericle era chiamato Zeus non solo per la sua potenza oratoria, per quanto soprattutto in virtù di essa sopravvivesse nella memoria del popolo [27]. In una commedia di Cratino, dal titolo *Chironi*, un personaggio è definito «il grande tiranno», nato dall'accoppiamento di Crono e di Stasis (fr. 240). In base ad un gioco di parole egregio, ma intraducibile, risulta assolutamente evidente che si tratta di Pericle; poiché questi, di cui era nota la singolare forma della testa, viene designato, anziché con l'appellativo omerico di νεφεληγερέτας, con ingegnoso mutamento, come κεφαληγερέτας: l'«adunatore di nuvole» diventa un «adunatore di teste». Pericle era lo Zeus con la testa a punta: così è definito da Cratino nelle *Tracie* (fr. 71); si tratta evidentemente di un'allusione alla nascita di Atena dalla testa di Zeus quando si conferisce anche a Pericle l'appellativo di Zeus, quasi che i dolori di capo provocati dagli affari di Stato allo statista ateniese «fossero la causa delle grandi macchinazioni che scaturivano dalla sua testa a undici piazze» [28]. Nei *Chironi* Zeus è, come abbiamo visto, figlio di Cronos e della Stasis; non di Rhea: figlio della discordia e della guerra civile; così come la sua «concubina» Era-Aspasia è figlia della dissolutezza (fr. 241). Se astraiamo da questa descrizione la rappresentazione di Aspasia e del suo amante schiavo di lei, reperibile nella commedia in gene-

---

[26] Cfr. in generale la disamina particolareggiata di PIETERS, *Cratinus*, cap. VII («Cratinus en Pericles»). A quanto pare Pericle nel *Dionysalexandros* (fr. 31 Dem.) (secondo il PIETERS, *op. cit.*, p. 130, rappresentato nel 429) appare sotto le spoglie di Dioniso; perché, non sappiamo.
[27] Cfr. *PofA.*, p. 352.
[28] Teleclide, fr. 44; cfr. *PofA.*, p. 205, nota 7. Le *Tracie* vanno situate probabilmente nell'anno 442 (PIETERS, *op. cit.*, pp. 81 sgg.); ma questa data non appare del tutto sicura. Pericle figura pure come amante di una Leda-Aspasia nella *Nemesi* di Cratino (fr. 107-110); la data s'ignora, ma probabilmente la commedia va posta poco dopo il 431. Nel fr. 111 (Plutarco 3, 5) KOCK ha abilmente mutato l'ultima parola del verso ὦ Ζεῦ ξένιε καὶ μακάριε in καράνιε, come un gioco allusivo a κεραύνιε. MEINEKE propose καραιέ (accolto da LINDSKOG nel suo testo), che rappresentava un nome di Zeus in Beozia; infatti deriva da καρά (come forse l'appellativo Κάριος).

rale (v. Plutarco 24, 9), rimane il ritratto politico di un Pericle che si eleva dalla discordia alla tirannide. Si trattava di una carriera non nuova, e il sospetto non appariva minimamente fuori luogo. Ma, anche se si trattasse semplicemente di una satira grossolana, essa tuttavia attesterebbe, di fatto, che si era soliti abbastanza spesso designare Pericle come tiranno. La « Stasis » che partorì Pericle fu o la caduta di Cimone e dell'Areopago nell'anno 462, o, più probabilmente, perché cronologicamente più vicina e tale da rivestire un influsso molto più palese sulla posizione di primazia di Pericle, la sua lotta politica contro Tucidide, figlio di Melesia, messo al bando nel 443. Con ciò pare che ci si offra un *terminus a quo* per la datazione dei *Chironi* e delle *Tracie* ed è lecito supporre che, quando furono rappresentate quelle commedie, l'ostracismo fosse avvenuto di fresco. Così la datazione cade a un dipresso attorno all'anno in cui venne rappresentata l'*Antigone*.

Anche nei *Plutoi* di Cratino, che risalgono circa ai medesimi anni o tutt'al più furono rappresentati qualche tempo dopo, Pericle appare come uno Zeus tirannico, cacciato dal popolo, liberatore dei Titani. Plutarco riferisce (7, 1 sgg.) che Pericle fu da principio restio ad intraprendere la carriera politica, perché temeva di suscitare sospetti a causa della sua somiglianza con Pisistrato; ed effettivamente più tardi i suoi seguaci ed amici furono detti in una commedia « i nuovi Pisistratidi » (adesp. 60). Si può a buon diritto dubitare che quasi settanta anni dopo la morte di Pisistrato qualcuno sapesse ancora come fossero i tratti di costui, e tanto meno da giovane; l'aneddoto però non risulta meno vero per il fatto di essere probabilmente inventato; anzi, l'invenzione sarebbe ancora più significativa dell'aneddoto stesso. Allorché Pericle uscì dai pericoli dell'anno 446/5 come definitivo e vittorioso capo supremo dello Stato e dell'impero, l'oligarco Tucidide gli si oppose, affinché lo Stato « non divenisse in tutto e per tutto una monarchia » (Plutarco 11, 1). Quando designamo come oligarchi gli avversari di Pericle e perciò ne facciamo degli avversari della forma statuale in quel tempo esistente, ciò non significa naturalmente che costoro fossero di necessità gretti ed arroganti. C'erano tra loro persone che per integrità e coscienza politica potevano ben misurarsi con Pericle. Solo che andavano contro la corrente del tempo. Dopo la proscrizione di Tucidide lo Stato era « assurto ad unità » (μία γενομένη, Plutarco 15, 1), e si riferisce che Pericle da quel momento assunse un atteggiamento fondamentalmente diverso, ossia diede vita « ad una forma di governo aristocratica e regale » (ἀριστοκρατικὴν καὶ βασιλικὴν πολιτείαν). Fu allora che i commediografi lo incalzarono, — e la cosa risulta confermata anche da Plutarco (Plutarco, 16) —, affinché giurasse di non aspirare alla tirannide. In tal modo acquistava corpo senza dubbio un'accusa che non si limitava soltanto all'ámbito della commedia, ma veniva avanzata da nemici interni con un certo grado di onesta giustificazione [29]. Specialmente la guerra contro Samo suscitò serî timori. Questa nacque a causa di un litigio tra Samo e Mileto, e poteva far sorgere nel popolo l'impressione che si trattasse di un favore particolare fatto da Pericle alla milesia Aspasia (Plutarco 24, 2; 25, 1). Elpinice, l'anziana sorella di Cimone, espresse certamente sentimenti piuttosto diffusi quando rimproverò a Pericle di avere vinto una città alleata e non, come Cimone, i Fenici o i Persiani (Plutarco 28, 5 sgg.).

Un altro testimone importante è Ione di Chio, che in questi anni conobbe tanto Pericle quanto Sofocle e di cui ci sono pervenute alcune asserzioni. Egli parla del « pretenzioso e tronfio ambiente » di Pericle e del modo con cui questi « mescolava la scarsa considerazione e il disprezzo nei confronti degli altri uomini con la millanteria » (*FGrH*. 392 F 15; cfr. Plutarco 37, 5).

---

[29] La situazione generale che abbiamo esposta fu forse la causa della legge di censura istituita da Pericle, semprché (come io credo) fosse periclea e propriamente una legge di censura. (Di altro avviso sono RADIER, *AJP*., 48, 1927, pp. 217 sgg. e molti altri). Ne abbiamo notizia attraverso uno scolio ad Aristofane, *Acarnesi*, v. 67, « a most tantalizing piece of accurate information » (GOMME, *Hist. Comm*. I, p. 387). Una legge τοῦ μὴ κωμῳδεῖν ebbe vigore dal 440/39 al 437/6, ma si ignorano le sue prescrizioni, talché le molteplici elucubrazioni (ad esempio, di MILTNER, *RE*. XIX, p. 774) non portano ad alcun risultato concreto. Non posso fare a meno di pensare che questa legge, la quale non quadra rispetto all'immagine convenzionale di Pericle amico dell'arte e della poesia, o democratico « liberale », si accordi invece benissimo con i tratti « tirannici » dell'uomo politico tanto spesso attaccato dalla commedia. Pieters arriva addirittura a distinguere due periodi in segno agli attacchi di Cratino: prima e dopo gli anni 439/37. Alcuni poi dei commediografi non soltanto si fecero beffe di Pericle, ma anche gli si mostrarono ostili; ciò risulta confermato dal fatto che uno dei poeti comici, Ermippo, fu più tardi l'accusatore nel processo contro Aspasia (Plutarco 32, 1) e attaccò Pericle, laddove apparentemente si mostrò benevolo nei confronti di Cleone, che fu avversario di Pericle negli ultimi anni (fr. 46).

Si tratta di una descrizione sorprendente e difficilmente equilibrata, la quale tuttavia trova appiglio nel cosiddetto atteggiarsi « olimpico » di Pericle, in quella solennità (σεμνότης), che più d'uno definì « leziosità e ambizione » (Plutarco 5, 3). Ione era amico di Cimone (Plutarco, *Cimone* 9, 1; 16, 10). ossia un testimone prevenuto [30]. Per esemplificare l'arroganza fanfaronesca di Pericle Ione racconta che costui conferiva maggior valore alla propria conquista di Samo, avvenuta dopo un assedio di nove mesi, che alla presa di Troia da parte di Agamennone dopo un assedio decennale. Rimane cosa dubbia se Ione risulti pienamente attendibile; ma certamente Pericle ebbe presso molti fama di millantatore e di borioso.

Ho già fatto notare come Pericle per molti anni fosse un « capo di parte » [31] costretto sia a blandire che ad imporsi di forza. La biografia di Plutarco contiene molteplici accenni ad un mutamento intervenuto nel suo atteggiamento politico [32]. Codesto mutamento era inteso ad unificare le due discrepanti immagini della tradizione: il demagogo e lo statista olimpico. Tale rigida separazione tra le due fasi è artificiosa e certamente antistorica; tuttavia possiamo dire che in essa si rispecchia l'ascesa storica di Pericle fino alla perfezione ultima. Per lungo tempo Pericle usò determinati mezzi, mediante cui intendeva cattivarsi il favore delle masse (Plutarco 9, 1 sgg.; 10, 4; 11, 4). Ciò non può riferirsi all'epoca della sua lotta contro Cimone, poiché in quel tempo egli non disponeva ancora del potere necessario per realizzare i suoi provvedimenti. Durante l'esilio di Cimone Pericle non ebbe un avversario singolo di grande levatura, ma egli era ancora giovane e la sua posizione di capo della parte popolare era tutt'altro che sicura. In questi anni, e specialmente dopo il 454/3, quando cominciò a capire che le forze e le risorse di Atene erano state da lui troppo sfruttate, quando il tesoro confederale fu portato da Delo ad Atene e l'imposizione dell'egemonia ateniese divenne più rigida (Plutarco 12, 1), Pericle do-

---

[30] Cfr. WEBSTER, *Herm.* 71, 1936, p. 265. Mi sorprende che JACOBY definisca questo giudizio « psicologicamente sottile e certamente azzeccato », anche se ammetto che esso completa il giudizio di Tucidide.

[31] In italiano nel testo originale.

[32] Vedi soprattutto STEIDLE, *Sueton und die antike Biographie* (Zetemata I, 1951), pp. 155 sgg., che fornisce una eccellente analisi della tecnica e dei fini della *Vita di Pericle* redatta da Plutarco.

vette più che mai appoggiarsi agli strati inferiori e in particolare agli equipaggi delle navi. L'opposizione si fece più vasta in sèguito al crescente scontento dei confederati, e il suo peso accresciuto si palesò allorché all'inizio degli anni quaranta la potenza ateniese fu scossa nei suoi fondamenti da una crisi (v. Cap. VI, par. 4). Un commediografo espresse sentimenti oligarchici allorché paragonò il popolo ad un cavallo « che è stanco di obbedire al padrone e invece morsica Eubea e salta sull'isola » (adesp. 41). Con la proscrizione di Tucidide scomparve l'ultimo avversario notevole. Ora coloro che non vedevano di buon occhio Pericle e la sua posizione di primazia potevano bensì inveire come avevano fatto dopo la guerra contro Samo; ma nell'àmbito della politica pratica non avevano più alcun peso. Pericle era « più potente di re e tiranni » (Plutarco 15, 3). Dunque poteva essere detto a ragione signore di Atene: aveva inizio il suo « principato quindicennale »[33]. Una posizione tanto preminente, connessa inoltre con la sua innata o acquisita solennità e riservatezza[34], doveva suscitare per lo meno presso coloro che non erano ben disposti verso Pericle — e forse non soltanto presso costoro — l'impressione che egli fosse un autocrate pieno di alterigia e di disprezzo. In città non lo si incontrava mai, tranne quando si recava all'assemblea o al consiglio, ed evitava la normale vita sociale della sua classe (Plutarco 7, 5)[35]. È probabile che questo atteggiamento si accentuasse ulteriormente negli anni

---

[33] WADE-GERY, JHS., 1932, p. 205 in base a PLUTARCO 16, 3. Vedi pag. 105, note 9 e 10. Il confronto tra la posizione di Pericle (« et auctoritate et eloquentia et consilio princeps civitatis suae », Cicerone, De republica I 16, 25) e quella di Augusto riesce insieme chiarificatore e fonte di equivoci. Infatti nei due casi gli *arcana imperii* erano assai diversi.

[34] Cfr. Plutarco 5, 1: φρόνημα σοβαρὸν καὶ λόγος ὑψηλός. Si è pensato che il giudizio di Euripide in merito ai perniciosi effetti che τὸ σεμνόν provoca in un uomo (*Ippolito*, vv. 91 sgg.; rappresentato nell'anno 428) fosse stato fortemente influenzato dal ricordo della riservatezza propria di Pericle.

[35] Questa immagine di Pericle non coincide perfettamente con quella fornitaci dal filosofo ellenistico Critolao (Plutarco 7, 7), secondo la quale egli « come la *triere* di Salamina » si recava all'assemblea popolare soltanto quando vi si trattavano questioni importanti e affidava le faccende usuali ai suoi seguaci. Non abbiamo elementi che comprovino la veridicità di questa asserzione; se la riservatezza di Pericle avesse effettivamente interferito nel suo operato politico, ci sarebbero pervenuti maggiori e più gravi elementi circa tale peculiarità del suo carattere. Ma, da quanto ci è dato sapere, è vero proprio il contrario.

successivi e che, soltanto parecchio tempo dopo essere giunto alla piena affermazione, la natura orgogliosa e misurata di Pericle acquistasse quella tranquillità serena cui seppe pervenire, caratteristica maggiore dell'uomo Pericle e della sua età.

Uno dei punti principali su cui insistette l'opposizione del 443 fu l'avversione alla politica finanziaria di Pericle, in particolare al suo programma di lavori ediliz^, all'uso che questi faceva del tributo dei confederati nonché agli sperperi del denaro pubblico in genere (Plutarco 12; 14, 1). A sua difesa Pericle adduceva anzitutto ragioni economiche, ma, inoltre, anche militari; il suo scopo ultimo era di rendere Atene tanto potente e bella, da farne la degna capitale di un impero. C'era già stato una volta in Atene un grande fautore dell'edilizia: Pisistrato; e per l'aristocrazia nonché per più di un medio borghese il programma ampio e dispendioso di Pericle appariva come un sintomo sospetto di tirannide. In questo programma era compreso ad esempio, prescindendo dall'Acropoli, l'Odeon, un edificio di nuova concezione, di cui gli Ateniesi dicevano, celiando, che assomigliava all'elmo di Pericle (Cratino, fr. 71) o imitava il padiglione del re persiano (Plutarco 13, 9); ammesso pure che si trattasse di frizzi, questi apparivano comunque ostili[36]. Del resto anche Cimone era stato un importante fautore della politica edilizia, tuttavia aveva coperto la maggior parte delle spese di tasca propria, forse attingendo alle somme ricavate dai bottini di guerra e comunque senza intaccare i tributi confederali. Inoltre Cimone era un aristocratico nato e un signore per natura, non un demagogo o un capo di masse; nessuno, e men che meno i suoi amici aristocratici, avrebbero potuto vedere in lui un tiranno.

Lo storico Tucidide, la cui nascita va posta tra il 460 e il 455, conobbe soltanto il Pericle degli ultimi anni. Non aveva ancora venti anni quando fu rappresentata l'*Antigone*, ossia conobbe Pericle soltanto nell'epoca in cui questi era all'apogeo della sua carriera. Come ammiratore assai entusiastico, e insieme assai obbiettivo, dello statista, Tucidide parla apertamente ed espressamente della posizione di supremazia propria del capo della de-

---

[36] Broneer (*AJP.*, 1952, p. 172) prende la cosa alla lettera e ritiene l'Odeon una copia di questo padiglione, che in quell'epoca sarebbe stato ancora visibile in Atene. Ma questo edificio era poi effettivamente tale da prestarsi ad un serio confronto con il padiglione in questione? E dove e in qual modo avrebbero gli Ateniesi conservato il padiglione stesso?

mocrazia ateniese. Lo definisce « il più potente uomo del suo tempo, che abbia guidato lo Stato » (I 127, 3), « il *princeps* allora in Atene » (nell'anno 432; I 139, 4), l'uomo « che più guidò il popolo, di quanto non ne fosse determinato » (II 65, 8); e la sua descrizione culmina nelle famose parole sulla costituzione periclea (II 65, 9): « nominalmente era una democrazia, ma, in realtà, la signoria del *princeps* ».

Anche in Tucidide (II 60 sgg.), quando Pericle rinfaccia al popolo di essere ingiusto e incostante, e (II 63) parla con disprezzo di coloro i quali credono di potere ad un tempo offrire pace a Sparta e conservare l'impero, lo statista viene rappresentato come un « tiranno ». Lo stesso Pericle definisce una tirannide la signoria di Atene e attesta il suo patriottismo realistico con le parole: « Perché ciò che avete ora è come una tirannide di cui si può dire che appare ingiusto l'istituirla, ma pericoloso l'eliminarla. Quel genere di uomini cui qui alludo possono rapidamente mandare in rovina una città, se qualcuno dà loro ascolto, o se comunque hanno modo di farla da padroni sopra se stessi; giacché soltanto mediante l'opera di chi è attivo può sopravvivere l'inattivo. Una città servile può acquistare sicurezza attraverso la sottomissione, mai una potenza egemonica ». Questo discorso s'ispira ben poco alle concezioni democratiche, né rappresenta un atto di carattere democratico. Esso è un significativo documento in cui un imperialista assoluto si scaglia contro la perniciosa presunzione di sé e la falsa volontà di pace. Se un ammiratore di Pericle poteva parlare di lui in questo modo, non ci deve stupire che i nemici vedessero in Pericle senz'altro un tiranno e lo attaccassero perché « l'Ellade veniva maltrattata e tenuta sotto la sferza della tirannia » (Plutarco 12, 2).

In quell'ultimo grandioso periodo della sua vita un Pericle consapevole della propria grandezza e forse anche un poco incline ad atteggiarsi a grand'uomo governava il popolo senza una reale opposizione. Soltanto il suo volere era determinante, anche se formalmente mantenne in vigore la struttura democratica. È indicativo per la grandezza di Pericle il fatto che sapesse dominare su Atene, se non proprio sull'impero, senza ricorrere alla forza. Possedeva la fiducia del popolo e la seppe mantenere. In un'occasione la perdette, ossia nelle terribili angoscie della guerra e della peste; fu una interruzione breve, eppure Pericle dovette sottomettersi alla volontà popolare. Infatti Atene era pur sempre ancora una democrazia. Nonostante ciò, Pericle dominò per lungo tempo come un autocrate; e i Greci erano piuttosto corrivi a definire tiranno un reggitore di questo tipo, o comunque a ritenerlo incline alla tirannide. Per il popolo sovrano, costituito in assemblea, Pericle era certamente l'uomo ammirato, ma anche colui che in ultima analisi riceveva dal popolo l'investitura e che a piacimento poteva essere destituito o, per lo meno, non rieletto. In effetti, la maggioranza era cattivata dalla sua potenza oratoria, dai suoi successi, dal proprio benessere e dallo splendore della signoria periclea, talché si sottomise alle direttive dello statista. Altri, che per varie ragioni avevano assunto un atteggiamento critico nei suoi confronti, compresero che Pericle intendeva fare grande Atene e abbisognava di un potere personale per conseguire i proprî fini, ossia l'egemonia politica e culturale di Atene sulla Grecia. Pericle cercò di inculcare negli Ateniesi un patriottismo che riusciva nuovo per costoro, e molti accettarono i suoi insegnamenti, in virtù dei quali Atene assurgeva alla duplice funzione di egemone politica e di « scuola dell'Ellade ». Ma ci furono anche altri che riconobbero che la libertà di parola era scomparsa dalla vita politica effettiva, o, comunque, non aveva più alcun peso, sebbene ciascuno potesse esternare liberamente le sue opinioni in merito alla politica, ad esempio anche sulla scena [37]. Anche se i sentimenti dell'assemblea oscillavano tra opinioni opposte (cfr. Tucidide I, 144), alla fine le proposte di Pericle avevano pur sempre la meglio. La scena descritta da Tucidide (I, 139 sgg.) può essere senza dubbio generalizzata: il popolo, che dapprima era di « opinioni contrastanti » circa la questione megarese, decise dopo il discorso di Pericle « di assecondare il di lui parere (ἐκέλευε!) », ossia di dichiarare la guerra. Di fronte all'impressione travolgente della sua personalità, della sua potenza oratoria e della sua capacità di saper afferrare per il giusto verso la massa popolare non c'era posto per altri, ossia per coloro che intendessero accusare di tirannia il capo democratico. Soltanto dopo la sua morte, allorché i demagoghi s'impadronirono del potere, ci si rese conto della validità essenziale della sua signoria: « quell'odiato potere, un tempo tacciato di monarchia e di tirannide, apparve ora la garanzia

---

[37] La legge di censura (vedi pag. 125, nota 29) costituì una eccezione.

per la sicurezza dello Stato » (Plutarco 39, 3). Le testimonianze, abbastanza numerose, intese ad attestare questo fatto non vengono di solito prese sufficientemente in considerazione dalla storiografia moderna [38]. D'altra parte, nessun oligarco o altro avversario di Pericle aveva possibilità di affermarsi; con il passare degli anni ciò si accentuò ulteriormente, anche se in tal modo si venisse accumulando, naturalmente, una notevole dose di ostilità e di risentimento. Come abbiamo già rilevato, Pericle si servì del proprio prestigio e della propria posizione di forza, per impedire qualsiasi adunanza popolare durante la crisi degli anni di guerra; anche se questo provvedimento non esorbitava propriamente dalle attribuzioni inerenti al suo ufficio [39], esso tuttavia era tale da sopprimere temporaneamente i fondamentali diritti del popolo [40].

Nella prima parte di questo capitolo si è cercato di definire con maggiore precisione la posizione di Pericle in quanto stratego. Questa carica non divenne mai del tutto oggetto di *routine*, ma si avviava ad esserlo e andava perdendo la propria importanza. L'elemento essenziale e determinante era costituito dal carattere individuale della signoria, la quale, sebbene restasse nei limiti della democrazia, rappresentava una connessione di volontà sovrana e di abile arte di governo. Ancora una volta ci sia lecito addurre — nonostante ogni possibile e necessaria riserva — la analogia con la storia romana: l'*auctoritas* era più forte della *potestas*.

III. *Pericle il razionalista.*

Gli attacchi contro Pericle traevano inoltre origine anche da altri motivi, di cui in generale siamo maggiormente informati. Insidiare Pericle al di fuori dell'àmbito della politica appariva cosa destinata ad un migliore successo. Così che i famigerati processi per empietà promossi a carico degli amici di Pericle — la

---

[38] FERRABINO (*L'impero ateniese*, 4) definisce, in verità, Pericle « il tiranno elettivo ».

[39] HIGNETT, *op. cit.*, pp. 246 sgg.

[40] Non posso credere che 'ἐκκλησίαν τε οὐκ ἐποίει αὐτῶν οὐδὲ ξύλλογον οὐδένα (Tucidide II 22) signifchi che Pericle impedisse soltanto tutte le adunanze straordinarie. Si trattò in effetti di uno « stato d'assedio », anche se questo non fu mai di lunga durata.

maggior parte difficilmente prima degli anni 435/430 — furono una conseguenza della lotta sempre latente o continuamente rinnovata contro l'eminente uomo politico [41]. Questo tipo di lotta riusciva veramente pericoloso per Pericle, perché la maggioranza dei cittadini appoggiava tutte quelle iniziative che erano intese a preservare le venerande tradizioni della religione e del rituale dalla scepsi e dal razionalismo.

Non mette conto seguire in questa sede partitamente tutti questi procedimenti giudiziari; il solo fatto che Aspasia si trovasse fra gli accusati, dimostra come dietro gli accusatori stesse una opinione pubblica irritata contro l'ideologia e il modo di vivere propri di Pericle [42]. D'altra parte il fatto che questi processi potessero comunque aver luogo dimostra quanto poco sia pertinente il parlare della « astuta religiosità della cerchia di Pericle » [43]. Anche se di religiosità si trattava, questa era certamente insufficientemente astuta per ingannare il popolo. Agli occhi dei più questi uomini apparivano empî, e non si può negare che tale maggioranza avesse, dal suo punto di vista, ragione. Il modo con cui Pericle si serviva di Lampone, indovino ed esegeta benvoluto, dimostra a sufficienza come egli evitasse di ledere nell'àmbito della vita pubblica i sentimenti religiosi del popolo; poiché le sue intenzioni erano piuttosto quelle di rafforzare la sua politica servendosi della religione. Allo stesso modo procedettero prima e dopo di lui numerosi politici greci; e la storia dell'oracolo di Delfi è piena di esempi di questo genere. Pericle sarebbe stato ben sciocco se avesse agito diversamente. Tuttavia può darsi che nel caso di Pericle la religione rappresentasse più di un semplice mezzo per il raggiungimento di determinati fini.

Dalla sua politica non possiamo ricavare con sicurezza quali fossero le sue opinioni e le sue credenze religiose. Le sue proprie

---

[41] Cfr. WADE-GERY, *op. cit.*, p. 220.

[42] Escludo tuttavia che la relazione tra Pericle ed Aspasia fosse causa di un serio alienarsi delle simpatie popolari dallo statista (come sostiene M. DELCOURT, *Périclès*, p. 77; cfr. anche FERRABINO, *op. cit.*, p. 49). Nonostante la successiva allusione di Eupoli al « figlio di prostituta » (fr. 98) non ci furono, per quanto ci è dato sapere, obbiezioni a che si conferisse la cittadinanza al figlio di Aspasia dopo la morte dei due figli legittimi di Pericle (Plutarco 37, 5).

[43] WITHMAN, *op. cit.*, p. 136. C. J. HERINGTON parla nel suo acuto libretto su *Athena Parthenos and Athena Polias*, 1955, p. 50, di « thinking religion » contrapposta alla « traditional religion ».

opinioni personali devono pur avere esercitato un influsso sul suo operare, giacché, se anche fu un politico, Pericle non fu tuttavia un ipocrita. Egli dovette principalmente alle proprie convinzioni l'impressione suscitata nei suoi contemporanei; soprattutto in base ai rapporti con i suoi amici possiamo dedurre qualche elemento circa il suo atteggiamento spirituale. Per prima cosa va citata la sua amicizia con Anassagora. Tutto sembra attestare che Anassagora, il quale aveva posto in posizione di preminenza assoluta lo spirito razionale (νοῦς), influenzasse più di qualunque altro filosofo le concezioni di Pericle. Egli passava per maestro di Pericle [44]. Persino il comportamento riservato e misurato di Pericle, l'elevatezza dignitosa del suo linguaggio e del suo pensiero sono dovuti per la massima parte, secondo Plutarco (4, 6; 5, 1), all'influsso di Anassagora. Lo spirito indagatore di costui sembra avesse impressionato profondamente Pericle (cfr. Plutarco 6, 2); che si comportò da vero scolaro di Anassagora quando cercò di chiarire alle proprie truppe superstiziose la natura di un'eclissi solare celandosi dietro la sua clamide (Plutarco 35, 2). Pericle non era un ateo. Probabilmente non sarà mai possibile distinguere in lui ciò che rappresentava essenzialmente un mezzo politico per il conseguimento di un fine politico da quella *humanitas* genuina e reverente, che Plutarco (6, 1) definisce « *pietas* corroborata dalla speranza » (τὴν ἀσφαλῆ μετ' ἐλπίδων ἀγαθῶν εὐσέβειαν) e che appartiene ad un mondo liberato dai terrori della superstizione ad opera della scienza della natura. In tal modo Plutarco tocca, forse senza rendersene quasi conto,

---

[44] Sembra che si debba cancellare il « maestro Damone ». Il musico Damone appartiene probabilmente all'ultimo terzo del V secolo, laddove fu il di lui padre, Damonide, che consigliò a Pericle di istituire un emolumento per i giudici (Aristotele, fr. 403 = Plutarco 9, 2; cfr. *Costituzione degli Ateniesi* 27, 4). La differenziazione tra padre e figlio, che per lo più (e così pure nella edizione inglese di quest'opera) venivano confusi in una e medesima persona, spiega i loro differenti atteggiamenti politici e spirituali, che parevano inconciliabili. Sta di fatto che già Aristotele diede inizio alla confusione, allorché mise in connessione l'ostracismo di Damone con l'attività di Damonide dopo il 460. Mi attengo qui al saggio di RAUBITSCHEK, *Classica et Mediaevalia*, XVI, 1955, pp. 78 sgg., dove si possono reperire le testimonianze e le indicazioni bibliografiche. Ma non sono ancora pienamente convinto di questa cosa, soprattutto perché nel frammento 181 del comico Platone, Damone appare schernito come il Chirone di Pericle; il che ha senso soltanto nel caso in cui questi fosse stato il maestro di Pericle. Oppure ci troviamo di fronte ad un « rovesciamento delle parti » proprio della commedia, per cui Damone il giovane, che era un amico dell'ormai anziano Pericle, diviene il suo saggio precettore?

l'essenza più riposta della cosiddetta religiosità di Pericle, ossia la connessione di razionalismo indagatore e di ottimismo. Il senso di sicurezza suscitato in virtù della interpretazione scientifica e la fede in un futuro migliore basato sul sapere e sulla saggezza, — due sentimenti tipici di un'epoca spiritualmente e razionalmente progressiva —, potevano ben definirsi εὐσέβεια; il qual termine io renderei qui piuttosto con « reverenza » che con « religiosità ». Pericle non fu mai accusato di empietà come Anassagora ed altri; ciò avvenne probabilmente, in parte, perché la sua posizione era troppo salda per prestarsi ad essere rovesciata mediante un attacco del genere; d'altra parte, Pericle rappresentava un bersaglio difficilmente vulnerabile, anche perché non gli si poteva imputare una mancanza di sacro rispetto, dal momento che era solito adempiere ai doveri religiosi ufficiali. Non bisogna dimenticare che la contrapposizione di religione e non-religione, tracciata nel presente studio, è intesa ad enucleare soltanto gli elementi essenziali, laddove i limiti tra i due campi non apparvero sempre netti. Esistevano degli stadi intermedi, e non possediamo alcun criterio sicuro per decidere fino a qual punto fosse, ad esempio, « religioso » il patriottismo cui si deve la costruzione del Partenone; comunque il Partenone non fu un tempio dedicato al culto [45]. Dal momento che nel presente saggio tendiamo a sottolineare differenze e conflitti è possibile che in tal modo i mezzi toni più di una volta non acquistino il dovuto risalto.

Può darsi che Pericle non subisse soltanto l'influenza del filosofo Anassagora, ma altresì quella dell'Anassagora « fautore della monarchia ». Poiché l'ordinamento del cosmo e la costituzione della *polis* costituivano per i Greci sempre due serie parallele o addirittura coincidenti. Il filosofo vedeva il principio supremo del cosmo in analogia con la ragione umana; talché per l'uomo di Stato ne conseguì naturalmente che la ragione umana dovesse reggere lo Stato così come l'eterna « mente » il cosmo. Secondo Plutarco (4, 6), la dottrina di Anassagora si fondava essenzialmente sul fatto che in essa la *Tyche* e l'*Ananke* scomparivano e al loro posto subentrava « la mente pura ed assoluta » (νοῦς καθαρὸς καὶ ἄκρατος). È evidente che Pericle era seguace di questa filosofia o di una molto simile. Egli non fu un fatalista, come quello che si rifacesse ad una filosofia irraziona-

---

[45] Cfr. per questi problemi l'opera di HERINGTON.

listica; e neppure lo fu in senso religioso. Credeva fermamente nella potenza ed efficacia dell'intelletto umano e vedeva in esso l'immagine riflessa della « ragion pura » di Anassagora. Fu un umanista e un realista, che si fondava sulla φυσιολογία, cioè sulla scienza intorno alla natura dell'uomo e della materia (Plutarco 8, 1). Non occorre che i diversi aneddoti che corroborano questa interpretazione siano di necessità storicamente veri; tuttavia, il ritratto di Pericle fornitoci da Plutarco appare, nell'insieme, verisimile. Pericle era noto, come più tardi lo fu Epaminonda, per lo scetticismo nei confronti degli oracoli (Plutarco, *Demostene* 20, 1). A questo fatto non va attribuito alcun significato particolare [46]; esso conferma soltanto l'ipotesi che i rapporti tra Pericle e Lampone non fossero propriamente di natura religiosa [47]. Aristotele (*Retorica* 1419 a) racconta in un aneddoto come Lampone venisse schernito da Pericle con notevole ironia. Questi era esente da superstizioni; ad esempio non credeva nelle virtù e nelle arti magiche (Plutarco 6, 1); e il racconto di Teofrasto (Plutarco 38, 2) che riferisce come Pericle, nella sua ultima malattia, mostrasse pieno di vergogna e di autoironia ad un amico l'amuleto che le donne gli avevano assicurato addosso, ci dà il ritratto di un uomo che, trovandosi infermo, cede alle insistenze donnesche, ma non perciò cessa di credere ancora nella potenza della ragione.

I rappresentativi aneddoti di Plutarco risultano confermati dai discorsi che Tucidide pone in bocca a Pericle. Da essi apprendiamo quanto Pericle fosse fiero della propria capacità di giudizio logico, della sua γνώμη (I 140, 1; II 61, 2), e che, in generale, egli si affidava più a tale capacità di giudizio che alla *Tyche* o alla speranza (I 140, 1; 144, 4; II 13, 2; 60, 5; 62, 4 sgg.) [48].

---

[46] Cfr. il saggio di Nock citato alla pag. 44, nota 8.

[47] Il fatto che Pericle, secondo un altro aneddoto, obbedisca all'ispirazione di un sogno in cui gli appare Atena, rappresenta probabilmente una storiella di carattere etiologico, intesa a spiegare l'erezione di una statua di *Athena Hygieia* ad opera di Pericle stesso.

[48] Quando Edipo si definisce della *Tyche* (vedi pag. 101), egli crede che la sorte fortuita, e non la sua origine regale, lo abbia fatto re, determinando il suo destino; Edipo crede veramente di essersi costruito la sua vita grazie alla propria saggezza e grandezza. Laddove Pericle rifiuta di affidarsi alla *Tyche*, perché non crede ai successi casuali e non gli basta le mera speranza; anch'egli tuttavia crede nel proprio intelletto e nel proprio raziocinio. Per quanto ciò che abbiamo detto dei due personaggi sembri contraddittorio, le loro differenze sono, in effetti, estremamente esigue e medesime le concezioni di fondo.

Egli si attenne al noto principio secondo cui bisogna inculcare a forza continuamente al popolo i medesimi concetti (I 140, 1; II 13, 9); e nel fare ciò insistette particolarmente sull'aspetto finanziario della guerra, poiché in esso erano riposti grandi vantaggi per Atene (I 141, 5; 142, 1; II 13, 2). Non era questo un argomento emotivo, per quanto si prestasse ad ispirare coraggio al popolo. Sovente Pericle ripeteva al suo uditorio quanto fosse pericoloso il non conoscere i termini reali dei problemi (I 142, 5; II 40, 3; 62, 4) e quanto importante « avere cognizione di ciò che è necessario conoscere » (γνῶναι τὰ δέοντα, II 43, 1; 60, 5). Nei suoi discorsi non v'era posto per gli dèi. Naturalmente qualche volta Pericle faceva appello alle forze morali del popolo (per esempio: II 43, 1, come del resto, più o meno, nel corso di tutta l'orazione funebre; II 64, 2); ma nelle questioni concernenti gli elementi politici della strategia bellica si atteneva ai fatti e non conosceva scrupoli moralistici di sorta (I 141, 1; II 63, 1 sgg.). La sua politica era determinata dalla razionalità del suo pensiero e dal suo patriottismo realistico.

Nel capitolo precedente abbiamo mostrato come lo spirito informatore tipico della signoria di Creonte fosse altrettanto tipico di quella di Edipo: lo spirito di una ragione fondata sopra se stessa e di una volontà statuale realistica, di un individualismo autocratico e di norme etiche autonome. Questo vale, in complesso, anche per Pericle. Il programma politico e civile dell'orazione funebre contiene gran parte delle concezioni programmatiche enunciate da Creonte: consolidamento dello Stato, elogio del presente, l'aspirazione ad un armonico ordinamento domestico e statuale. Certo l'orazione funebre di Pericle è « più liberale » dell'assolutismo di Creonte, ma non si può dire che i principî enunciati dal primo siano più liberali di quelli sostenuti dal secondo. Nel famoso discorso di Pericle lo Stato ateniese non è soltanto un modello di perfezione etica e spirituale — παίδευσις Ἑλλάδος —, ma altresì privo di qualsiasi legame con il tradizionalismo e la fede religiosa. È discutibile fino a qual punto questa immagine ideale sia da attribuirsi piuttosto a Tucidide; ma la espressa e piena omissione dei concetti canonici delle orazioni funebri ufficiali va ascritta non meno allo statista che allo storico. Sono fermamente convinto che il Pericle dell'orazione funebre corrisponde al Pericle storico nell'aspirazione ad una forma ideale di Stato e di società. La democrazia non significava per

Pericle un ordinamento costituzionale fissato una volta per tutte, bensì un'esigenza, una mèta cui tendere. Ma egli sapeva anche — e se non lo sapeva fin dal principio, l'avrà certamente appreso nel corso degli anni —, che la democrazia da sola non basta. Si presentarono continuamente frangenti in cui Pericle dovette lottare per mantenere intatta la fiducia popolare, e spesso fu costretto ad agire in maniera autocratica, perché altrimenti non avrebbe potuto convertire il popolo alle proprie idee. Pericle non sperò soltanto nell'attuazione di uno Stato ideale, bensì dovette anzi tutto lottare per conquistare il potere e poi per conservarlo. Perfino un Pericle dovette perciò sacrificare una parte del suo idealismo. D'altra parte, era per natura troppo realista per abbandonarsi alle illusioni. Come politico sacrificò più di una volta l'*optimum* ideale, per conseguire il massimo di positività realmente possibile [49].

Pertanto non appare sorprendente che l'ideale democratico dell'orazione funebre non mostri alcuna attinenza, ad esempio, con l'immagine utopistica dello « Stato migliore » tracciata da Ippodamo (Aristotele, *Politica*, II 1267 b, 22 sgg.). Eppure fu l'architetto Ippodamo che progettò i piani per il ridimensionamento del Pireo; e Pericle gli diede l'incarico di tracciare il piano urbanistico di *Thurii* (Diodoro Siculo XII 10, 7), mentre Protagora avrebbe dovuto creare le leggi per questa nuova città (Diogene Laerzio IX 50). « Ippodamo e Protagora incarnano in modo estremamente netto il nuovo spirito essenzialmente razionalistico » [50]. Pericle dimostrò parecchie affinità con questo indirizzo, che, in sostanza, si rifaceva ai primi Sofisti. Ebbe, almeno con Protagora, stretti rapporti personali. Quale fosse l'ammirazione di Protagora per Pericle è dimostrato dalle parole del primo intorno al comportamento veramente filosofico tenuto da Pericle nell'ultimo anno di sua vita dopo che gli erano morti entrambi i figli legittimi (Pseudo Plutarco, *Consol. ad Apoll.* = fr. 9 Diels). Non sappiamo fin a qual punto Pericle condividesse le concezioni filosofiche di Protagora. Almeno questo è certo: che l'eminente Sofista interessò grandemente Pericle; Plutarco (36, 5 sgg.) riferisce che Pericle per un'intera giornata discusse con Protagora intorno

---

[49] È significativo che Aristotele, *Etica Nicomachea* VI 1140 b, 8, citi Pericle καὶ τοὺς τοιούτους come esempi di φρόνησις, che, come ἕξις, è uguale a ἡ πολιτική (1141 b, 23).

[50] AJP., 1948, p. 169.

alla questione se la responsabilità di un incidente mortale durante una gara andasse attribuita agli arbitri, o all'arma oppure all'uomo che la usava. Poiché in Atene non soltanto individui in carne ed ossa, ma anche oggetti inanimati potevano essere citati in giudizio (Aristotele, *Costituzione degli Ateniesi* 57 fine), la discussione non era così insensata come potrebbe parere a noi; d'altra parte, il fatto che Pericle dedicasse alla questione tanto tempo dimostra che il suo interesse non era rivolto tanto alla importanza pratica della questione stessa, quanto piuttosto gli faceva piacere esaminarla sotto ogni punto di vista [51]. Sarebbe per noi più importante sapere se Pericle condividesse o meno le concezioni religiose di Protagora. In uno dei pochissimi frammenti dei discorsi di Pericle, che ci sono pervenuti, (Plutarco 8, 9 = Stesimbroto, *FGrH.* 107 F 9), questi dice dei morti della guerra di Samo che essi sono immortali come gli dèi; e a riprova di questa asserzione adduce il fatto che entrambi sono invisibili e venerati per i loro atti lodevoli. L'affermazione in questione non pare avere un eccessivo peso, se si tien conto del carattere ufficiale del discorso; tuttavia ci si può chiedere se fosse effettivamente necessario fornire una spiegazione circostanziata di un luogo comune della credenza religiosa. In realtà Pericle pone un'argomentazione di ordine razionale al posto del sentimento genuino; e, per di più, un'argomentazione assai debole, chiaramente irreligiosa. È lecito supporre che l'oratore avrebbe probabilmente approvato le parole di Protagora, allorché questi dichiarò di non sapere nulla intorno all'esistenza o non-esistenza degli dèi (fr. 4). D'altra parte il famoso principio dell'uomo misura di tutte le cose, secondo cui l'uomo rappresenta il fattore essenziale nella determinazione dell'esistenza e dell'essenza di tutte le cose, questo assioma assurto a *Leitmotiv* della sofistica, che fu travisato assai al di là del suo originario significato, si accordava con concetti fondamentali della filosofia di Anassagora e perciò, presumibilmente, con gli elementi che Pericle aveva acquisito da costui. In sostanza molti elementi ci autorizzano ad estendere anche a Pericle una definizione recentemente enunciata, concernente la posizione di Protagora nei confronti della religione e della vita e perciò il nucleo

---

[51] Non sono sicuro fino a qual punto appaia giustificato interpretare una discussione di questo genere come un tentativo inteso a ricercare una « nuova giustizia »; questa la tesi di Zuntz, *Nus. Helv.* VI, 1949, p. 103, che muove da un analogo caso che ricorre in Antifonte, *Tetral.* II.

più intimo della sua filosofia: « La religione fu per lui in primo luogo un fatto antropologico, che va interpretato nel suo significato e nella sua funzione nell'àmbito della civiltà umana e della struttura sociale di questa ».

L'educazione costituiva il fine principale dei Sofisti. Per ciò che concerne l'educazione superiore, specialmente politica, che si fondava principalmente sulla retorica, il naturale talento oratorio di Pericle non aveva bisogno di grande tirocinio; tuttavia è probabile che allo statista riuscisse bene accetto il consiglio in merito a singoli particolari tecnici del comportamento. Per Protagora « natura e formazione » facevano tutt'uno; si deve « cominciare in gioventù » ad apprendere (fr. 3). Non sappiamo se Pericle condividesse queste concezioni. Certo è che fece tutto ciò che era in suo potere per dare un'educazione ai suoi figli (Platone, *Protagora*, 319 E; *Menone*, 94 B); d'altra parte, fece di un vecchio trace di origine contadina, che non trattò mai con più riguardo di un comune schiavo, il « pedagogo » di Alcibiade (Platone, *Alcibiade* I 122 A; Plutarco, *Licurgo* 16, 6); forse la ragione di questo fatto è da ricercarsi piuttosto nel carattere del pupillo che in una valutazione negativa dell'educazione precoce.

In conclusione possiamo dire che le testimonianze seminate nel presente capitolo mettono in luce tre diversi aspetti dello stesso uomo: Pericle lo stratego, Pericle il tiranno, Pericle il razionalista. Si tratta di definizioni imprecise e di comodo; tuttavia esse stanno a determinare la sua posizione in seno all'ordinamento costituzionale, la sua preminenza assoluta, il suo atteggiamento spirituale. Queste definizioni non sono tali da caratterizzare esaurientemente tutto l'uomo Pericle, il suo imperialismo e, in particolare, la sua maggiore conquista: la sintesi tra il potere sovrano del popolo e la libertà dell'individuo. Ma possiamo a buon diritto asserire che, in base alle concezioni esaminate, sono stati enucleati tratti essenziali del Pericle reggitore assoluto, soprattutto per ciò che riguarda gli ultimi quindici anni della sua vita. Questi tratti appaiono soprattutto precipui nell'immagine che di Pericle avevano i suoi contemporanei. Il legittimo reggitore, il tiranno autocratico, l'uomo che confida orgogliosamente nella propria ragione: tutti questi aspetti di Pericle appaiono in forma varia anche nel Creonte dell'*Antigone* e nel re Edipo. Per ora basti l'aver posto a confronto le due serie di immagini; più avanti cercheremo di trarne delle conclusioni.

[52] JAEGER, *Die Theologie der frühen griechischen Denker*, p. 201.

CAPITOLO QUINTO

PROSTÁTES, STRATEGÓS, IL PRIMO UOMO

I. Il « titolo » di Pericle.

Se ci si ponesse il problema di un « titolo » che meglio di ogni altro caratterizzasse la personalità di Pericle, verrebbe fatto di scegliere senz'altro: προστάτης τοῦ δήμου. Questo termine viene usato nella *Athenaion Politeia* da Aristotele, che con esso designa tutti i capi democratici ateniesi del passato, risalendo fino a Solone (2, 2; 28, 2). Tra costoro sono ricordati anche uomini come Aristide (23, 3) e Teramene (36, 1), che non possono dirsi certo democratici; d'altra parte, nell'elenco generale degli statisti ateniesi (cap. 28) tanto Teramene quanto Milziade, Cimone, Tucidide e Nicia figurano come προστάται τῶν γνωρίμων (o ἐπιφανῶν oppure εὐπόρων), ossia come capi degli oligarchi. Il termine προστάτης τοῦ δήμου può dunque significare tanto « capo dei democratici », quanto « capo dello Stato in generale ». Ciò non deve meravigliare, poiché il termine δῆμος può avere due significati, così come la nostra parola « popolo »; e, del resto, lo Stato era una democrazia. Non sorprende il fatto che anche altri autori del IV secolo usassero in un'accezione analoga il termine προστάτης τοῦ δήμου.

Diversamente stanno le cose per il secolo V, a quanto ci è dato sapere in base alle testimonianze pervenuteci. Tucidide usa il termine esclusivamente al plurale e unicamente per designare i capi del partito democratico durante le guerre civili di quel tempo, per esempio a Corcira (III 75, 2; IV 46, 4; 66, 3; cfr. per Siracusa VI 35, 2 e, in generale, III 82, 1). Di uno di questi capi di partito si dice che τοῦ δήμου προειστήκει (III 70, 3). Mai Tucidide definisce Pericle προστάτης τοῦ δήμου; parla tuttavia del tempo in cui Pericle προύστη τῆς πόλεως (II 65, 5); e per quelli di Mitilene gli statisti ateniesi sono senz'altro οἱ ἀεὶ προεστῶτες (III 11, 6). Per quanto lo stesso Cleone sia definito soltanto ἀνὴρ δημαγωγός (IV 21, 3), si parla tuttavia della lotta per il potere dopo la morte di Pericle come di αἱ διαβολαὶ περὶ τῆς τοῦ δήμου προστασίας (II 65, 11); così gli avversari di Alcibiade nel 415 tramarono per τοῦ δήμου προεστάναι (VI 28, 2) e uno dei democratici uccisi nel 411 dai rivoluzionarî viene definito τὶς τοῦ δήμου μάλιστα προεστώς (VIII 65, 2). Tutti questi passi dimostrano che per Tucidide il termine προστάτης τοῦ δήμου non costituiva una vera e propria qualifica del capo dello Stato, né in via ufficiale, né in via ufficiosa. Tucidide lo usa piuttosto vagamente per designare capi democratici durante la contesa civile; sebbene il verbo designi precipuamente il capo democratico che, al contempo, era a capo dello Stato; tuttavia Pericle appare piuttosto come capo della *polis* che come capo del *demos* [1]. Il nesso di fondo sussistente tra i due tipi del προστάτης τοῦ δήμου si manifesta con particolare evidenza in un discorso di Alcibiade (Tucidide VI 89, 4), nel quale questi spiega ad un pubblico antidemocratico spartano che la προστασία τοῦ πλήθους della sua famiglia è una reazione contro la tirannide e, a suo dire, è conforme allo spirito della costituzione democratica. Anche se Alcibiade intese con queste abili acrobazie verbali aggirare il problema, tuttavia possiamo ricavarne che, specie agli occhi degli avversarî, la direzione del partito democratico e quella dello Stato democratico potevano apparire tutt'uno. Anche dagli scritti di Aristofane, che è il primo commediografo in cui si riscontri l'uso del termine προστάτης τοῦ δήμου (*La Pace*, v. 684), si ricava la medesima impressione. Il Paflagone e il venditore di salsicce sono caricature vivacissime di uomini che erano ad un tempo capi dei bassi strati popolari e dello Stato [2]. Lo stretto rapporto che sussiste tra i due significati del termine risulta ulteriormente confermato dal fatto che le fonti del V secolo non presen-

---

[1] Questo uso è facilmente intelligibile presso Tucidide, ma in generale non ritengo possibile tracciare una demarcazione netta e sicura tra προστάτης τοῦ δήμου e προστάτης τῆς πόλεως. Cfr. Pof A., p. 354, nota 6.

[2] Cfr. PofA., pp. 119; 353 sgg.

tano alcun termine fisso per designare il capo degli oligarchi: sia che questi fosse altresì capo dello Stato, sia che non lo fosse, indifferentemente.

Evidentemente l'uso di designare la posizione politica di Pericle mediante il termine προστάτης (con o senza δήμου) non era generale. Forse più si esitò a usare la frase, poiché προστάτης da solo implicava parecchi significati diversi: preposto, capo assoluto, ma, al contempo, custode, protettore o difensore [3]. Quest'ultimo significato è reperibile nella letteratura attica più antica. I difensori di Tebe dalle sette porte son detti προστάται (Eschilo, *Sette contro Tebe*, vv. 408; 798) e nelle *Supplici*, v. 963, il re Pelasgo si assume l'impegno di fungere, unitamente a tutti i cittadini, da προστάτης di coloro che invocano protezione; qui il termine significa « patrono » dei futuri Meteci [4]. I προστάται nei *Sette contro Tebe*, v. 1026, sono un collegio di pubblici ufficiali: i medesimi che poco prima (v. 1006) vengono designati come πρόβουλοι; questo esempio non comune si trova nell'ultima scena del dramma, che difficilmente, per motivi contenutistici e formali, può ritenersi autentica e, a mio avviso, è posteriore di almeno due generazioni alla redazione del dramma stesso [5]. Erodoto, che non scrisse in dialetto attico, ma aveva soggiornato per

---

[3] Questa pluralità di significati è stata sfruttata da Aristofane per un bisticcio: *Rane*, vv. 569 sgg.; sfr. *PofA.*, p. 151, nota 8.

[4] προστάτης δ'ἐγὼ ἀστοί τε πάντες. A me sembra fondamentale il fatto che la προστασία in questo caso venga esercitata unitamente dal re e dai cittadini. La spegazione che LIDDEL-SCOTT-JONES forniscono del termine προστάτης, intendendo *ruler*, in contr. con ἀστοί, non può da me essere accettata come giusta, perché, in tal caso, la proposizione non soltanto verrebbe ad essere priva di verbo, ma altresì di predicato. Soltanto ἐγώ è contrapposto a ἀστοί laddove προστάτης si riferisce ad entrambi. Il singolare è reso più agevole dal fatto che un verso termini con ἐγώ, nonché dalla mancanza del verbo. Cfr. anche *Historia* 1, p. 529.

[5] Posso motivare soltanto brevemente la mia opinione in merito a questa scena assai controversa. A prescindere dal fatto che un tema drammatico totalmente nuovo, la storia di Antigone, risulta introdotto in questa scena conclusiva dell'intera trilogia, sono convinto che la scena stessa non è stata scritta sotto l'influsso del dramma sofocleo, bensì di un dramma più tardo, probabilmente delle *Fenicie* di Euripide. Il conflitto è in questo caso tra Antigone e la *polis*, non tra Antigone e un tiranno. Tra questa scena e il dramma euripideo sussistono analogie sia per ciò che concerne l'intera struttura, sia nel linguaggio; soprattutto lo spirito che anima tutta la scena è « sofistico » e post-sofocleo. Antigone è un individuo che si ribella contro le leggi della *polis*. Le *Fenicie* appartengono probabilmente all'ultimo decennio del secolo; che sarebbe il *terminus a quo* per la datazione della scena dei *Sette contro Tebe*. Cfr. anche più avanti pag. 159, nota 36.

diverso tempo in Atene, non avrebba ignorato l'uso di προστάτης per designare il capo dello Stato, se tale accezione fosse stata, al tempo suo, corrente; egli usa il termine per sovrani non democratici quali Ciro ed Istieo (I 127; V 23) e non accenna minimamente al fatto che esso potesse costituire un titolo in uso nella Grecia [6]. Analogamente esprime con il verbo προιστάναι, usato transitivamente, l'idea « di elevare uno a proprio capo » (I 123, 2; IV 80, 1), o, intransitivamente, « il fatto di essere il capo » (III 134, 2; IV 79, 5). In tal modo si caratterizza tanto poco una posizione politica chiaramente definibile, che troviamo il verbo accompagnato da un avverbio qualificativo come κακῶς (III 36, 3) [7]. Né la cosa risulta sostanzialmente mutata dal fatto che Erodoto usi il termine in questione per designare uomini che governano determinate comunità greche, come, ad esempio, τῶν Ἀρκάδων τοὺς προεστῶτας (VI 74, 4) oppure Ἑλλήνων τοὺς προεστῶτας ἐν τῇσι πόλισι (IX 41, 3). Costoro sono gli investiti del potere, i capi di una tribù, di una città o di un gruppo sociale e politico quale quello dei Paralii o dei Diacrii in Attica (I 59, 3). Il termine era così usuale e vago, come chi parlasse oggi, ad esempio, della « classe dominante ». D'altra parte, la primazia di Sparta sulla Grecia viene definita come ποεστάναι τῆς Ἑλλάδος (I 69, 2; V 49, 2). È probabile che il termine in questo senso fosse ben noto e il suo uso largamente diffuso; tuttavia esso fu usato altresì, — e non certo meno —, a significare una potenza protettrice nonché preminente, mentre è del tutto escluso che possa intendersi qui nel senso di una « signoria ».

Si deve ammettere che in alcuni dei passi citati il termine significa « *leadership* » e non soltanto « forza protettrice »; ma il termine risulta applicato a tipi assai diversi di primato, e la frequenza dell'uso al plurale è significativa. A quanto pare, esiste un solo passo in cui si riscontra un'eccezione rispetto all'uso molteplice e non ben definito che il termine ha in Erodoto. Nella famosa discussione sulla migliore forma costituzionale Dario, paladino della monarchia, definisce il capo democratico προστάς τίς τοῦ δήμου (III 82, 4). In tal modo Erodoto si avvicina all'accezione tucididea e forse non è un mero caso che ciò avvenga nel corso

---

[6] I προστάται τοῦ ἐμπορίου di Naucratide (Erodoto II 178, 3) naturalmente nulla hanno a che vedere con il problema in questione. Si trattava di addetti locali, che provvedevano a determinati còmpiti amministrativi.
[7] Cfr. anche Tucidide VIII 65, 2

di un dibattito in cui è manifesto l'influsso delle teorie dei primi Sofisti [8]. Probabilmente la particolare accezione del termine deriva piuttosto dal pensiero politico che dalla realtà politica. Comunque sia, una cosa è certa: Erodoto conferma ciò che abbiamo trovato in Tucidide. In Atene προστάτης non era un titolo fisso, ufficiale, del capo politico [9].

Nell'uso del termine Sofocle non perviene all'accezione conferitagli dagli storici. Nell'*Edipo Re* Tiresia viene definito da Edipo stesso προστάτης e σωτήρ, protettore di Tebe e liberatore dalla peste (v. 303). D'altra parte, il veggente afferma risolutamente di essere il sacerdote di Apollo e di non riconoscere come suo «patrono» Creonte, quasi fosse un Meteco (v. 411). Più avanti il coro invoca il dio come suo προστάτης (v. 882); Apollo è il vero protettore e tutore della città (cfr. anche *Trachinie*, v. 209). Non c'è qui l'idea che il προστάτης divino si contrapponga a un capo politico, sebbene la protezione del dio sia invocata contro una tirannide empia che minaccia la città. Rimane significativo il fatto che Edipo non sia mai chiamato προστάτης e che, in generale, a quanto ci è dato sapere, il termine non rivesta mai in Sofocle un significato politico.

Non esiste dunque alcuna testimonianza che ci attesti che lo statista più importante di Atene durante gli anni quaranta e trenta venisse mai designato, ufficialmente o non, con il titolo di προστάτης τοῦ δήμου o anche semplicemente di προστάτης. Dobbiamo supporre che la posizione legittima di Pericle in seno al collegio degli strateghi rendesse impossibile, o per lo meno superfluo, un siffatto titolo situato al di fuori e, in certo qual modo,

---

[8] A. E. RAUBITSCHEK mi ha ricordato in una lettera che avrei dovuto citare Pindaro, *Pyth.* 2, 86 sgg., allorché esaminai (*Historia* I, pp. 525 sgg.) la discussione erodotea in merito alla migliore forma costituzionale. In quell'ode le tre forme costituzionali sono adombrate con linguaggio poetico, ma senza che vi appaiano i termini δῆμος o δημοκρατία. L'ode appartiene agli anni settanta del V secolo: una data che bene si accorda con la ricostruzione da me fornita dei precedenti storici in cui si inserisce la discussione erodotea.

[9] Debbo parzialmente ritrattare quanto ho affermato nell'articolo citato (pp. 528 sgg.) circa il προστάτης τοῦ δήμου, poiché non ritengo più che il termine in questione potesse essere usato già negli anni ottanta o settanta. Le testimonianze più antiche risalgono ad Erodoto e, come ho esposto nel testo, non si possono ricavare da costui elementi che possano attestare una προστασία di Pericle. Le *Supplici* di Eschilo sembrano dimostrare chiaramente che al tempo in cui furono composte il termine non veniva usato per designare il capo dello Stato (vedi pag. 143, nota 4).

al di sopra del titolo che gli spettava in virtù della carica ufficiale che rivestiva. Soltanto dopo la morte di Pericle vi furono προστάται che non erano strateghi e spesso addirittura si trovavano in conflitto con costoro. In questi casi il capo dello Stato — spesso si trattava soltanto di un aspirante al governo dello Stato — si appoggiava, per lo più senza possedere alcun crisma costituzionale, esclusivamente alle masse. Gli eventi iniziatisi con l'ascesa di Cleone nonché il loro riflesso nell'àmbito della commedia sono tali da caratterizzare con sufficiente chiarezza la nuova situazione e ci fanno intendere che nel IV secolo il termine veniva applicato anche, retroattivamente, a età precedenti.

Questa discussione ci induce a ricercare un altro possibile termine per designare il « capo del governo » nell'età periclea. Si può ritenere con certezza che la democrazia attica non conobbe affatto veri e proprî titoli. Qualora si intendesse citare un uomo senza ricorrere al suo nome proprio (che poteva implicare il nome del padre e quello del suo *demos*), bisognava indicare la posizione ufficiale da lui rivestita. Ripeto brevemente ciò che si è potuto stabilire circa la carica di stratego occupata da Pericle, a partire dal 443: egli fu uno degli strateghi, tuttavia ciò valeva non meno, ogni anno, per altri nove cittadini. Alcuni furono rieletti due ed anche tre volte; soltanto pochi ancora più spesso; nessuno ininterrottamente anno per anno, come Pericle. Oltre Pericle, Formione fu l'unico che rimanesse in carica pressoché continuamente e venisse eletto, — anche se soltanto raramente — da tutto il popolo e non solo dalla propria *phyle*. L'elezione ἐξ ἁπάντων costituiva la procedura normale nel caso di Pericle. In base a questi fatti, e non ad altri elementi di sorta, la posizione legittima di Pericle si differenziava da quella di tutti gli altri cittadini. Tucidide può definire la signoria di Pericle in tempo di pace come quell'epoca in cui questi προύστη τῆς πόλεως: un periodo che terminò con il processo contro Pericle, ma poi fu ripristinato allorché gli Ateniesi « lo rielessero stratego e affidarono ogni cosa alla sua tutela » (Tucidide II 65, 4 sgg.). Pericle fu stratego ogni anno anche nella maggior parte degli anni precedenti al 443; fu l'unico eletto sovente ἐξ ἁπάντων; infine, divenne

---

[10] Un significato assolutamente differente ha il termine nello *Edipo a Colono*, vv. 1171, 1278, dove caratterizza un uomo il quale sta di fronte ad un altro uomo o ad una divinità in veste di chi invoca protezione.

[11] Cfr. M. SCHEELE, Στρατηγὸς Αὐτοκράτωρ. Diss., Leipzig, 1932, p. 9.

στρατηγὸς αὐτοκράτωρ [11], anche se questo titolo allora non era ancora in uso: e in effetto egli fu *lo* stratego per antonomasia.

La statua di Cresila effigiava Pericle lo stratego. In tal modo egli, o piuttosto Pericle, che consacrò di persona la statua, seguiva un'usanza assai diffusa nell'Atene del V secolo. Esiste inoltre tutta una serie di simili ritratti di strateghi, in forma di erme, con il caratteristico elmo, tutti di epoca romana. I nomi che risalgono al V secolo, riportati o sulle erme stesse o sui basamenti di statue, sono: Milziade, Pericle, Alcibiade [12]. È evidente che nomi non famosi difficilmente sarebbero potuti pervenire fino ai copisti di epoca romana; tuttavia possiamo supporre che nessuno, il quale non avesse acquisito meriti speciali, ottenesse una statua dallo Stato o anche soltanto il permesso di erigerla. La statua di Temistocle stava in un piccolo tempio (Plutarco, *Temistocle* 22, 2 sgg.); Pericle fu probabilmente il primo ad erigere la statua sua e quella di suo padre sull'Acropoli (Pausania I 25, 1) [13]. Per questo forse nella statua di Cresila si può vedere un'ulteriore testimonianza del carattere assolutamente singolare proprio dell'ufficio di stratego rivestito da Pericle, e della di lui posizione in generale. Colui che, armato di elmo e di lancia, in nudità eroica o rivestito di corazza e chitone, stava effigiato dinanzi a tutto il popolo, era Pericle lo stratego e capo del popolo stesso [14].

Molti Ateniesi vedevano in Pericle il « tiranno » e gli imputavano tanto la sua incontrastata posizione di preminenza assoluta, quanto la sua rigida riservatezza. Allorché Atene acquistò

---

[12] Cfr. ad esempio B. R. KEKULE v. STRADONITZ, 61. *Winckelmann Programm*, 1901, e *Abh. Preuss. Akad.*, 1910; G. LIPPOLD, *Griech. Porträtstatuen*, 1912, pp. 29 sgg.; K. SCHEFOLD, *Bildnisse d. antiken Dichter, Redner u. Denker*, 1943, pp. 18 sgg. Appare quasi sicuro che le statue originali non fossero soltanto erme. La famosa erma di Temistocle è priva di elmo; anche il realismo del tutto singolare con cui è concepita dimostra che essa appartiene ad un altro gruppo di ritratti. Non me la sento di decidere se l'originale fosse effettivamente « un'indubbia rappresentazione assolutamente contemporanea » (MILTNER, *OeJhh.*, 1952, p. 70) o piuttosto un'opera ellenistica, che, per così dire, riproducesse l'« idea » di Temistocle (cfr. J.M.C. TOYNBEE, *JHS.*, 1953, p. 183). In ogni caso non è lecito trarre in base a quest'unico esempio conclusioni di ordine generale.

[13] SCHEFOLD, *op. cit.*, pp. 18, 24.

[14] Il fatto che esistessero molte statue di strateghi (ossia statue munite di elmo), dimostra che Cresila non ricorse all'elmo per mascherare la singolare forma della testa di Pericle. Infatti Plutarco 3, 4, riferisce che Pericle in « quasi tutti i ritratti » portava l'elmo; il che significa che ne esistevano anche alcuni senz'elmo.

un aspetto sempre più bello e dignitoso e la pace regnò per parecchi anni, la posizione di Pericle divenne, con il passare del tempo, vieppiù « regale », mentre l'ufficio di stratego, che pure ancora veniva assunto secondo procedimenti legittimi, perdette psicologicamente d'importanza. I suoi ammiratori vedevano in lui l'uomo d'eccezione, il vero paladino e tutore della grandezza di Atene. Tuttavia Atene rimase una democrazia e Atena, effigiata sull'Acropoli, rappresentava la divina protettrice dello Stato. Pericle si sarebbe ben guardato dal negare questa realtà o dal tenerla in poco conto, poiché essa costituiva il fondamento dello Stato, in cui credevano sia il popolo che Pericle stesso. Ma forse non gli sarebbe dispiaciuto se qualcuno lo avesse chiamato primo cittadino. *Princeps* fu il titolo non ufficiale di Augusto, fondato sulla lunga tradizione aristocratica di Roma. Nella tradizione ateniese non vi fu nulla di analogo. Anche se Pericle fu chiamato il « primo uomo » di Atene o analogamente (ὁ πρῶτος ἀνήρ), difficilmente si trattava di una qualifica corrente; essa è molto più prolissa del corrispondente latino. Nonostante ciò, è probabile che il suo uso si diffondesse alquanto presso i seguaci di Pericle, per lo meno nell'àmbito della letteratura, ma forse anche al di là di esso. Il maggiore ammiratore di Pericle, che al contempo fu un grande scrittore, eternò il termine, per averlo usato due volte con il massimo risalto: nell'introduzione al primo dei discorsi di Pericle da lui citati (I 139, 4) Tucidide definisce lo statista « il primo uomo in quel tempo tra tutti gli Ateniesi »; e nel suo famoso giudizio conclusivo sulla democrazia periclea (II 65, 9) parla della ὑπὸ τοῦ πρώτου ἀνδρὸς ἀρχή [15].

II. Lo stratégos; Antigone, *verso* 8.

All'inizio dell'*Antigone* la protagonista del dramma definisce Creonte τὸν στρατηγόν (v. 8), e nella prima scena dell'*Edipo Re* il sacerdote, che parla a nome del popolo, si rivolge a Edipo chiamandolo ἀνδρῶν πρῶτον. Dopo quanto è stato detto a proposito di Pericle, sarebbe cosa davvero sorprendente se questa coincidenza fosse meramente casuale. Sia nel caso che essa non risulti tale,

---

[15] Plutarco 9, 1, ne fa una forma di πολιτεία aristocratica. Forse pensava all'ἀνὴρ πολιτικός di Platone o all'analogia con Roma?

sia che, comunque, rimangano dei dubbî in merito, è necessaria una ulteriore indagine circa il significato e le implicanze della coincidenza stessa. Il verso 33 dell'*Edipo Re* non ha dato luogo finora ad alcuno spunto di commento, e il termine sembra adattarsi pienamente al contesto; laddove l'uso di στρατηγός da parte di Antigone costituisce da anni un rompicapo per gli interpreti.

Antigone chiede ad Ismene se ha avuto notizia del decreto di Creonte:

καὶ νῦν τί τοῦτ' αὖ φασι πανδήμῳ πόλει
κήρυγμα θεῖναι τὸν στρατηγὸν ἀρτίως;

La maggior parte dei commenti osserva a questo punto che il termine στρατηγὸν appare nel presente contesto piuttosto fuor di luogo; si è cercato per lo più di intenderlo — come ci si poteva attendere in questo punto —, nel senso di un sinonimo della parola re o tiranno. Schneidewin e Nauck sostengono addirittura che la lezione originaria fosse in effetti τύραννον, ma non sanno spiegare come mai fosse stata sostituita poi da σρατηγόν. Una certa analogia è reperibile nel testo dell'*Elettra*, verso 1; quivi τυραννήσαντος è la *varia lectio* sostituita da un correttore alla *lectio* στρατηγήσαντος, che è, inequivocabilmente, la *recta*. Ma non è assolutamente concepibile che nell'*Antigone* si sia verificato il processo inverso, per cui in tutti i nostri manoscritti (e non soltanto in una singola correzione) una glossa priva di senso si sarebbe sostituita al termine originario. Il quesito va impostato piuttosto nel giusto senso, ossia ci si deve chiedere perché Sofocle non ha usato il termine τύραννον, che quantitativamente si adatta al verso non meno di στρατηγόν.

Credo non sia inutile discutere le diverse risposte a questo quesito. Il suggerimento di Blaydes, ripetuto nella edizione dello Jebb, si può illustrare brevemente; del resto, Jebb lo cita soltanto di passata e non lo considera il proprio principale tentativo di interpretazione. Blaydes ritiene che στρατηγός possa significare « re », perché στρατός talora significa sia « popolo » che « esercito ». Certamente στρατός nel linguaggio poetico può designare qualsiasi raggruppamento umano di una tal quale entità, sia di soldati, sia di pacifici cittadini [16]. Re e generali sono entrambi

---

[16] Analogamente δῆμος significa qualche volta « esercito ». Ma anche l'uso frequente di πανδημεί, nel senso di « con tutto l'esercito », non è tale

capi, ma il comune concetto di comando insito nei due termini non giustifica il fatto che un termine sia scambiato con l'altro. Anche se in origine il re era altresì comandante in guerra, il termine στρατηγός viene tuttavia usato soltanto qualora si intenda dare un particolare risalto a questa sua funzione. Perciò vien fatto di chiederci: fu Creonte un generale?

Prima di affrontare questo problema dobbiamo discutere le opinioni di coloro che cercano di conferire al termine in questione un significato diverso, particolare, che sia adatto allo specifico contesto. Così, ad esempio, si è pensato che Sofocle in tal modo volesse far sì che Antigone caratterizzasse Creonte mediante una espressione dura (Jebb) oppure priva di rispetto (Ellendt). In effetti, Antigone non si rivolge mai al re Creonte chiamandolo con il titolo che gli è proprio (ossia βασιλεύς oppure ἄναξ) e questo fatto è senza dubbio intenzionale da parte del poeta. Almeno in un caso essa (v. 506) descrive la posizione del re espressamente come una tirannide. Ma nulla attesta che Antigone usi il termine στρατηγός, moralmente del tutto neutro, per significare inimicizia o disprezzo; infatti nessuno avrebbe capito la sua intenzione, mentre τύραννος sarebbe stata in questo caso la parola adatta [17]. Da questi tentativi di spiegazione risulta chiaramente l'impaccio di numerosi critici di fronte al difficile passo; impaccio, del resto, pienamente giustificato; tuttavia, invece di spiegare il termine, costoro gli conferiscono un senso arbitrario [18].

---

da poter corroborare la tesi di BLAYDES. Se è vero che Creonte emana il suo decreto πανδήμῳ πόλει, questa espressione non può essere tradotta con « per tutto l'esercito e tutta la città ». Altri passi, che ricorrono più avanti, attestano chiaramente che qui si fa riferimento a tutto il popolo, che al contempo costituisce la *polis*. Come spiega lo scoliasta: πάσῃ τῇ πόλει.

[17] KAIBEL (*De Sophoclis Antigona. Index Schol.* Gotting., 1897, p. 11) erra dunque quando afferma: « odit hominem... non Labdicarum sanguine editum sed matris fratrem ideoque regio nomine non dignum (τὸν στρατηγόν vocat. v. 8) ». La stessa interpretazione viene data anche da MILLO nella sua edizione italiana (1937). Che Antigone definisca ironicamente Creonte il « valente in guerra » (E. WOLF, *op. cit.*, II, p. 251) non mi pare convincente come interpretazione.

[18] Non capisco a che cosa il REINHARDT, *op. cit.*, p. 80, intenda alludere definendo Creonte il nuovo sovrano e « stratego » e ponendo questo termine tra virgolette. Egli descrive Creonte come un uomo che detiene il potere. ma teme che il κέρδος possa indurre parecchia gente alla ribellione. Forse REINHARDT quando parla di un tratto tipicamente « tirannico » tiene presente, al contempo, la carica ateniese?

O forse Sofocle non voleva scoprire tutte le sue carte subito, fin dall'inizio del suo dramma, e pertanto evitava di ricorrere alla parola τύραννος? La modalità secondo cui espressioni diverse vengono usate per designare Creonte, a seconda che parli Antigone, Ismene o il coro, non è certo priva di intenzione. Di fatto però Ismene parla già in apertura del dramma (v. 60) dello ψῆφος τυράννων; e il coro definisce Creonte, già al suo primo apparire, « re » (v. 155): che è il titolo che gli è dovuto. Antigone era libera di usare il termine che più le piacesse per designare l'uomo che essa disprezza e che, con amara ironia, definisce « il buon Creonte » (v. 31); si tratta però di vedere se il termine da lei usato caratterizzi l'uomo in maniera sensata e comprensibile. Cercava il poeta un termine neutro? E in tal caso era « stratego » il termine che gli occorreva? Non mi riesce di crederlo. Termini quali ἄρχων, κρατῶν, οἱ ἐν τέλει sarebbero stati più adatti; e possiamo stare sicuri che Sofocle avrebbe saputo introdurre nei suoi versi questi o altri analoghi. La parola « stratego » non comporta implicanze di ordine morale, tuttavia non è perfettamente neutra; ha, piuttosto, un significato del tutto particolare. Non si può pensare a uno stratego che non fosse, per nomina o per mestiere, generale. Di nuovo vien fatto di chiederci: fu Creonte un generale?

Jebb nella sua edizione dell'*Antigone* prospetta, oltre alle due interpretazioni già esaminate, alcune altre ancora, evidentemente sperando, — ma piuttosto invano —, che esse si prestino man forte a vicenda. Ma la sua *pièce de résistence* è l'« autorità speciale mediante cui Creonte dovette agire in quanto re ». Questa interpretazione si accorda sia con l'uso corrente del termine στρατηγός, che con quello sofocleo. Questa accezione si riscontra soltanto un'unica volta nei drammi che ci sono pervenuti: allorché il poeta parla di uno στρατηγός o di στρατηγεῖν, fa riferimento sempre agli Atridi, a uno o ad entrambi, in quanto comandanti militari durante la guerra di Troia [19]. Può darsi che Sofocle abbia descritto anche altri personaggi mitici, che si trovavano in una situazione analoga, allo stesso modo; e si dissolverebbe più di una difficoltà, se si potesse effettivamente pensare che Creonte prima o dopo l'ascesa al trono fosse stato capo militare, ossia comandante supremo dell'esercito tebano. Ma assai pochi degli interpreti che, comunque,

---

[19] *Aiace*, vv. 49; 1100; 1106; 1109; 1116; 1232; 1386. *Elettra*, v. 1; *Filottete*, vv. 264; 793; 873; 1024.

affrontarono la questione, si dichiararono soddisfatti di questa soluzione, sebbene essa appaia semplice e ragionevole. Evidentemente ci saranno delle ragioni che giustificano tale atteggiamento.

Se Creonte fosse inteso dal poeta nel senso di un capo militare, ciò dovrebbe trasparire in qualche modo dai suoi atti o dalle sue parole. Degli Atridi ogni uomo sapeva che essi erano comandanti in guerra. Ma non risulta avere alcun fondamento l'ipotesi secondo cui, in base al fatto che nel mito il re è in genere anche il capo militare, Creonte sarebbe stato definito stratego semplicemente, perché era re [20]. Ho già respinto un'altra argomentazione che portava alle medesime conclusioni. Né Sofocle, né, a quanto mi consta, alcun altro autore ha mai usato il termine in questo senso; e nessuno del pubblico avrebbe compreso questa accezione speciale, qualora il poeta non avesse fatto esplicita menzione della guerra e del fatto che il personaggio in questione fosse per l'appunto in tale guerra il comandante dell'esercito.

Il problema è in parte connesso con la cronologia dell'azione drammatica. È vero che Sofocle, in generale, non si preoccupa minimamente di fornire un ordine cronologico stabile, e tanto meno quando si tratta di eventi che precedono l'azione del dramma. Tranne in quei casi in cui Sofocle vi fa esplicito riferimento, la esattezza delle epoche, dei giorni o delle ore non lo preoccupa affatto, laddove hanno per lui grande peso gli avvenimenti stessi e la loro successione. Quando Sofocle ricorda, uno dopo l'altro, due avvenimenti, si può stare sicuri che nell'intervallo tra i due non è accaduto nulla di importante ai fini del dramma, in generale, o di un personaggio, in particolare, anche se tra i due avvenimenti può essere intercorso un certo lasso di tempo. Così Ismene afferma (vv. 11 sgg.) che dalla morte dei suoi due fratelli e dalla fuga del nemico nella notte precedente non ha avuto più alcuna notizia. Ismene non sa ancora nulla del decreto di Creonte, ma neppure di una battaglia che potrebbe essere situata tra i due avvenimenti da lei menzionati. Se questa battaglia avesse avuto luogo, Ismene ne avrebbe avuto notizia, così come è informata

---

[20] Determinati rapporti tra στρατηγός e βασιλεύς vengono esaminati in un interessante saggio di A. AYMARD (*Annuaire de l'Inst. de phil. et d'hist. orientales et slaves* IX, 1949, pp. 43 sgg.). Egli muove dal passo dell'*Andromaca* di Euripide, che è divenuto famoso a causa dell'episodio di Alessandro e Clito. Tema fondamentale di esso è la magnificazione del comandante, sia ad opera di se stesso, sia ad opera di qualcun altro. Ma ciò esula dai problemi suscitati dal verso 8 dell'*Antigone*.

della fuga. Per il contenuto del dramma una siffatta battaglia non esiste.

Altri passi confermano questo fatto. Al suo apparire il coro (vv. 100 sgg.) saluta il nuovo giorno succeduto alla notte in cui il nemico è fuggito (vv. 106 sgg.; 120; 148 sgg.). Non esiste il minimo appiglio per supporre che la guerra continuasse dopo la morte dei due fratelli. La versione fornita da Eschilo nei *Sette contro Tebe* effettivamente esclude una battaglia dopo la morte dei fratelli. La guerra era terminata, i nemici avevano perduto tutti i loro capi ed erano fuggiti con il favore della notte. Il fatto che la fuga fosse avvenuta durante la notte conferma che il nemico non fu battuto in alcuna ulteriore battaglia; perché in tal caso la fuga sarebbe stata l'immediata conseguenza dello scontro. Che non ci fosse stato un inseguimento, corrispondeva forse agli usi della Grecia arcaica; ma forse il nemico all'alba era già troppo lontano [21]. Durante la notte i Tebani si accamparono probabilmente fuori delle mura della città e al mattino, dopoché il nemico era fuggito, seppellirono Eteocle (vv. 23 sgg.; 900 sgg.) e lasciarono il cadavere di Polinice in pasto agli uccelli e ai cani [22]. Nel fare ciò i Tebani ottemperavano agli ordini di Creonte, il quale però non aveva preso parte alla battaglia dinanzi alle sette porte. Come unico membro maschile superstite della famiglia reale, — con la quale era imparentato solo per via indiretta, e non per sangue —, Creonte sùbito dopo la morte di Eteocle era divenuto automaticamente re. Era lui ora « il nuovo re del paese, un nuovo signore per nuovo volere del dio » (v. 155) [23]. Il primo atto del suo governo fu il decreto, bandito attraverso gli araldi, che proibiva il seppellimento di Polinice (vv. 192 sgg.); e sùbito fece piantonare il cadavere dalle guardie (v. 217). Poi tenne un discorso al coro

---

[21] Non credo che da τοῖος ἀμφὶ νῶτ' ἐτάθη πάταγος Ἄρεος (v. 125) si possa ricavare un inseguimento che « trasformò la ritirata in una fuga disordinata » (JEBB). Se ciò fosse vero, non ci si spiegherebbe come mai un avvenimento di tanta importanza sia ricordato soltanto in un'allusione così oscura e del tutto ignorato da Creonte. I versi successivi, di difficile interpretazione, descrivono, a mio avviso, per via metaforica, la vittoria acquisita, ossia come la potenza del drago tebano volse in fuga l'aquila argiva.

[22] Degli altri morti non si parla mai, probabilmente perché la questione esulava dall'àmbito del problema centrale, che era quello del seppellimento dei due fratelli, e Sofocle non intendeva complicare la linearità del problema stesso.

[23] La parola « signore » manca, ma ἄρχων o qualcosa di simile è necessario, sia per ragioni logiche, che per ragioni metriche.

degli anziani, i rappresentanti del popolo tebano, per ripetere ad essi il suo decreto che era già di pubblico dominio (vv. 192 sgg.; cfr. φασί al v. 7; ἐμφανῆ al v. 448).

Da questa successione di eventi, che il pubblico poteva seguire senz'altro agevolmente, risulta chiaramente che Creonte non fu mai generale dei Tebani prima della sua elezione a re; e neppure quando divenne re ed emanò il suo decreto agì in qualità di comandante militare [24]. Egli narra al coro come divenne re e fonda il proprio diritto alla successione unicamente sui vincoli di parentela che lo legano alla famiglia di Edipo (v. 173). Per dimostrare che è degno della nuova autorità, Creonte non si richiama né ad azioni compiute in precedenza, né tanto meno ad un successo militare conseguito durante le ultime ventiquattro ore; avrebbe senza dubbio ricordato meriti siffatti, qualora lo avesse potuto. Creonte non parla mai di atti da lui compiuti in qualità di generale; né mai avanza la pretesa di essere un capo militare. La prova che attesti essere egli degno della carica di re viene da Creonte demandata al futuro: al suo reggimento e ai suoi decreti (v. 177). Egli è il re, e il suo editto è « regale » (v. 382). Nessuno spettatore non prevenuto poteva interpretare l'azione drammatica diversamente.

Il contenuto e il tipo del decreto di Creonte confermano questa interpretazione. Già le parole stesse di Antigone manifestano con tutta chiarezza che il decreto è stato emanato dal re — e precisamente in quanto re e non in quanto comandante militare — « per tutto lo Stato e tutto il popolo » [25]. Anche altri passi attestano che si trattava di un decreto di natura, per così dire, « civile ». Esso si rivolge agli ἀστοί (v. 27) e perciò anche alle due sorelle (v. 31). Alla « polis » vien fatto divieto di seppellire Polinice (v. 43) e chiunque infrangerà il decreto verrà lapidato dal popolo ἐν πόλει (v. 36). Come dice Ismene: chiunque trasgredirà il nuovo decreto (v. 59), emanato da chi ha in mano il potere e l'autorità (vv. 63; 67), recherà offesa ai « tiranni », alla loro legge e alla loro

---

[24] L'ipotesi secondo cui il primo annunzio del decreto non costituisce ancora una emanazione ufficiale di esso, e perciò sarebbe stato promulgato primamente da Creonte soltanto nella sua qualità di στρατηγός, è errata. A prescindere dal fatto che noi non siamo mai informati di alcuna azione compiuta da Creonte in tale veste, quale spettatore o anche lettore (vedi pag. 159, nota 35) avrebbe potuto afferrare subito una motivazione così intricata?

[25] Vedi pag. 140, nota 16.

potenza. Ismene si rifiuta di agire βίᾳ πολίτων, ossia contro la *polis* (v. 79; cfr. v. 907). Tutti questi passi sono ricavati dalla prima scena, prima ancora che Creonte ripeta il suo decreto dinanzi agli anziani. È evidente che esso non ha nulla a che vedere con la carica di comandante dell'esercito o con la disciplina militare; ed è del tutto irrilevante il fatto che coloro che per primi ebbero notizia del decreto fossero nella maggioranza « soldati », ossia cittadini accampati dinanzi alle porte della città. I passi citati dimostrano che l'essenza e il significato più riposto dell'atto in questione sono legati indissolubilmente alla concezione secondo cui il sovrano autocratico dello Stato, e non un capo militare, è responsabile del decreto; che se poi qualcosa v'ha da essere a fondamento dell'autorità del sovrano, si tratta dell'autorità stessa della *polis*. Tutte queste considerazioni sono pressoché ovvie; la loro enumerazione serve unicamente a dimostrare che l'obbligo di produrre delle prove incombe a coloro che semplicisticamente considerano Creonte come lo « stratego ».

In realtà Creonte non appare mai nella parte di generale. Era un uomo piuttosto vecchio, su per giù della stessa età dei coreuti (v. 726), che evidentemente non aveva preso parte alla guerra; è lecito supporre che non fosse nemmeno in grado di muoversi speditamente (v. 1214), per quanto non si debba forzare troppo il senso di questo passo. Se poi l'età avanzata contrasti anche con un eventuale comando militare da parte di Creonte, è questione che non può essere risolta; certo è che Creonte sarà apparso sulla scena nella lunga veste caratteristica di un re tipicamente vecchio; il che esclude che taluno potesse pensare di vedere dinanzi a sé un generale [26]. Anche se si accettassero le argomentazioni avanzate a questo proposito, in nessun caso gli spettatori avrebbero potuto individuare nell'uomo che entrava in scena come il « nuovo re » (vv. 155 sgg.) annunciato dal coro, lo stratego di cui si fa menzione nelle prime parole di Antigone.

Forse testimonianze archeologiche possono confermare la nostra immagine della veste scenica di Creonte. Il famoso vaso di Antigone, trovato a Ruvo [27], in verità nulla ha a che vedere con

---

[26] La tarda età di Creonte non incide altrimenti sull'azione del dramma. Nell'*Edipo a Colono* le cose stanno in maniera del tutto diversa; ivi Creonte parla spesso, e per comprensibili ragioni, della sua avanzata età.
[27] M. Bieber, *History of the Greek and Roman Theater*, fig. 70. Tutte le cifre che si trovano nel nostro testo rimandano ad illustrazioni contenute in quest'opera.

Sofocle, bensì fornisce una illustrazione di una tragedia di Euripide o di altra del IV secolo [28]. Creonte porta qui la lunga veste regale, ma in testa nessun ornamento. Nel *British Museum* si trova un dipinto vascolare degli anni 400-380 a. Cr., che meglio si attaglia al dramma sofocleo [29]; vi è rappresentata una fanciulla che viene condotta dinanzi ad un re seduto in trono da due giovani armati di lancia. Non si può dimostrare che in questa scena si tratti di Antigone dinanzi a Creonte; se poi di lei si tratta, — e in verità non saprei quale altra interpretazione plausibile avanzare —, non si deve meravigliare che nella scena compaiano due guardie anziché una; infatti, si può nondimeno riferirla all'episodio sofocleo. Anche qui Creonte è rappresentato, in sostanza, come re; il suo singolare copricapo [30] non è un elmo, o, per lo meno, non è un elmo da stratego; esso potrebbe essere confrontato tutt'al più con uno degli elmi di forma e ornamento fantastici, come quelli portati, ad esempio, da Aiete sul vaso di Medea (fig. 75) o da Eracle in una scena raffigurata sopra uno dei vasi madrileni (fig. 351) [31]. Nei vasi dei Fliaci Priamo porta un singolare copricapo (fig. 361), che rassomiglia a quello di Aiete; si sarebbe propensi a supporre che si tratti della « corona » tutt'affatto particolare usata dai monarchi orientali. Naturalmente i Fliaci, in complesso, tendono all'esagerazione, sia nel copricapo, sia nel resto dell'abbigliamento; tuttavia sapevano come era fatto un diadema regale (vedi Arete ed Alcinoo, fig. 363) e, non meno, che cosa fosse un vero elmo, che poteva recare un particolare ornamento di piume, come quello di Ares nella lotta contro Efesto (fig. 371). Non è affatto certo che Creonte porti in una parodia dell'*Antigone*, probabilmente di quella sofoclea, un elmo (fig. 364); il suo copricapo sembrerebbe tale, per quanto molto diverso dall'elmo di Ares; comunque Creonte non porta qui alcuna veste militare, e anche se l'abbigliamento di un Fliace non può mai dirsi propriamente regale, tuttavia Creonte è un re e non un comandante

---

[28] BIEBER, *op. cit.*, pp. 61 sgg.; L. SÉCHAN, *La tragédie grecque dans ses rapports avec la céramique*, p. 288.

[29] Fig. 175: vedi la nostra tavola sull'antiporta. Vaso dell'Italia meridionale, a figure rosse, opera del cosiddetto effigiatore dell'episodio di Dolone. Cfr. TRENDALL, *Frühital. Vasen*, 1938, p. 18, nr. 254.

[30] Difficilmente si tratta di un copricapo munito di velo, come ritiene SÉCHAN, *op. cit.*, p. 141.

[31] Circa il carattere di questa raffigurazione cfr. WEBSTER, C.Q. 42, 1948, pp. 19 sgg.

militare, giacché regge in mano una verga o scettro, non una lancia. Nell'assieme le testimonianze archeologiche possono anche non essere decisive, tuttavia risultano favorevoli piuttosto che contrarie alla mia tesi.

Non abbiamo fatto ancora menzione di un paio di passi dell'*Antigone* (particolarmente vv. 1056 sgg.; 1162 sgg.), che a prima vista potrebbero avallare l'ipotesi secondo cui Creonte in una precedente epoca della sua vita sarebbe stato un capo militare. Tutti questi passi rientrano nell'ultimo terzo del dramma. Ciò significa che almeno fino a quel momento gli spettatori non potevano nutrire dubbi circa la posizione di Creonte, e che fino a quel punto non si era fatta parola intorno alle ragioni per cui Creonte era definito stratego. Inoltre, non è possibile voler spiegare il passo in questione unicamente mediante una storia nota forse al pubblico, ma che non rivestiva alcuna importanza ai fini della presente azione drammatica; e seppure fosse possibile ricostruire questa storia — il che non è —, ciò avverrebbe soltanto attraverso una faticosa e contorta fatica interpretativa, che non si poteva certo richiedere dallo spettatore. In effetti ho cercato di dimostrare che i passi controversi non recano nuovo materiale tale da attestare che Creonte in una qualsiasi epoca anteriore della sua vita abbia rivestito la parte di capo militare. Vale dunque ancora la nostra prima conclusione; ancora non vediamo alcuna risposta soddisfacente al quesito, perché Sofocle definisca Creonte στρατηγός, a meno che non se ne vogliano trovare le ragioni al di fuori dell'*Antigone*.

III. Edipo Re, *verso* 33.

Dubbî si presentano anche a proposito del verso 33 nell'*Edipo Re*, sebbene in questo caso le cose stiano diversamente. Il sacerdote invoca da Edipo aiuto per la città colpita dalla pestilenza e lo chiama « signore della mia terra » (v. 14). Si tratta di una vera e propria preghiera implorante, quale solitamente viene rivolta soltanto agli dèi (cfr. v. 41), ma (vv. 31 sgg.):

> θεοῖσι μέν νυν οὐκ ἰσούμενον σ'ἐγώ
> οὐδ' οἵδε παῖδες ἐζόμεσθ' ἐφέστιοι,
> ἀνδρῶν δὲ πρῶτον ἔν τε συμφοραῖς βίου
> κρίνοντες ἔν τε δαιμόνων συναλλαγαῖς.

Edipo rappresenta « il primo » tra gli uomini, sia nei casi avversi della vita, sia nelle tribolazioni di origine divina [32]. La sua fama eccezionale risulta confermata anche da altri passi: soltanto pochi versi più avanti (v. 46) Edipo viene definito « il migliore dei mortali »; ciò ricorda il termine assai usato ἀνὴρ ἄριστος [33], e più in là egli stesso afferma di essere stato in Corinto ἀνὴρ ἀστῶν μέγιστος (v. 775). Il passo citato sembra però alludere a qualcosa di più che alla sua grandezza di re. Che cosa significa propriamente il fatto che egli sia il primo degli uomini in ogni sorta di avversità? Significa forse che in caso di necessità ci si rivolgeva anzitutto a lui, in quanto primo dopo gli dèi; la forma della supplica conferisce un certo fondamento a questa ipotesi. D'altra parte Edipo viene contrapposto agli dèi, per estollerlo dal rimanente degli uomini. Edipo li vince per saggezza, per l'innata genialità. Questa sua grandezza ne fa il primo degli uomini, capace di aiutare gli altri nella miseria e nell'afflizione. Né l'uno né l'altro significato appare chiaramente, ed è stato osservato [34] che gli spettatori, i quali erano al corrente, — per lo meno nelle linee essenziali —, di ciò che sarebbe avvenuto dopo, potevano scorgere in queste parole anche un'allusione al destino personale di Edipo, ossia al fatto che il re per primo, più di tutti gli altri, avrebbe avuto a soffrire delle « disgrazie della vita e delle tribolazioni di origine divina ». Pertanto, se questo passo ammette non meno di tre possibili interpretazioni, delle quali nessuna esclude le altre, la pluralità di significati sarà certamente intenzionale. Si è parlato dell'« ardito patrimonio lessicale del poeta », ma, con maggior ragione, di tragica ironia. Questa avrebbe avuto modo di esplicarsi anche senza che si facesse menzione del « primo uomo ». Si deve per lo meno ammettere la possibilità che Sofocle, allorché parlava dell'ἀνδρῶν πρῶτος, alludesse a circostanze che esulavano dal ristretto àmbito teatrale.

---

[32] Antepongo questa interpretazione di δαιμόνων συναλλαγαῖς all'altra, che pensa a trattative o rapporti con gli dèi. Gli orrori della Sfinge e della pestilenza sono meglio caratterizzati dalla sopraddetta interpretazione. Cfr. anche νόσου συναλλαγῇ (v. 960) e *Edipo a Colono*, v. 410.

[33] Al v. 1433 dell'*Edipo Re* Edipo definisce in tal modo Creonte, contrapponendolo a se stesso, ossia al κάκιστος. Cfr. anche *Trachinie*, v. 177; *Filottete*, v. 1344; *Edipo a Colono*, v. 1100.

[34] Da SHEPPARD in riferimento ai vv. 33 sgg. Cfr. anche WEINSTOCK, *op. cit.*, p. 155.

IV. Conclusioni.

Cerchiamo di trasferirci brevemente nell'àmbito dei sentimenti degli spettatori che assistettero alla prima rappresentazione dell'*Antigone* o dell'*Edipo Re*. È certo che gran parte, e proprio quella essenziale, della storia di Antigone era stata inventata da Sofocle. Nelle famose leggende di Edipo e dei Sette contro Tebe, che in linea di massima dovevano essere note alla maggioranza del pubblico, erano contenuti scarsi accenni a quegli elementi che sarebbero stati decisivi per l'azione dell'*Antigone*. Gli spettatori ricevevano sùbito notizia dell'emanazione di un κήρυγμα estremamente importante, ma, finché non veniva fatto il nome di Creonte, non sapevano minimamente chi fosse lo stratego che l'aveva fatto promulgare. E anche dopo avere appreso il nome dello stratego, non sapevano perché portasse questo titolo; probabilmente dimenticavano tosto la questione; e i più, quasi certamente, neppure facevano caso al termine στρατηγός. Ma Sofocle scriveva per uditori dotati di spirito critico e, anzi, per lettori [35]; e a costoro il termine στρατηγός deve aver dato nell'occhio, comunque ci si spieghi la presenza improvvisa di esso. Non esisteva nella tradizione mitica alcun uomo che gli spettatori o i lettori potessero far rientrare mentalmente sotto la qualifica di generale tebano, e del resto neppure dalla successione degli avvenimenti, che si verifica nel corso del dramma, si potevano desumere elementi tali che chiarissero la presenza di στρατηγός [36]. Con tutta probabilità, di fronte all'editto che ὁ στρα-

---

[35] Potrebbe contraddire all'interpretazione corrente il voler vedere in un dramma greco qualcosa di più di un'opera teatrale. Senza dubbio il teatro riveste una parte di primo piano, anzi, preminente, per ciò che riguarda la creazione da parte del poeta tragico. Tuttavia mi sembra inconcepibile che costui non avesse di mira altresì un effetto che si protraesse nel tempo, al di là di un'unica rappresentazione. Certo il mercato librario era ancora scarsamente sviluppato e l'uditore medio poteva ricordare certamente a lungo particolari della rappresentazione, senza rileggersi mai il testo. Tuttavia esistevano già persone che si interessavano di libri; era famosa la biblioteca di Euripide e in nessun luogo leggiamo che egli fosse il primo a possederne una. Cfr. in generale l'acuta trattazione di questi problemi da parte di E. G. TURNER. Vedi pag. 70, nota 58.

[36] La situazione nell'ultima scena dei *Sette contro Tebe* è analoga. Se Eschilo avesse scritto questa scena e introdotto nell'anno 467 un collegio di Probuli, responsabile di un'analoga promulgazione (v. 997), gli spettatori si sarebbero certamente meravigliati ancor più che dello στρατηγός nell'*Antigone*. I Probuli furono introdotti primamente ad Atene nell'anno 413/2, ed è certo che la democrazia precedente non conobbe una carica di questo genere. Ciò rappresenta un'altra prova contro l'autenticità dell'intera scena. Cfr., sopra, pag. 143, nota 5.

τηγός emanava alla *polis*, almeno una parte degli spettatori era portata a pensare all'uomo che in qualità di stratego preminente governava la lor propria *polis*.

Ci chiediamo quale potesse essere l'effetto cui il poeta mirava e quale la presumibile intenzione. Una cosa si può ritenere sicura: nessuno del pubblico avrebbe mai pensato che il dramma che stava iniziando dinanzi ai suoi occhi avrebbe presentato in realtà sulla scena Pericle mediante un travestimento mitico. Riferimenti personali di questo tipo ci si attendeva certo nella commedia; ma si sapeva che ciò era escluso per la tragedia. Sofocle deve avere scritto l'*Antigone* mentre era assai viva in lui l'impressione suscitata dalla personalità di Pericle; di ciò abbiamo già fatto cenno e avremo modo di aggiungere ulteriori elementi al quadro tracciato. Questa impressione influenzò la natura della funzione del re Creonte. È forse assolutamente impossibile o rappresenta un procedimento troppo rude per attenderselo da Sofocle, che egli all'inizio del suo dramma intendesse trasmettere, mediante una « indicazione », al suo pubblico qualche parte di quei sentimenti che lo avevano animato durante la stesura della tragedia? Nell'uso del termine στρατηγός non stava forse una velata allusione, in virtù della quale almeno una parte degli spettatori avrebbe dovuto arguire quanto fosse vicina alla situazione contemporanea ateniese — e comunque più vicina di quanto avvenisse in genere nella tragedia — la situazione mitica? E questa allusione non nasceva forse da quella tragica ironia, che tanta parte riveste nell'opera di Sofocle?

Gli orrori della peste non erano certo ancora dimenticati allorché fu rappresentato l'*Edipo Re* [37]. Si tratta naturalmente di una deduzione ricavata dal dramma stesso, poiché non posse-

---

[37] Non posso ritenere sufficiente la motivazione della peste nell'*Edipo Re* in base al fatto che le pestilenze erano tradizionali nella religione e nella poesia greca a partire dall'*Iliade* (cfr. ad esempio M. UNTERSTEINER, *op. cit.*, I, pp. 496 sgg.). Si è già spesso rilevato che tra la descrizione della peste da parte di Sofocle e quella tucididea (*Edipo Re*, vv. 468 sgg.; Tucidide II 47 sgg.; III 87) sussiste una certa affinità, sebbene i due autori considerassero la sciagura in maniera fondamentalmente differente. È ovvio che nessuno dei due subisce l'influenza letteraria dell'altro. Tuttavia il carattere immediato delle due descrizioni fa arguire che non soltanto Tucidide, ma anche Sofocle, avesse sperimentato di persona il flagello della peste. Certamente non è necessario supporre che Sofocle fosse stato affetto dal morbo come Tucidide; ma è probabile che scrivesse l'*Edipo Re* non molto tempo dopo essere stato testimone degli orrori della pestilenza.

IV. CONCLUSIONI

diamo alcuna altra testimonianza circa la data precisa della rappresentazione. Comunque, le obiezioni contro questa deduzione sono state scarse, e la datazione (posta poco dopo il 429) si accorda con l'opinione universalmente condivisa, secondo cui l'*Edipo Re*, per stile e caratteri, va situato tra l'*Antigone* e l'*Elettra* [38]. Un profondo silenzio dovette spargersi improvviso nel teatro allorché il sacerdote pronunciò i versi in cui descrive la *polis*, devastata dal « dio ignifero », dall'« odiata peste » (vv. 22 sgg.). Il pensiero di ognuno sarà riandato ad un parente o caro amico, perduto negli ultimi terribili anni; e quando il sacerdote invocò aiuto dal re, che in realtà era la causa innocente-colpevole della sciagura, molti avranno pensato all'uomo che il popolo sotto la prima impressione dell'invasione e della pestilenza aveva ripudiato e più tardi richiamato per salvare lo Stato; l'uomo, di cui la città aveva avuto più bisogno, — come Tebe di Edipo —, (Tucidide II 65, 4) che poco dopo era morto e il cui ricordo, non offuscato da alcun successore, permaneva vivo nella memoria del

---

[38] Tuttavia G. Perrotta, *Sofocle*, 1935, contesta la cronologia corrente dei drammi sofoclei e pone l'*Edipo Re* dopo il 411. È senz'altro utile ricordare l'insicurezza del quadro cronologico caratteristica di qualsiasi tentativo inteso a individuare lo sviluppo dell'arte e del pensiero di Sofocle. Ma le date addotte da Perrotta appaiono troppo arbitrarie; e la medesima cosa può dirsi anche della ricostruzione storica operata da Diano, *Dionisio* XV, pp. 52 sgg., il quale ritiene l'anno 411 come data definitiva dell'*Edipo Re*. Pohlenz, *Griech. Trag.*², II, p. 93 (cfr. anche I, p. 220), pone il dramma intorno al 425; cfr. anche Untersteiner, *op. cit.*; Whitman, *op. cit.*, pp. 42 sgg.; e recentemente Knox, *AJP*. 77, 1956, p. 133, che cerca di situare la prima rappresentazione nel 425. Una datazione nell'anno 433/2 o poco dopo, ossia prima della guerra e della pestilenza, sarebbe plausibile se risultasse fondato il tentativo di Miss Macurdy (*CP*. 37, 1942, pp. 307 sgg.) inteso ad interpretare, in base ad avvenimenti di quel tempo, alcuni versi dell'inno del coro concernenti i νόμοι ὑψίποδες e, in particolare, a spiegare τὸ καλῶς δ'ἔχον πόλει πάλαισμα (*Edipo Re*, v. 880) come un'allusione alla « lotta » di Tucidide, figlio di Melesia. Wade-Gery ha dimostrato quale importanza rivestisse la lotta nella tradizione familiare di Tucidide; si sa inoltre che Tucidide ritornò alla vita politica nel 433 (*JHS.*, 1932, pp. 220 sgg) e probabilmente fu citato in giudizio (Aristofane, *Acarnesi*, v. 703 e scolii). Si sarebbe propensi ad interpretare in questa maniera le parole πόλει πάλαισμα, di difficile intelligenza, che finora non hanno ancora trovato un'interpretazione convincente. Ma anche se le prove addotte da Miss Macurdy fossero valide (il che non è), la rappresentazione della peste verrebbe ad essere una immediata e poco credibile profezia. Inoltre si avrebbe qui l'unico esempio che attesti come Sofocle alludesse esplicitamente alla politica di parte vigente in Atene: ciò sarebbe in nettissimo contrasto con lo stile dell'inno del coro. Quanto all'atteggiamento politico di Sofocle, ne parleremo più diffusamente nel prossimo capitolo.

popolo. Queste intuizioni che derivavano con carattere di necessità dalla scena iniziale dell'*Edipo Re* debbono essersi rese ulteriormente evidenti per effetto delle parole del sacerdote a proposito di Edipo. La signoria di Pericle poggiava, come quella di Edipo, sul raziocinio e sulla saggezza [39]. È abbastanza probabile che in quel tempo, che verosimilmente cade poco dopo la morte di Pericle, ἀνδρῶν πρῶτος ὁ πρῶτος ἀνήρ fosse una definizione piuttosto corrente della posizione di lui in seno allo Stato.

Tanti e tali erano gli elementi che nell'*Edipo Re* suffragavano una connessione fra tragedia e storia, che taluni studiosi del secolo XIX furono portati a identificare Pericle con Edipo. E arrivarono a tal punto, da vedere adombrata nella colpa di Edipo, del patricida, — sebbene tal colpa costituisse per sé un elemento essenziale della antica leggenda —, la nota accusa di sacrilegio avanzata contro gli Alcmeonidi. Nessuno certo penserà di rispolverare oggi siffatte teorie [40]. È tutt'altra cosa il fatto che Sofocle con velata allusione abbia usato una espressione che si attaglia a Pericle, per ricordare ai suoi ascoltatori che la vicenda mitica li riguardava da vicino: *nostra causa agitur*.

Non desidero avanzare la pretesa di aver apprestato mediante gli argomenti addotti nel presente capitolo una prova decisiva per la validità delle mie tesi. Tuttavia forse sono riuscito a dimostrare che le interpretazioni del verso 8 dell'*Antigone* e del verso 33 dell'*Edipo Re*, da me proposte, non risultano impossibili; nel caso, poi, che siano possibili, sono assai significative ed importanti. D'altra parte, gli altri problemi trattati in questo libro, ossia in particolare quello di fondo concernente le due *Weltanschauungen* di cui Sofocle e Pericle erano esponenti, non risultano minimamente scalfiti dal fatto che le conclusioni di questo capitolo vengano accettate in blocco o solo in parte oppure totalmente respinte.

---

[39] Cfr. WHITMAN, *op. cit.*, pp. 125 sgg.
[40] Si trattava di un'errata interpretazione. Recentemente J. A. DAVIDSON, *CQ.*, 1953, p. 44, nota 2, ha dichiarato essere possibile che l'*Edipo Re* facesse parte, «ad alto livello», della campagna scatenata contro gli Alcmeonidi.

CAPITOLO SESTO

AMMINISTRAZIONE E POLITICA

I. *Sofocle stratego.*

Nell'anno 443/42 (ATL., lista 12) Sofocle fu presidente degli Ellenotami e nell'anno 441/40 stratego (vedi sopra le pagine 105 e seguenti). Si pone ora il problema inteso a determinare fino a qual punto i rapporti del poeta con Pericle furono influenzati dal fatto che Sofocle rivestisse tali cariche. Quale significato ha per Sofocle e per Pericle, e quale per l'amministrazione e la politica dello Stato ateniese, il fatto che Sofocle in quegli anni centrali della signoria di Pericle occupasse alte cariche? [1]

---

[1] Secondo una notizia riportata da Plutarco in *Nicia* 15, 2, Sofocle fu stratego anche in un anno in cui presidente del collegio degli strateghi era Nicia. In base a questa narrazione Sofocle appare come un uomo molto anziano ($\pi\alpha\lambda\alpha\iota\acute{o}\tau\alpha\tau\sigma\varsigma$) e Nicia viene chiamato con rispetto $\pi\rho\epsilon\sigma\beta\acute{v}\tau\alpha\tau\sigma\varsigma$; se il fatto in questione fosse storicamente vero, dovrebbe essere situato in un'epoca in cui Nicia già aveva acquistato notevoli meriti. A mio avviso, la data di questo incarico come stratego andrebbe posta tra il 421 e il 415. Ma in tal caso Sofocle sarebbe stato tra i 75 e gli 80 anni. WESTLAKE, *Hermes* 84, 1956, il quale ritiene la notizia storicamente esatta, suppone che Nicia in quel caso fosse stato eletto $\dot{\epsilon}\xi$ $\dot{\alpha}\pi\acute{\alpha}\nu\tau\omega\nu$ e che si trattasse presumibilmente dell'anno 423/2. D'altra parte, la *Vita* (9) contiene un passo oscuro, secondo cui Sofocle sarebbe stato stratego contro gli Aneiti, ossia in quella guerra di cui abbiamo notizia da Tucidide III 19, 2; 32, 2; IV 75, 1; si tratta di una tradizione assai dubbia (cfr. WEBSTER, *op. cit.*, p. 12). Più importante sarebbe, per quanto ci riguarda, il passo della *Vita* 1, secondo cui Sofocle fu stratego insieme con Pericle e Tucidide, $\tau\sigma\hat{\iota}\varsigma$ $\pi\rho\acute{\omega}\tau\sigma\iota\varsigma$ $\tau\hat{\eta}\varsigma$ $\pi\acute{o}\lambda\epsilon\omega\varsigma$. Il biografo deve aver pensato a Tucidide, figlio di Melesia; ma

Ci occupiamo dapprima della seconda carica, ossia di Sofocle stratego, perché in questo caso i fatti si prospettano con maggiore chiarezza. Nel capitolo IV ho cercato di mostrare come molti strateghi fossero, a partire dal 441/0, fautori della politica imperialistica di Pericle, anche se non tutti lo stimavano come uomo e più d'uno nutriva idee contrarie alla politica interna dello statista. Parecchi di costoro rivestirono la carica di stratego per più anni; ed è lecito supporre che Pericle in questi casi favorisse la loro elezione e rielezione. Sofocle fu eletto stratego in un anno che prometteva di essere così tranquillo e privo di eventi notevoli come lo erano stati tutti gli anni successivi al trattato di pace del 446. L'elezione di Sofocle avvenne in vista della carica intesa come supremo onore, non in vista della guerra di Samo. Probabilmente Pericle non avrà avuto ragioni per opporsi all'elezione di Sofocle, tanto più che esisteva un numero sufficiente di strateghi esperti e capaci che, in caso di necessità, avrebbero potuto salvare la situazione. E invece scoppiò la guerra di Samo. Più tardi, degli strateghi per l'anno 441/0, il solo Sofocle veniva per lo più citato oltre a Pericle stesso [2], perché era il più famoso dei suoi colleghi, mentre in effetti non ebbe nella guerra una parte di pur minimo rilievo. Il poeta Ione vide Sofocle a Chio mentre questi si recava a Lesbo (FGrH. 392 F 6); Tucidide riferisce (I 116, 2) che una squadra di sedici navi fu distaccata dal grosso della flotta ateniese; di queste, una parte aveva còmpiti di sorveglianza lungo le coste della Caria, le altre, senza dubbio in numero minore della metà, dovevano portare rinforzi da Chio e da Lesbo [3]. Alcuni dei dieci strateghi di quell'anno, probabilmente

---

non possediamo alcuna testimonianza in base alla quale dedurre che costui e Sofocle fossero mai stati strateghi insieme; e, in effetti, ciò è del tutto improbabile. Si tratta evidentemente di una delle numerose e deplorevoli confusioni di cui si resero responsabili i compilatori dei βίοι nelle antiche edizioni dei testi. Probabilmente il biografo pensava alla guerra di Samo, ossia all'unica στρατηγία di Sofocle ben nota; e poiché in Tucidide I 117, 2 si legge che un Tucidide era stratego durante la guerra di Samo (tuttavia nell'anno 440/39 e non nell'anno 441/40, come Sofocle), fuse le sue cognizioni in materia in una frase succinta, breve ma completamente errata.

[2] Strabone XIV 1, 638 (non si trova in Hill [3]). Aristodemo 15,4. Giustino III 6, 12. Cfr. anche la nota 4.
[3] Cfr. AJP. 66, 1945, pp. 115 sgg.

tre, furono lasciati ad Atene come riserve e come latori di possibili rinforzi, sebbene poi questi rinforzi in effetti salpassero soltanto l'anno successivo, sotto il comando di altri tre strateghi (Tucidide I 117, 2). Almeno due strateghi furono mandati probabilmente in direzione della Caria; Pericle nella sua qualità di comandante in capo (δέκατος αὐτός), che aveva ai suoi ordini 44 navi e tutte le impegnò nella battaglia decisiva, doveva essere accompagnate da almeno due dei suoi colleghi. In tal modo per la spedizione a Chio e a Lesbo avanzavano soltanto uno o due strateghi, il che corrisponde alle nostre supposizioni. Era pressoché escluso il pericolo che questi due Stati, gli unici che dopo la rivolta di Samo godevano ancora di una relativa indipendenza, avrebbero fatto causa comune con i ribelli; nel qual caso la squadra navale sarebbe stata davvero troppo esigua. Si trattava, dunque, di un'impresa oltremodo irrilevante e, in sostanza, priva di carattere bellico. In un'impresa di questo genere un uomo dotato di una personalità cattivante e imponente avrebbe saputo ottenere i migliori risultati. Ed effettivamente la cosa fu sbrigata nel migliore dei modi, in maniera pacifica: una squadra di 25 navi di Chio e di Lesbo, e, nell'anno successivo, un'altra di 30, si unirono al grosso della flotta ateniese. Circa la parte avuta da Sofocle nella guerra non ci vengono tramandate notizie [4].

Sofocle fu dunque eletto, come è stato asserito, in virtù della « arte politica » da lui dimostrata nell'*Antigone*? [5] È difficile che la saggezza politica contenuta nelle massime di Creonte possa

---

[4] Nella Suda, alla voce Melisso, è riferito che Melisso, il filosofo e condottiero di Samo, non soltanto combatté contro Pericle, ma vinse altresì Sofocle in una battaglia navale. Si tratta della battaglia ricordata da Plutarco (26, 2 sgg.; *Moral.* 1126 b) e che fu combattuta mentre Pericle si dirigeva con le sue navi contro una flotta fenicia, che poi non apparve. Non abbiamo motivi per supporre che Sofocle in quella occasione fosse il comandante supremo; piuttosto risulta fuor di dubbio che Pericle in nessun caso avrebbe affidato la flotta al comando del poeta. Presumibilmente la notizia in questione altro non è che un ulteriore esempio del fatto che fonti di età più tarda solevano riportare, in ogni occasione, a proposito della guerra di Samo, il nome di Sofocle come l'unico famoso, accanto a quello di Pericle. Un altro motivo che poteva indurre al falso storico era costituito dalla possibilità di contrapporre tra loro, come avversari, un filosofo e un tragediografo, entrambi assai famosi.

[5] Ad esempio da WADE-GERY, *JHS*. 52, 1932, p. 219, nota 58.

avere impressionato a tal punto il popolo. Se si eccettua la scena dove compare Emone, la politica riveste nell'àmbito del dramma una parte assai più esigua di quella riservata ad altri elementi, talché sarebbe strano che la saggezza politica del poeta potesse esercitare un'impressione così viva sugli Ateniesi; tanto più, poi, in quanto le parole di Emone in merito al popolo e alla concezione dello Stato non esprimono in sostanza altro, che non fosse già stato proclamato comunemente sulla scena. Vedo soltanto una possibilità atta a suffragare questa ipotesi: e cioè che il popolo avesse compreso tanto bene le allusioni e i riferimenti, che ho cercato di mostrare nel capitolo precedente, da parergli opportuno eleggere Sofocle a collega dell'uomo la cui politica poteva portare a conseguenze analoghe a quelle prospettate nel dramma. Ciò potrebbe costituire una conferma definitiva della validità della mia tesi; ma in tal caso ci si spingerebbe troppo oltre nel campo dell'ipotetico, cosicché preferirei cercare una diversa soluzione di questo specifico problema. È fuor di dubbio che l'*Antigone* ebbe un successo strepitoso. Per più di duemila anni spettatori e lettori hanno confermato il giudizio degli Ateniesi; mentre diverso fu il giudizio in merito all'*Edipo Re*, cui venne assegnato soltanto il secondo posto. Per ciò che concerne il successo ottenuto dall'*Antigone*, non è necessario ricercarne le cause in determinati motivi particolari. Se Sofocle dovette effettivamente la sua elezione a stratego al successo riportato dal dramma (come risulta dalla ὑπόθεσις), ciò si verificò perché l'*Antigone* commosse più di tutte le altre sue tragedie il popolo che perciò volle dimostrare al poeta la sua riconoscenza, il suo affetto e la sua ammirazione. Tuttavia l'aneddoto, per quanto bello e commovente, difficilmente può essere vero. Piuttosto appare probabile che un più tardo pseudodotto, cui dobbiamo il materiale contenuto nella ὑπόθεσις, abbia dedotto un nesso causale dalla coincidenza delle date: *post hoc, ergo propter hoc*. Più avanti ritornerò ancora sulla questione della data in cui l'*Antigone* fu rappresentata la prima volta; ma l'aneddoto non può servire come appoggio per acquisire una cognizione più precisa in materia.

La στρατηγία di Sofocle non fu un fatto politico e tanto meno un fatto militarmente importante. Si trattò di un mero caso, se egli ebbe a rivestire la carica di stratego in tempo di guerra; ed è certo che non influenzò in alcun modo, nella sostanza, il corso degli avvenimenti. Pericle, come abbiamo veduto, aveva ben poca stima di lui come generale; ma, a quanto ci è dato sapere, non si verificò perciò tra i due alcun serio conflitto; né, d'altra parte, i due strateghi furono legati da vincoli stretti. Anche su questo ordine di problemi avremo modo di ritornare.

II. Gli Ellenotami dell'anno 443/42.

Sofocle fu eletto stratego dopo essere stato, due anni prima, « presidente » del collegio degli Ellenotami. È questa la prima volta.che il nome del presidente compare nelle liste degli Ellenotami; e Sofocle è l'unico uomo di questo periodo, di cui sia certa l'appartenenza, nel corso della carriera politica, ai due collegi che si occupavano principalmente della politica imperialistica ateniese [6]. Per valutare la portata di questi fatti, è necessario accertare, nei limiti del possibile, quali fossero i compiti che Sofocle e il collegio degli Ellenotami avrebbero dovuto svolgere, o effettivamente svolsero, durante il tempo del loro mandato. A tal fine si impone come indispensabile un esame circostanziato delle liste dei tributi.

L'anno 443/2 fu memorabile nella vita politica di Atene. In quell'anno fu bandito Tucidide, figlio di Melesia, e Pericle divenne il capo incontrastato. Esso fu altresì di particolare importanza per gli Ellenotami. Per la prima volta compaiono come soprascritta nelle liste dei tributi i distretti geografici. Nello stesso anno si procedette anche ad una nuova tassazione, sebbene la regola, di norma, prevedesse un intervallo quadriennale tra le singole ripartizioni dei tributi, che coincidevano con le Grandi Panatenee, cosicché la nuova ripartizione non sarebbe dovuta avvenire prima del 442/1. Inoltre gli anni 443/2 e 442/1 sono gli unici in cui fosse eletto un secondo segretario, ed è notevole il fatto che in entrambi gli anni lo stesso uomo, ossia Satiro di Leuconoe, fosse ξυγγραμματεύς. Nessun segretario, né alcuno degli Ellenotami, fu mai eletto per una durata superiore ad un anno; e ciò, anzitutto, perché si potesse procedere alla fine dell'anno alla revisione dei conti, — che tanta importanza riveste ai fini del controllo nei confronti di chi occupa cariche finanziarie —; cosicché appare

---

[6] Se l'indagine fosse portata al di là dei limiti entro i quali si svolse l'attività di Pericle, il quadro degli avvenimenti risulterebbe alterato. Il figlio Pericle fu, ad esempio, uno degli Ellenotami nell'anno 410/9 (*IG.* I², 304, 8) e stratego nel 406 (Diodoro Siculo XIII 74, 1; Senofonte, *Elleniche* I 5, 16; 6, 29; 7, 2; 16; 21. Scol. ad Aristofane, *Rane*, v. 1196 = FGrH. 328 F. 142. Plutarco 37, 6).

evidente che a Satiro era stato affidato un compito particolare ed importante, non ancora pienamente svolto alla fine del primo anno del suo mandato.

È acquisito da parecchio tempo che l'introduzione dei cinque distretti ('Ιονικός, hελλεσπόντιος, ἐπὶ Θράικες, Καρικός, Νεσιοτικὸς φόρος) come soprascritta nelle liste dei tributi non rappresentava un'innovazione di carattere rivoluzionario. La lista 9 dell'anno 446/5 aveva dato, di fatto, l'avvio a questa innovazione, anche se non risultava ancora evidente[7]. Alcuni anni prima il distretto cario era stato per la prima volta distaccato da quello ionico. Gli altri quattro distretti compaiono — tuttavia soltanto come territorî visitati da legati e da altri incaricati — nel decreto di Clinia (D 7, 22 sgg.), attribuito all'anno 448/7, e nel decreto di Clearco (D 14, par. 9), la cui data non è del tutto certa[8]. Dal momento che, in base a D 7, venivano mandati due incaricati per ogni coppia di distretti, ossia un paio a Ion. e Nes., un altro a Ell. e Tr., sembra che i distretti fossero già noti come individuali ancor prima di questa classificazione[9]. Riporto qui una tabella dove sono elencate le varie città, così come appaiono, — costantemente ordinate in cinque colonne — nelle liste dei

---

[7] Come ha constatato per primo il NESSELHAUF, *Untersuchungen z. Gesch. d. del- att. Symmachie*, 1933. pp. 36 sgg. Designerò d'ora in poi i distretti con le abbreviazioni: Ion. Ell. Tr. Car. Nes. A quanto risulta, nelle liste 7 (448/7) e 8 (447/6) Tr. e Car. sono preponderanti nella prima metà, Ell. e Nes. nella seconda metà. Se questi dati fossero esatti, si tratterebbe soltanto dell'ordine meramente casuale secondo cui i tributi venivano versati. In parte la distribuzione delle entrate potrebbe essere causata dal tardivo pagamento delle città designate da *ATL*. (v. nota 8), come « gruppo sudorientale » (III, 35 sgg.; 49 sgg.).

[8] Cfr. TOD, *JHS*. 69, 1949, p. 105. Le sigle D 7 etc. sono tratte da *ATL*. Vorrei osservare qui che seguo le lezioni e le ricostruzioni testuali fornite da MERRITT, WADE-GERY, MCGREGOR, *The Athenian Tribute Lists* I-IV, 1939-53 (= *ATL*.). Non credo che alcuna delle loro malcerte ricostruzioni rivesta interesse ai fini dei problemi che qui ci travagliano. Ma le loro deduzioni in sede storica, e in altre sedi, inducono spesso ad obiezioni; di taluni punti mi occuperò più avanti.

[9] Le denominazioni ufficiali non erano ancora del tutto fissate in quell'epoca. D 7 riporta: τὰς (sc. πόλεις) 'ἐπὶ Νέσον, ἐπ' 'Ιονίας, ἐφ' 'Ελλεσπόντον, ἐπὶ Θράικες; D 14: Νῆσοι, 'Ιονία, 'Ελλήσποντος, τὰ ἐπὶ Θράικες. In sostanza, quest'ultima serie, con :l suo uso di aggettivi e di ἐπὶ Θράικες appare identica a quella delle liste dei tributi. A partire dal 438/7 ἐπὶ Θράικες si trasforma in Θράικιος. L'ordine dei distretti corrisponde in entrambi i decreti a quello delle liste dei tributi posteriori al 429/8 e alla lista di tassazione del 425/4. Lascio che gli specialisti di epigrafia decidano se questi fatti siano tali da poterci fornire qualche elemento circa le date dei due decreti.

II. GLI ELLENOTAMI DELL'ANNO 443/42

tributi; e ciò per mostrare in qual modo il principio geografico si prospettasse nei tre anni precedenti al 443/2 [10].

Lista 9 (446/5)		Lista 10 (445/4)		Lista 11 (444/3)	
I 2-17	16 Ion.	I 2-15	14 m. (Ion.)	I 2-16	15 m. (5? +
18-28	11 Ell.	16	1 Ion.		10? Ion.)
29-34	6 m. (Ell.)	17-33	17 Ell.	17-29	13 Ion.
		II 2	1 Ell.	30-33	4 Ell.
II 2-34	33 Tr.			34	1 m. (Ell.)
		3-8	6 Tr.	II 2-16	15 Ell.
III 2-10	9 Tr.	9-13	5 m. (Tr.)	17-18	2 m. (Tr.)
11-25	15 Car.	14-33	20 Tr.	19-26	8 Tr.
26	1 m. (Car.)	III 2-7	6 Tr.	27-28	2 Ion.
27-28	2 Car.			29-32	4 Ell.
29-32	4 m. (Car.)	8-10	3 m. (Tr.)	33-34	2 Tr.
33-34	2 Car.	11-19	9 m. (Car.)	III 2-17	16 Tr.
		20-33	14 Car.	18-23	6 Car.
IV 2-23	22 m. (20?	IV 2-13	12 m. (Car.)	24-33	10 Tr.
	Car. +	14	1 Car.	34	1 Ell.
	2? Nes.)	15-18	4 Nes.		
24-25	2 Nes.	19-23	5 m. (Nes.)	IV 2-17	16 m. (princi-
26-34	9 m. (Nes.)	24-31	8 Nes.		palmente Car.)
V 2-6	5 m. (Nes.)	32-33	2 Ell.	18-20	3 Car.
7	1 Ion.			21-23	3 m. (Car.)
8	1 Car.	V 2-5	4 Ell.	24-34	11 Car.
9	1 m. (? Car.)	6-15	10 m.(?)		
10-14	5 Car.	16-17	2 Ion.	V 2	1 Nes.
15	1 Ion.	18-31	14 Car.	3-5	3 m. (Nes.)
16-18	3 Ell.				
19	1 Nes.			6-17	12 Car.
20-21	2 Ell.			18-22	5 m. (Nes.)
22	1 Nes.			23-32	10 Nes.
23-24	2 Ell.				
25	1 Ion.				

Dalla tabella risulta che le liste 9 e 10 si fondano sul principio dei cinque distretti; e, inoltre, che esse si attengono alla classificazione ufficiale usata nelle liste 12 (443/2) e seguenti fino alla lista 16 (439/8). La lista 16 è l'ultima che presenti cinque soprascritte; l'ordine delle successive quattro liste viene mantenuto fino alla 21 (433/2). Le liste 9 e 10 hanno entrambe un'appendice, in cui sono registrati i ritardatari. La lista 9 (V 7-25)

---

[10] m. = mancante. In questi casi, là dove è possibile, viene riportato il nome del distretto tra parentesi; esso è noto nella maggior parte dei casi.

contiene diciannove nomi di Ion. Ell. Car. Nes. senza il pur minimo tentativo di introdurre un qualsiasi ordine; la lista 10 (IV 32 - V 31) contiene 32 nomi: 22 di Ion. Ell. Car. e dieci nomi che non è possibile localizzare; forse si può scorgere qui il tentativo di nominare insieme le città di ogni distretto, anche se ciò non avviene nell'ordine ufficiale. La lista 11 fornisce un quadro tutt'affatto diverso. In realtà l'ordine fondamentale risulta mantenuto [11], ma subisce delle forti variazioni per il terzo, quarto e quinto distretto, e forse anche all'inizio della lista; d'altra parte manca un'appendice. Un considerevole numero di nomi è distribuito tra i gruppi regionali; tuttavia anche qui ciò non avviene in maniera meramente arbitraria, bensì in virtù di una certa tendenza, non del tutto realizzata, a seguire l'ordine ufficiale.

Nesselhauf (*op. cit.*, p. 38) ha cercato di spiegare questa innovazione classificatoria mediante un confronto con l'ordine singolare delle liste 7 e 8. Nella lista 7 troviamo un'analoga appendice (IV 3-39, sotto la soprascritta ricostruita e significativa $\mu[\epsilon\tau\grave{\alpha}\ \Delta\iota\text{o}\nu\acute{\upsilon}\sigma\iota\alpha]$), la quale risulta distribuita in gruppi di uno, due o tre nomi tra gli altri nomi della lista 8; quest'ultima si attiene per il resto abbastanza fedelmente al modello offerto dalla lista 7 [12]. Comunque si voglia interpretare l'operato dello scalpellino nella lista 8, non si può spiegare in base ad esso la confusione della lista 11. Nella lista 8 non esisteva alcun ordine organico tale da poter essere alterato dall'inserzione di una serie di nuovi nomi; ne risultò mutato soltanto l'ordine casuale della lista 7; in sostanza nella lista 8 non vige il medesimo principio che informa le liste 9-11. Lo scalpellino della lista 11 non ricopiava da un'altra lista, e le appendici delle liste 9 e 10 non trovarono un riflesso nell'ordine della lista 11 [13]. D'altro canto, la maggior parte dei nomi inseriti nella lista 11 trovarono i loro corrispondenti nell'àmbito dei gruppi regionali delle liste 9 e 10 [14].

---

[11] Ma forse non in maniera così ampia, come io ho supposto, poiché le lacune sono sempre state colmate in base all'ordine geografico.

[12] Cfr. *ATL*. I 176, III 39 sgg. Questi autori pensano di conoscere il procedimento mediante cui operò lo scalpellino; ma, nonostante ciò, non sono sempre del tutto coerenti. Per $\mu[\epsilon\tau\grave{\alpha}\ \Delta\iota\text{o}\nu\acute{\upsilon}\sigma\iota\alpha]$ cfr. *ATL*. III 14; 37.

[13] Se si eccettuano due casuali corrispondenze: 11 II 29 = 9 V 16 e 11 III 18 = 10 V 29.

[14] 11 II 28 = 9 I 17; 11 II 30-32 = 10 I 27, 24, 23; 11 III 18-23 = 9 III 11-16; 11 III 22 = 10 III 34; 11 III 34 = 9 I 26, 10 I 28. 11 V 6-17 (tutto completato) deriva principalmente dalla lista 12.

Non è più possibile ricostruire nei particolari in qual modo lo scalpellino o piuttosto lo scrivano, da cui il primo copiava, sia pervenuto ad una classificazione del genere; sembra tuttavia evidente che costui abbia cercato di conciliare in certo qual modo il principio cui per incarico doveva conformarsi con la successione secondo cui i nomi man mano pervenivano. Se si osserva la lista 11 e, per avventura, si cercasse di farne il fondamento di un nuovo piano degli itinerarî percorsi dagli incaricati, se ne avrebbe unicamente l'impressione che la classificazione geografica risulta completamente soppressa. In ciò sta dunque una delle principali ragioni del nuovo ordinamento introdotto per la prima volta nella lista 12. L'introduzione delle cinque soprascritte costrinse lo scrivano incaricato *ad hoc* a concludere definitivamente il suo lavoro soltanto dopo che fosse giunto in possesso della lista al completo, compresi tutti i ritardatarî. È questa l'innovazione radicale nella struttura delle liste dei tributi; evidentemente questo dato è stato finora trascurato perché non ci si era fatti un chiaro concetto dell'ampiezza di divario tra la classificazione della lista 11 e quella delle liste 9 e 10. È probabile che il nuovo ordinamento comportasse una notevole mole di fatica scrittoria, anche se questo fatto di per sé non appaia tale da poter assorbire totalmente per due anni uno scrivano straordinario.

Il nuovo ordinamento burocratico, del quale abbiamo cercato di tracciare un quadro sommario e limitato, forse si rifletté anche nell'ortografia dei nomi contenuti nelle liste [15]. Per quanto ci è dato rilevare, la grafia di almeno diciannove città delle liste 12 e 13 risulta identica, laddove nella maggior parte degli anni, se non proprio in tutti, — almeno per il periodo precedente —, troviamo una forma diversa. Si può dunque concludere, in base a queste testimonianze certamente casuali e limitate, che in quell'epoca si tendeva ad una grafia perfezionata. D'altra parte analoghi esempi di mutamenti ortografici si hanno anche nelle liste di altri anni [16]. Oltre alla grafia mutò anche la designazione

---

[15] Meritt nei suoi *Studies in the Athenian Tribute Lists* (Diss., Princeton, 1926) ha studiato la grafia delle diverse liste e mostrato come in generale i mutamenti coincidano con l'inizio di un nuovo periodo di tassazione.

[16] Le 19 o 20 città sono: Abdera, Azeia, Hairai, Halikarnassos, Arkesseia, Bargylia, Boutheia, Dion (Tr. e Nes.), Thermai, Lamponeia, Lepsimandos, Maroneia, Naxia, Neapolis presso Antisara (non ricorre nel 442/1), Polichne, Potidaia, Rhenaia, Serme. Nel caso di Haison e di Kedriai la grafia muta nell'anno 443/2, ma ritorna a quella antica nel 442/1; nel caso di Harpagon e di Myrina (Ion.) si ebbe un mutamento già nel 444/3, mentre per Neapolis (colonia di Mende) la grafia mutò negli anni 445/4 e 442/1.

dei varii popoli o città, cosicché si dà il caso che due località omonime non riescano più distinguibili. Perciò la nostra ammirazione nei confronti della riforma burocratica di Satiro risulta alquanto sminuita; comunque è evidente che non è lecito sopravvalutare l'importanza della grafia, sia che questa abbia subìto un mutamento nell'anno 433/2, sia che non l'abbia subìto.

Un nuovo ordinamento, che meriti questo nome, non può essersi limitato ad un'operazione burocratica di ortografia, ma dovette altresì occuparsi soprattutto del materiale, ossia dei tributi stessi. A questo proposito citeremo tosto un esempio specifico: le liste 12 e 13 ci sono conservate quasi per intero, o, comunque, sono state ricostruite con certezza; di qui il fatto che l'espressione « manca nella lista completa » (« absent from full panel ») ricorra in questi anni tanto spesso nel « registro » di ATL. I. Le città in questione non hanno pagato alcun tributo negli anni 443/2 e 442/1; ciò ci fa presente che ogni anno un considerevole numero di città, che facevano parte un tempo dell'impero attico, non pagava nulla. Ci imbatteremmo anche più spesso nell'espressione suddetta, qualora ci fossero conservate parecchie « liste complete ». Tuttavia è lecito trarre alcune conclusioni anche in merito alle liste 12 e immediatamente successive. La tabella seguente contiene il numero delle città mancanti, compresevi (tra parentesi quadre) quelle di cui si può supporre mancassero, anche se non possediamo una « lista completa » che ce lo confermi.

Lista	Ion.	Ell.	Tr.	Car.	Nes.
12 (443/2)	3 (4)	34	41	[52]	11
13 (442/1)	4	28	[39]	52	11
14 (441/0)	1 ([4])	[25]	[38?]	52	11
15 (440/39)	4	[25]	[38]	52	[11]

Ion: Mi sembra che il dichiarare Maiandros « absent from full panel » per le liste 13-15, come avviene in *ATL.*, costituisca un errore. Non possediamo alcuna serie completa di Ion. nella lista 14, ed io ritengo si tratti effettivamente delle liste 12, 13 e 15 come nel caso di Karene, Larisa e Teichiusa presso Mileto. Se la mia ipotesi è giusta, le cifre riportate tra parentesi rotonde sono esatte.

II. GLI ELLENOTAMI DELL'ANNO 443/42

Ell.: Cinque città che mancano nella lista 12 compaiono nella lista 13: Azeia, Kios, Neandreia, Neapolis, Priapos. Astakos manca nella lista 13 per fondazione di colonia. Nella lista 14 ricompaiono Zelaia, Paisos e Skapsos; Priapos anche nella lista 15, e così Paisos.

Tr.: Abdera e Dikaia appaiono nella lista 13; Dikaia e Thasos nella lista 15.

Car.: Tutte le città che mancano nelle liste complete 13-15, mancano altresì nella lista 12; e dopo scompaiono tutte almeno per una considerevole serie di anni.

Se poniamo a confronto con queste città mancanti quelle che per la prima volta compaiono nel 443/2, notiamo un significativo contrasto. Infatti le città nuove sono soltanto due: Arisbe (Ell.), che è registrata nelle liste 12, 13 e 14 per un tributo di due talenti; e Marathesion (Ion.), che compare nella lista 13 e quasi certamente anche nella 12 [17] per un tributo di mezzo talento.

Degli Stati mancanti soltanto un esiguo numero ricorre in una, o più, delle liste 7-11, come dimostra la seguente tabella:

Lista	Ell.	Tr.	Car.
7	6	5	12
8	6	6	12
9	7	3	6
10	7	2	5
11	3	1	2

Questi dati soltanto rivestono importanza ai fini della nostra tesi; tutti i rimanenti si possono trascurare, poiché, o risultano privi d'importanza rispetto all'argomentazione che qui ci proponiamo, oppure la loro portata non ci è nota. Le cifre della tabella sopra riportata comprendono città, la cui mancanza nelle liste 12 e 13 e il cui parziale, ma progressivo, venir meno nelle liste 7-11 confermano il persistere di una crisi iniziatasi già nel 449/8, allorché, dopo la conclusione della pace con la Persia, per un anno

---

[17] Cfr. ATL. III 306 sgg.

non si registrano quote di tributi in favore di Atene [18]. Le cifre della tabella indicano che un gran numero di città si distaccò progressivamente o continuò a pagare soltanto con riluttanza [19]; molte di queste città erano situate nella Caria, ma un numero piuttosto considerevole in Ell. e Tr.: la maggior parte nell'interno di questi distretti. Se l'impero ateniese non correva proprio il pericolo di dissolversi, tuttavia rischiava di perdere territorî periferici lontani. Atene doveva aspettarsi per il futuro la perdita di queste città; tuttavia in un primo tempo furono intrapresi dei tentativi per arginare la defezione dalla metropoli. L'azione di arginamento consistette, in parte, nel distaccare colonie e cleruchie, in parte, nella diminuzione dei tributi, non limitata soltanto a quelle città che avevano dovuto cedere delle terre in favore di coloni ateniesi e perciò non erano più economicamente in grado di versare i tributi di un tempo.

Il maggior numero di decurtamenti si trova nella lista 9 dell'anno 446/5, in cui si ebbe la prima ripartizione dei tributi dopo la pace di Callia. Se i miei calcoli non sono errati, 21 furono le città cui sicuramente fu concesso nel 446/4 (lista 9) un considerevole decurtamento dei tributi. Quindici città (compresa la συντέλεια eritrea, figurante sotto un solo numero) mancano nelle liste 9 - 11, ma compaiono nelle liste 8 e 12; la riduzione che in questi casi avvenne tra il 447/6 (lista 8) e il 443/2 (lista 12)

---

[18] Seguo *ATL*. (cfr. Wade-Gery, *Hesperia* XIV, 1945, pp. 216 sgg.) nell'avanzare l'ipotesi che fosse il 449/8 l'anno privo di lista dei tributi. Ma Accame (*Rfil*. 80, 1952, pp. 233 sgg.) e Sealey (*Historia* III, 1955, pp. 325 sgg.) avanzano serie motivazioni per fissare come anno « privo di lista » il 447/6. In tal caso la lista 7 apparterrebbe al 449/8 e la lista 8 al 448/7, e la crisi che portò ai mutamenti del 446/5 (vedi più avanti) sarebbe così stata più breve, ma tanto più acuta. Le mie argomentazioni generali, che concernono principalmente l'anno 443/2, non risultano sostanzialmente scalfite dalla questione ora citata. Qualunque possa essere la soluzione prospettata dagli specialisti in epigrafia, certo è che in nessun anno vi è stata una comunicazione ufficiale ai confederati, secondo cui costoro non sarebbero stati tenuti a versare alcun tributo.

[19] La maggior parte delle città che mancano nel 443/2 e compaiono nel 442/1 rivestono dal punto di vista finanziario una importanza assai scarsa. L'unica eccezione è costituita da Abdera con 15 talenti. Gomme, *Hist. Comm.* I, pp. 276 sgg., fornisce una diversa spiegazione della occasionale mancanza di talune città nelle liste; egli ritiene che le città in questione avessero pagato la loro parte direttamente a qualche stratego o a qualche altro incaricato ateniese, che si trovasse a passare nelle vicinanze. Ma anche se ciò fosse stato possibile, gli incaricati, dopo, non avrebbero forse dovuto versare un sessantesimo ad Atena?

11. GLI ELLENOTAMI DELL'ANNO 443/42

può essere ascritta con ogni probabilità all'anno 446/5; mentre un paio di decurtamenti possono avere avuto luogo nel 443/2. Per ciò che concerne la nostra indagine in merito all'importanza dell'anno 443/2, restano da considerare dunque, in primo luogo, le città cui allora fu concesso un effettivo decurtamento dei tributi (A), in secondo luogo, quelle che tornarono al livello tributario di un tempo (B), e finalmente le città i cui tributi o aumentarono o diminuirono: dove l'anno 443/2 ebbe una parte di primo piano (C) Nell'elenco seguente non sono riportati gli anni per i quali ignoriamo l'ammontare del tributo:

A. 1. Mykonos (Nes.): fino al 445/4: 1 1/2 tal.; 443/2 sgg.: 1 tal.

2. Chersonesos ἀπ' Ἀγορᾶς (Ell.): fino al 451/0 : 18 tal.; 450/49: 13 tal. 4840 dr.; 443/2 sgg.: 1 tal.

B. 1. Abydos (Ell.): 450/49: 4 tal.; 445/4: 4 tal. 315 dr.; 443/2: [?] tal. 1345 dr.; 442/1 sgg.: 4 tal.

2. Athenai Diades (Nes.): fino al 447/6: 2000 dr.; 445/4 - 444/3: 4000 dr.; 443/2 sgg.: 2000 dr.

3. Kos (Car.): 451/0-450/49: 5 tal.; 448/7: 3 tal. 3360 dr.; 447/6: 3 tal. 5520 dr. + [?]; 443/2 sgg.: 5 tal.

4. Lampsakos (Ell.): fino al 450/49: 12 tal.; 448/7: 5200 dr.; 447/6 : 3600 dr. + [?]; 443/2 sgg.: 12 tal.

C. 1. Galepsos (Tr.): fino al 448/7: 1 1/2 tal.; 447/6: 1 tal. 1200 dr.; 446/5: 1 1/2 tal.; 443/2 sgg.: 1/2 tal.

2. Mende (Tr.): fino al 451/0: 8 tal.; 448/7-447/6: 15 tal.; 444/3: 5 tal.; 443/2: 9 tal.; 441/0-440/39: 5 tal.; 438/7 sgg.: 8 tal.

3. Tenedos (Ell.) 452/1 e 450/49: 4 1/2 tal.; 447/6: 4 tal. 840 dr.; 445/4-444/3: 4 1/2 tal.; 443/2 sgg.: 2 tal. 5280 dr.

4. Phokaia (Ion.): fino al 447/6: 3 tal.; 446/5-444/3: 1 tal. 5250 dr.; 443/2 sgg.: 2 tal.

Ci discosteremmo troppo dal nostro tema particolare, se cercassimo di individuare i motivi che hanno determinato in ognuno dei singoli casi citati i diversi mutamenti. Qui ci accontenteremo di notare che nell'anno 443/2 (1) in alcuni casi si ebbe una sostanziale diminuzione del tributo (A, C 1,3); (2) in alcuni casi furono eliminate delle irregolarità e ripristinati i normali pagamenti (B); (3) mentre talora si cercò di trovare un tributo « medio »

(C 2; 4). Ad eccezione del caso particolare A 2, che si spiega con il trapasso da una συντέλεια ad una città unica [20], i mutamenti si mantengono nell'àmbito di limiti assai modesti; sopra tutto sembra che il numero dei mutamenti sia stato esiguo, assai più scarso che nel 446/5.

I mutamenti tributarî intervenuti nell'anno 443/2 non sembrano tali da giustificare né l'assunzione di un apposito incaricato, né la necessità di una tassazione anticipata. Tuttavia tale tassazione, nonché i còmpiti già menzionati che essa comportava, possono avere costituito un motivo determinante per l'assunzione di un incaricato aggiunto, di uno ξυγγραμματεύς. Ammetto che si tratta in sostanza di una supposizione; la quale tuttavia trova un certo sostegno nell'unica tassazione, — cioè quella del 425/4 (A 9) —, di cui possediamo il decreto istitutivo. In esso si legge (riga 7 sgg.): [κυαμεῦσαι δὲ ἐ]σαγωγέα[ς τριάκοντα ·τούτ]ος δὲ [hελέσθαι καὶ γραμμα]τέα καὶ χσυ[γγραμμα]τέα ἐχς ἁπάντ]ων. La tassazione del 425 portò radicali mutamenti, soprattutto un aumento generale considerevole dei tributi. C'era da attendersi parecchia resistenza da parte delle città confederate, cosicché era naturale che si istituisse un collegio più numeroso, il quale concertasse le decisioni giuridiche; questo compito spettava soprattutto ai trenta εἰσαγωγεῖς. Nulla di simile ci si poteva attendere nel 443/2. Sarebbe senz'altro errato trarre dalla tassazione del 425 deduzioni di ordine generale e considerare l'intricata organizzazione di essa come tipica di tutte le altre ripartizioni dei tributi. D'altra parte, il decreto mostra di seguire la tradizione delle tassazioni precedenti; e comunque è significativo il fatto che gli εἰσαγωγεῖς del 425 e gli Ellenotami del 443 e 442 fossero, per quanto ci è dato sapere, gli unici collegi pubblici ateniesi che avessero ciascuno un secondo scrivano, cioè uno ξυγγραμματεύς. Naturalmente può trattarsi di un mero caso; ma può anche essere che questa carica aggiunta fosse destinata specificamente agli affari concernenti l'impero ateniese. Nell'anno 425 si trattava sostanzialmente di raggiungere un aumento dei tributi; perciò era necessario il grande apparato di εἰσαγωγεῖς, Nomoteti e di un tribunale speciale, che stabilissero, d'accordo con il Consiglio,

---

[20] Cfr. i miei *Aspects of the Ancient World*, 1946, p. 125, nota 1; ATL. I, p. 564; III, 45 sgg.; (la pagina 59 è errata).

II. GLI ELLENOTAMI DELL'ANNO 443/42

le tassazioni definitive [21]. La tassazione per quell'anno era stata fissata originariamente da un collegio di decemviri, *hoì τάχσουσι* (riga 8). Si tratta dei *τάκται*, che nelle nostre liste compaiono per la prima volta nel 430/29, ma la cui attività deve risalire per lo meno al 434/3 [22]. È opinione generale che i *τάκται* fossero sempre stati i responsabili delle tassazioni; ma di ciò non abbiamo alcuna prova, mentre, come è noto, la tassazione primitiva, e certamente più difficile, (che tuttavia incontrò una maggiore adesione di qualsiasi altra successiva) fu opera di un solo uomo, ossia di Aristide, non di una commissione o di un organo pubblico. È probabile che l'organo speciale dei *τάκται* fosse stato introdotto [23] assai più tardi, mentre il lavoro fu compiuto fino a quel momento da altri. Nessuno più degli Ellenotami sarebbe stato adatto a questo còmpito: costoro rappresentavano nei primi tempi l'unico collegio ufficiale della confederazione ed erano in possesso del materiale relativo alle precedenti tassazioni e ai pagamenti effettuati fino allora. Può essere indicativo il fatto che gli Ellenotami non vengano affatto menzionati nel decreto del 425. Poiché essi nel 443 svolgevano senza dubbio un compito particolare ed importante, è del tutto naturale che si attribuisca a loro una parte del lavoro svolto più tardi da altri organi. Sarei perciò propenso a supporre che gli Ellenotami dell'anno 443/2 fossero assorbiti principalmente dalla elaborazione della nuova tassazione. Poiché, inoltre, dovettero procedere ad una riorganizzazione dei cinque distretti, risale probabilmente a loro anche la responsabilità di aver tracciato l'itinerario che sarebbe stato percorso dagli araldi e da altri legati. Itinerarî di questo genere erano già stati elaborati in passato [24], e naturalmente si era formata in materia tutta una tradizione. Ho citato due decreti (D 7, D 14) nei quali ricorrono gli originarî quattro distretti; dopoché Car. fu diviso da Ion., gli

---

[21] Il tribunale speciale esisteva già nel 430/29 e nel 429/8. Dopo il decreto di Clinia del 447 l'opera svolta poi dal tribunale era affidata ai Pritani e al Consiglio (D 7, 31 sgg.).

[22] Vedi ATL. III 83 sgg.

[23] Condivido l'opinione espressa da *ATL*. (contro il Gomme), secondo cui i *τάκται* erano in carica soltanto durante ciascun periodo nel quale avveniva la tassazione.

[24] Analoga cosa avvenne, sia pure in misura ampliata, allorché Pericle invitò tutti i Greci al famoso congresso, che non ebbe mai luogo (Plut. 17, 2); nonché quando questi auspicò la partecipazione generale alla fondazione di una nuova Sibari (cfr. *AJP*. 69, 1948, pp. 153 sgg.).

itinerari subirono una revisione in base alla ripartizione in cinque distretti. Qualcosa di simile poté avvenire quando, in virtù della introduzione di distretti ben definiti, tutte le dispisizioni si fecero più precise e definitive.

Dobbiamo risolvere ancora un altro quesito: perché la tassazione ebbe luogo un anno prima della tradizionale annata panatenaica? *ATL*. III 306 ritengono che Pericle abbia anticipato la ripartizione dei tributi per fare delle Panatenee del 442 « una dimostrazione della gloria di Atene come centro focale del mondo civile ». Ciò appare parecchio enfatico. In effetti Pericle introdusse allora, in occasione di queste feste, nuove gare artistiche e provvide ad organizzarle egli stesso in qualità di ἀθλοθέτης (Plut. 13, 11). Plutarco parla del compimento dell'Odeion come di un avvenimento contemporaneo a quelle feste; talché è probabile che il nuovo edificio fosse inaugurato appunto da questo nuovo genere di gare [25]. Normalmente le operazioni di tassazione venivano fissate in modo tale che i delegati delle città potessero prendere parte alle Panatenee; e in *ATL*. si cerca di dimostrare come Pericle invece non intendesse mescolare questioni amministrative a queste particolari Panatenee. Ma i fatti, così come stanno, possono anche non suffragare una tesi siffatta. Le città, dopo aver inviato nel 443 i loro delegati per discutere la ripartizione dei tributi, non si saranno certo sentite molto lusingate di inviarli nuovamente l'anno dopo al solo scopo di partecipare ad una festa indetta *ad maiorem Athenarum gloriam*. Le ambascerie erano piuttosto dispendiose e le città dovevano inviare già in primavera i loro incaricati per versare i tributi; tuttavia avveniva spesso che più d'uno arrivasse troppo tardi per assistere alle Dionisie, le quali, in fondo, dovevano essere per costoro più interessanti delle Panatenee. Pertanto è necessario reperire un motivo più

---

[25] La constatazione di Plutarco, secondo cui si tratterebbe in questo caso del primo agone artistico celebrato durante le Panatenee, sembra imprecisa. Ne esistettero già prima (Scolii ad Aristofane, *Nuvole*, v. 971), e Frinide, che vinse un premio come citaredo, viene citato come il primo vincitore della specialità per l'anno 456/5. Le raffigurazioni vascolari non sembrano attestare alcunché di definitivo, ma sembrano piuttosto parlare in favore dell'esistenza più antica di gare artistiche del genere; cfr., nonostante abbia una sua propria opinione divergente in materia, WADE-GERY, *The Poet of the Iliad*, 1952, p. 77, nota 77. Questi non cita affatto lo scolio ad Aristofane (cfr. anche ED. MEYER, *GdA*. IV, p. 90, nota). L'Odeion fu compiuto secondo JUDEICH, *Topografie v. Athen*², p. 306, attorno al 442, ma la data esatta dell'avvenimento non ci è nota.

sostanziale e convincente, che giustifichi l'anticipazione di un anno subìta dalla ripartizione dei tributi.

Siffatto fondato motivo dovrebbe emergere dalla particolare importanza dell'anno in questione, sulla quale del resto si basa altresì l'interpretazione non soddisfacente avanzata da *ATL*. Pericle era riuscito a mettere definitivamente il bavaglio all'opposizione oligarchica, divenuta il portavoce delle lagnanze dei confederati. In una situazione di questo genere non era forse cosa del tutto naturale che si togliessero di mezzo alcune delle cause dei malumori e ci si assicurasse in tal modo, — dal momento che non si poteva più oltre ricorrere a concessioni, in quanto erano segno di debolezza —, il tributo di città che per l'innanzi si erano rifiutate di pagarlo? Era giusto che si agisse così e che al contempo si palesasse pubblicamente questa politica, anche se, in sostanza, si trattava semplicemente della tradizionale politica condotta da Atene.

Questa interpretazione trova una tal quale conferma nelle liste dei tributi. La tabella seguente contiene, classificato secondo i distretti, il numero massimo di città che negli anni 448/7-440/39 (liste 7-15) versarono di volta in volta i loro tributi, nonché il totale delle città contribuenti ogni anno, comprese quelle che non si possono ascrivere ad alcuno dei cinque distretti. Le liste che ci interessano particolarmente appaiono dunque accompa-

		Ion.	Ell.	Tr.	Car.	Nes.	?	Som.
7 (448/7)	a	19	20	38	44	20	6	147
7 (448/7) (con pagamenti tardivi)	b	20	26	42	45	21	17	170
8 (447/6)	a	19	35	45	52	24	35	211
8 (447/6) (senza pagamenti tardivi e aggiuntivi)	b	19	25	39	50	20	18	171
9 (446/5)		19	24	42	51 (?)	20 (?)	—	156
10 (445/4)		17	24	40	50	17	10	158
11 (444/3)		25	25	38	35	19	21	163
12 (443/2)		31	26	40	45	23	—	165
13 (442/1)		31	31	41	47	23	—	173
14 (441/0)		28	33	40	42	21	—	164
15 (440/39)		28	32	43	46	23	—	172

gnate dalle corrispondenti cifre degli anni precedenti e successivi. In *ATL*. III pp. 39 sgg. si dimostra acutamente e, in sostanza, in modo convincente che l'appendice alla lista 8 contiene tanto pagamenti tardivi per l'anno 448/7, quanto diverse somme aggiuntive per il 447/6. Tutti questi importi sono indicati con le cifre allineate al capoverso *b* delle liste 7 e 8, cosicché queste (e non le cifre allineate al capoverso *a*) dovrebbero essere le cifre esatte per i due anni in questione [26].

Durante tutto questo periodo non si verificarono sviluppi clamorosi nel numero degli Stati-membri; d'altra parte, i mutamenti relativamente scarsi intervenuti non sono privi d'importanza [27]. L'appendice della lista 8 con i suoi numerosi pagamenti posticipati e aggiuntivi, ossia con il suo elenco dei ritardatari, attesta il primo tentativo inteso a conseguire un superamento della crisi del 448 e ad arginare la defezione delle città contribuenti. L'aumento fu, a quanto pare, dovuto sostanzialmente agli effetti del decreto di Clinia, in base al quale legati venivano inviati nei quattro distretti al fine di esigere ed incamerare saldi di ogni genere (D 7, 22 sgg.). Dopo quell'anno la cifra totale si ridusse improvvisamente (lista 9), ma si presero le misure del caso e le cifre ripresero ad aumentare lentamente. Un chiaro progresso fu registrato nel 442/1 rispetto al 443/2; il che potrebbe intendersi come un risultato della riorganizzazione avvenuta in quest'ultimo anno. La nuova ripartizione dei tributi, effettuata dagli Ellenotami del 443/2 o, comunque, durante il loro mandato, probabilmente fu pronta ad anno assai più inoltrato del solito [28]; e sarei propenso a supporre che l'effetto di essa sul pagamento dei tributi non si esplicasse pienamente prima del 442/1. Certo si deve ammettere che il regresso verificatosi nell'anno 441/0 confonde alquanto i tratti di questo schema; probabilmente tale regresso avvenne in concomitanza con le rivolte di Samo e di Bisanzio; nell'anno successivo il totale del 442/1 era di nuovo pressoché raggiunto.

Non tutte le conclusioni di cui sopra hanno la medesima portata, ma in complesso dovrebbero attestare sufficientemente

---

[26] Per quanto concerne la datazione delle liste 7 8 cfr. sopra, pag. 174, nota 18.
[27] Cfr. SCHAEFFER, *Hermes* 74, 1939, pp. 259 sgg.; anche ACCAME *Rfit*. 80, 1952, pp. 117 sgg. circa analoghe oscillazioni durante gli anni 454-51.
[28] Va dunque ricercata in ciò la causa determinante del reincarico conferito a Satiro?

che gli Ellenotami dell'anno 443/2 effettuarono una riorganizzazione di notevole importanza e coronata da successo. Non abbiamo elementi per asserire che organi pubblici di altro genere dividessero con costoro la responsabilità di essa [29]; d'altra parte, non oserei affermare di avere tracciato un quadro completo anche di tutte le altre possibili funzioni degli Ellenotami. In particolare, gli Ellenotami possono aver avuto una parte più rilevante di quanto generalmente si ritenga nella discussa faccenda della riserva aurea di Pericle. Come attestano i decreti di Callia (D 1-2), gli Ellenotami amministravano nel 434/3 anche altre entrate oltre i tributi, sebbene ancor esse, come ad esempio le decime menzionate nell'iscrizione, fossero di provenienza confederale [30]. È senz'altro possibile che la ricostruzione di Kolbe sia giusta [31], — anche se le sue argomentazioni si sono dimostrate nel frattempo parzialmente inficiate da errore; — infatti secondo Kolbe «la nuova regolamentazione della politica finanziaria fu avviata nell'anno 444 o all'inizio del 443». Possiamo quindi aggiungere che gli Ellenotami dell'anno 443/2 parteciparono in maniera decisiva alla realizzazione della riforma stessa. In base a Plutarco (14, 1) appare plausibile che l'epoca in cui Pericle fu accusato dai suoi avversari di sperperare le entrare dello Stato [32] vada situata negli ultimi stadî della lotta che precedette la messa al bando di Tucidide. È cosa senz'altro naturale supporre che Pericle, dopo l'ingente attività edilizia sviluppata negli anni precedenti, ossia dopo che le riserve monetarie si erano rapidamente volatilizzate ed erano imminenti nuove spese per costruzioni e statue, creasse una nuova riserva aurea, che al tempo dei decreti di Callia raggiungeva la somma di 3000 talenti. Ma a questo proposito ci troviamo su un terreno estremamente malfermo. La problematica è ancora pie-

---

[29] Il compito degli ἐπίσκοποι (D 7, 7; cfr. D 10, 13) non appare chiaro, ma certamente essi erano dislocati nelle città confederate.

[30] Cfr. ATL. III, pp. 326 sgg.; p. 334.

[31] KOLBE, *Thukydides im Lichte der Urkunden*, pp. 89 sgg.

[32] MEIGGS ha richiamato la mia attenzione sul fatto che questa motivazione divergeva dalla accusa primitiva e che, secondo Plutarco (il quale tuttavia è fonte scarsamente attendibile in merito alle questioni cronologiche), fu avanzata più tardi dell'accusa citata, la quale era rivolta contro l'immoralità insista nel fatto che Pericle usasse il denaro dei confederati, raccolto esclusivamente per la guerra, al fine di abbellire Atene (Plutarco 12, 1 sgg.).

namente aperta [33] e le indagini specifiche che essa richiederebbe ci porterebbero al di là dei limiti tematici del presente studio. Ritengo sufficiente l'aver chiarito che la nuova regolamentazione introdotta dagli Ellenotami del 443/2 anche se non fu propriamente rivoluzionaria, rivestì tuttavia un'importanza notevole. Essa richiedette una accurata elaborazione da parte degli organi dirigenti, ma in sede politica non divergette minimamente dagli usuali principî che informavano l'amministrazione dell'impero ateniese.

III. *Sofocle a capo degli Ellenotami.*

Lasciamo ora da parte tutte le questioni troppo tecnico-epigrafiche, che, almeno in parte, ci hanno portato alquanto lontano dal tema che ci siamo proposti e sono tali da parere quasi superflue, e volgiamoci a dirimere la questione del perché Sofocle fosse stato eletto tra gli Ellenotami e per di più a presidente del loro collegio. Tale questione può essere risolta soltanto in base ad una precisa cognizione dell'attività propria di questo organo; così che riteniamo sufficientemente motivato l'aspetto piuttosto tecnico del paragrafo precedente. Anzi, se pure soltanto per un attimo, è necessario ritornare ancora una volta all'àmbito strettamente tecnico-epigrafico. Come abbiamo già osservato, la lista dei tributi per l'anno 443/2 contiene per la prima volta il nome di colui che viene definito, semplicemente ἑλλησπόντιος, ἦν, in qualità di membro di un organo composto da dieci uomini, doveva esserne stato il rappresentante più eminente: ossia, come diciamo noi, il suo presidente. Ora, osserviamo che nella lista 12 l'usuale prescritto di una riga è redatto con lettere ampiamente distanziate, come si era soliti fare per le soprascritte dal 454/3, con l'indicazione del numero dell'ἀρχή, e perciò della lista, nonché del nome del γραμματεύς. I nomi dello ξυγγραμματεύς e dell'Ellenotamo seguono semplicemente come postscritto in una riga posta alla fine della lista. I caratteri di questa riga e delle due righe che costituiscono il prescritto della lista 13 sono più piccoli di quanto non usasse solitamente nel caso delle soprascritte, e di poco maggiori di quelli con cui è redatta la lista stessa. Si ha la chiara impressione che

---

[32] Cfr. ad esempio, GOMME, *Historia* II, 1953, pp. 19 sgg.; III, 1955, pp. 333 sgg.

queste tre righe siano state in certo qual modo coartate in uno spazio angusto, forse in sèguito ad una modifica postuma, intervenuta dopo che l'intera superficie posteriore della stele, che contiene le liste 9-13, era già stata divisa in scomparti [34]. Il prescritto della lista 13 contiene i nomi di tutti e tre i pubblici ufficiali, e il presidente da questo momento viene registrato sempre; mentre i prescritti, a partire dalla lista successiva, sono redatti tutti di nuovo in caratteri grandi e distanziati.

Questi dati epigrafici stanno probabilmente ad indicare la deliberazione straordinaria, e forse improvvisa, di assumere un secondo scrivano e di citare espressamente il nome del presidente, ossia di conferire al collegio degli Ellenotami del 443/2 un còmpito particolare ed un'importanza speciale. Si può supporre con sicurezza che il lavoro toccasse in sostanza ai due γραμματεῖς; ed è probabile che gli affari correnti fossero amministrati principalmente dal γραμματεύς Sophias, mentre quelli nuovi e speciali venivano sbrigati per la massima parte da Satiro; questi rivestiva lo stesso rango di Sophias, non essendogli punto subordinato, e rimase in carica due anni di seguito: il secondo anno insieme col γραμματεύς Calcideo. D'altra parte, il maggiore prestigio acquisito dall'organo stesso trovò esplicazione nel fatto che d'ora in avanti il membro più eminente, ossia il presidente, venisse citato nelle iscrizioni.

È necessario acquisire maggiori elementi in merito agli Ellenotami in generale. Ci è nota la maggior parte degli scrivani tra il 454/3 e il 429/8; conosciamo altresì i nomi — qualche volta soltanto i demi di appartenenza — di alcuni presidenti nonché gli anni in cui esercitarono il loro mandato, e possediamo i nomi di alcuni altri membri del collegio per gli anni 432/1 e 430/29 [35]. Non è molto; tuttavia rimane notevole il fatto che di 46 Ellenotami del tempo di Pericle soltanto uno, oltre Sofocle, ci risulta essere stato nella sua carriera anche stratego. Si tratta di Demodoco di Anagyros; ma non è certa l'epoca in cui fu Ellenotamo; probabilmente dopo Sofocle (cfr. però *ATL*. I, p. 568, sotto l'anno 429/8). Della sua carica di Ellenotamo siamo informati soltanto attraverso fonti letterarie; lo stesso avviene per Licurgo il Butade, — nonno dell'omonimo oratore —, un uomo della « buona

---

[34] Cfr. *ATL*. I, figure 55, 79, 73, 23; tavole XII sgg.
[35] Vedi la lista degli Ellenotami in *ATL*. I pp. 567 sgg.; II, p. 125.

società», che al pari di suo padre fu seppellito a spese dello Stato [36]. Tutti gli altri Ellenotami sono invece degli ignoti. È lecito supporre che per un politico ambizioso il divenire Ellenotamo non rappresentasse un'aspirazione soddisfacente; si trattava però di una carica che esigeva dal candidato larghezza di mezzi economici, così che questi apparteneva per lo più ai ceti sociali più elevati [37]. Non sorprende dunque che Sofocle si dichiarasse disposto ad assumere tale carica, dal momento che desiderava evidentemente essere impegnato in qualche pubblico servizio. Ma non si trattava affatto (come già è stato detto) di una «carriera pubblica», anzi nemmeno di un appagamento di ambizioni politiche.

Meno agevole riesce il rispondere al quesito se Sofocle fosse, o no, chiaramente consapevole dei particolari còmpiti che si imponevano al collegio proprio in quell'anno; e, qualora lo fosse stato, l'individuare fino a qual punto fosse disposto a servire non soltanto lo Stato, ma altresì la politica di Pericle. Non è nota l'epoca esatta in cui avveniva l'elezione degli Ellenotami; ma è probabile e, a quanto mi risulta, opinione universalmente condivisa, che tale elezione coincidesse con la scelta degli strateghi, ossia avvenisse solitamente — stando alle nostre attuali, e per nulla certe, cognizioni in merito al secolo V — durante la settima Pritania. Così che l'elezione di Sofocle nella primavera del 443 sarebbe avvenuta dopo che il popolo (nella sesta Pritania) era stato interpellato se desiderasse o no in quell'anno un ostracismo. L'epoca esatta della messa al bando di Tucidide non ci è nota; è tuttavia opinione generale che nessun ostracismo avvenisse dopo l'ottava Pritania [38]. Non abbiamo elementi che ci permettano di decidere con sicurezza se un qualche nesso esistesse tra l'ostracismo di Tucidide e l'elezione di Sofocle a presidente degli Ellenotami; probabilmente quest'elezione avvenne quando la lotta tra Pericle e Tucidide aveva raggiunto l'acme. In ogni caso, il colle-

---

[36] Kirchner, *Prosopogr. Attica* 9249; ATL. II, p. 125.

[37] Tale appartenenza si verifica forse nel caso di uno degli Ellenotami in carica negli anni da noi considerati, ossia per Filotade da Pallene, che esercitò il mandato nel 430/29 e fu il capostipite di una famiglia assai importante (PA. 14926). Probabilmente gli Ellenotami venivano scelti soltanto fra i Pentacosiomedimni per le medesime ragioni per cui anche i tesorieri di Atena erano tratti soltanto da costoro (*Costituzione degli Ateniesi* 47, 1).

[38] Busolt-Swoboda II, pp. 885; Carcopino, *L'ostracism athénien*, pp. 66 sgg.; Hignett, *Hist. of the Ath. Constit.*, p. 165.

gio per l'anno 443/2 entrò in funzione soltanto dopo che Pericle era divenuto il capo incontestato dello Stato; e, con tutta probabilità, questi non si curò neppure di comunicare prima di tale data ai futuri membri una qualche traccia dei suoi piani per l'avvenire.

Le conclusioni che abbiamo ricavate dal precedente paragrafo di questo capitolo ci permettono di asserire con sicurezza che Pericle si attendeva dagli Ellenotami una notevole opera di riorganizzazione. Il primo impulso all'assunzione di un secondo scrivano dovette partire da Pericle stesso e probabilmente fu lui a proporre Satiro per quella carica. È ovvio che tutti i membri del collegio fossero responsabili, mentre Sofocle era soltanto *primus inter pares*; il modo in cui il presidente viene citato nelle epigrafi, sembra confermare ciò. Al presidente non spettava alcuna responsabilità personale particolare; inoltre, la sua elezione non avveniva in base a qualche sua cognizione o capacità speciale. Suo compito era quello di rappresentare il collegio; e l'intelligenza nonché la fama e posizione sociale di Sofocle erano così eminenti, la sua integrità personale talmente riconosciuta, che il poeta sembrava particolarmente adatto a rivestire questo incarico.

Nell'anno 468, ossia 25 anni prima, Sofocle, che contava allora meno di trent'anni, aveva riportato il suo primo successo di tragediografo (*Marmo Pario* 56; Plutarco, *Cimone* 8, 83). È vero che poco o nulla sappiamo della sua giovinezza e degli anni in cui creò le sue prime opere, tuttavia possiamo supporre che già in quel tempo, ancor prima della composizione delle grandi tragedie della maturità, si conquistasse la calda ammirazione, anzi l'affetto degli Ateniesi. È possibile che in quell'epoca Sofocle rivestisse altresì una qualche carica pubblica; fu certamente un uomo che partecipò attivamente alla vita della *polis*. Ma non possediamo alcuna prova che attesti avere Sofocle rivestito effettivamente una carica pubblica; mentre è altrettanto possibile che il poeta, figlio di genitori benestanti e ragguardevoli, famoso presso i suoi concittadini già mentre era ancora in vita, non ci tenesse minimamente alle cariche minori, che venivano assegnate per sorteggio. Era sulla cinquantina, quando avanzò la sua candidatura alla carica di Ellenotamo. Come uomo nel pieno vigore e insigne per i successi conseguiti, come il più eminente tragediografo che Atene avesse avuto dopo la morte di Eschilo, Sofocle poteva sperare nel successo più in virtù della sua fama di poeta e delle universali simpatie, di cui godeva, che per specifiche condizioni in materia di tecnica amministrativa. Probabilmente la sua elezione a presidente degli Ellenotami avvenne ad opera dei membri stessi del collegio, difficilmente senza il consenso di Pericle. Non abbiamo elementi per stabilire se Pericle favorisse anche la elezione di Sofocle ad Ellenotamo. Certo non l'avrebbe potuta impedire, se il popolo era favorevole; ma non esiste alcuna ragione per supporre che Pericle avesse intenzione di ostacolarla. D'altra parte, Pericle non poteva abbandonare l'elezione stessa completamente alla casualità del voto popolare, poiché proprio il collegio degli Ellenotami era destinato, nelle sue intenzioni, ad attuare i proprî piani. Probabilmente Pericle vedeva in Sofocle un uomo utile ai fini dell'auspicata riorganizzazione, appunto perché si trattava di un uomo rappresentativo; e forse vedeva nel poeta anche altro. Non si deve dimenticare che questa riorganizzazione poteva, a quanto ci è dato giudicare, urtare anche contro resistenze da parte del popolo ateniese, non soltanto da parte dei confederati. Questa circostanza può avere avuto il suo peso nell'elezione di Sofocle.

Inoltre, una cosa ancora va ricordata, che è connessa alla probabile data della prima rappresentazione dell'*Antigone*. Ho citato l'aneddoto secondo cui l'incarico di stratego conferito a Sofocle nell'anno 441/0 sarebbe stato una ricompensa per i meriti acquisiti mediante l'opera suddetta; non ho accettato il *propter hoc*, ma credo di dover assumere come valido il *post hoc*, ossia il fatto che tale rappresentazione avvenisse poco prima della nomina del poeta a stratego [39]. Si tratta naturalmente di un dato di fatto noto; tuttavia si continua tuttora a trarne deduzioni diverse. Per quanto ci è dato sapere, l'elezione degli strateghi avveniva normalmente durante la settima Pritania, cioè, di regola, nel corso del mese di Antesterione, mentre le Grandi Dionisie cadevano nel successivo mese Elafebolione. Se fosse nel vero l'opinione da molti sostenuta [40], secondo cui l'*Antigone* sarebbe stata rappresentata per la prima volta nella primavera del 441, Sofocle sarebbe stato eletto stratego prima della rappresentazione stessa, anche se naturalmente prese possesso della carica soltanto

---

[39] REINHARDT, *op. cit.*, p. 16, spera che l'aneddoto si fondi su una testimonianza veridica, ma si dimostra scettico nei confronti di un'accettazione, se non proprio del *propter hoc*, come conseguenza del *post hoc*.
[40] Così, ad esempio, nell'*Oxford Classical Dictionary*.

più tardi, nell'estate. A ciò si aggiunga che questa data risulta già « occupata », poiché, stando al *Marmo Pario* 60, sappiamo con certezza che nel 441 il primo premio fu vinto da Euripide; ci meraviglia che parecchi studiosi non abbiano preso atto di questa circostanza. La datazione più probabile dell'*Antigone* si può fissare nella primavera del 442 [41]. Il supporre una data ancora anteriore toglierebbe ogni fondamento di plausibilità al fatto che potesse comunque formarsi l'aneddoto della elezione per ricompensa. Le Dionisie dell'anno 442 rappresentano l'ultima possibile occasione prima delle elezioni del 441. Ciò ci fa supporre che Sofocle lavorasse intorno all'*Antigone* durante il proprio mandato come Ellenotamo. Forse non è lecito trarre delle conclusioni troppo ampie da siffatta coincidenza; ma è per lo meno estremamente probabile che Sofocle tenesse, per così dire, in cantiere non soltanto l'*Antigone*, ma anche altri drammi, che avrebbero dovuto essere rappresentati insieme con quella. Pertanto è lecito supporre che gli oneri della carica non fossero per lui troppo grevi.

IV. *Sofocle e la politica di Pericle.*

Il candidato alla carica di Ellenotamo per l'anno 443/2, che poi fu eletto addirittura presidente del collegio, non poté essere assolutamente un partigiano di Tucidide, figlio di Melesia. « Partigiano » non sembri a questo proposito termine eccessivo. Plutarco (11, 2) riferisce che Tucidide riunì gli oligarchi in un blocco compatto e li tenne il più possibile lontani dal *demos*; dopo l'ostracismo di Tucidide il gruppo scomparve, così che Plutarco (14, 3) poté dire, con ingiustificata allusione a metodi dittatoriali, che Pericle aveva disciolto « l'eteria ». Un'associazione originariamente volontaria di uomini di uguale origine, educazione e *Weltanschauung* era divenuta, ad opera di Tucidide, mediante un abile sfruttamento della situazione, una cricca organizzata di « partigiani », sempre pronti ad opporsi a Pericle nell'Assemblea

---

[41] Questa data è accettata, tra gli altri, anche da POHLENZ. ED. MEYER, *GdA* IV, p. 161, si attiene, per la data, al 441 e suppone che Sofocle in quell'anno fosse stato sconfitto clamorosamente da Euripide; ma questa tesi risulta inconciliabile con l'aneddoto del conferimento della carica di stratego, sul quale si fonda unicamente la datazione nel 441.

e a censurarlo violentemente (Plutarco 14, 1). Il contrasto tra «oligarchi» e «democratici» si era vieppiù acuito dal tempo di Temistocle e soltanto temporaneamente era passato in secondo piano di fronte alle esigenze primarie della politica imperialistica marinara. Alla fine esso era sfociato in un conflitto tra gruppi di cittadini, più o meno organizzati. L'ostracismo di Temistocle e i cocci già pronti, che recavano il suo nome [42], la partecipazione del giovane Pericle all'accusa contro Cimone, la messa al bando di costui dopo una carriera politica notevole e piena di successi, l'assassinio di Efialte, la congiura oligarchica davanti a Tanagra, gli attacchi degli avversari contro Pericle, dei quali abbiamo parlato; tutti questi avvenimenti della vita politica ateniese attestano i vari stadî di una crescente esasperazione nell'àmbito del diuturno conflitto; il quale dimostra come l'implacabile lotta di parte doveva divenire il destino di Atene e di molte altre città greche. Pericle, il «tiranno», riuscì ad ottenere l'ostracismo di Tucidide e a tirare dalla sua il popolo, così che non vi fu più alcuna opposizione politica compatta e degna di nota. La lotta si era concentrata sopra tutto sulla politica imperialistica e su quella finanziaria, specialmente sull'impiego delle entrate confederali ai fini dell'abbellimento di Atene; la costruzione del Partenone era stata iniziata già nel 447. Nessun organo pubblico mostrava una connessione con quest'aspetto della politica periclea che fosse più stretta che gli Ellenotami. Specialmente nell'anno in cui fu bandito Tucidide c'era da attendersi che essi avrebbero appoggiato senza riserve la politica di Pericle nei confronti dei confederati.

Non sappiamo quale atteggiamento Sofocle tenesse negli anni sessanta e cinquanta nei confronti della politica di Pericle; possiamo supporre con una certa sicurezza che il poeta non partecipasse all'agone politico, così come non vi partecipò più tardi. D'altra parte, non abbiamo elementi che ci attestino avere egli mai avversato l'imperialismo di Pericle e la politica periclea nei confronti dei confederati. Certamente non ci si deve attendere che un atteggiamento polemico di questo genere, qualora ci fosse, potesse trovare espressione nelle tragedie; ma tracce di esso sarebbero senza dubbio reperibili nella tradizione biografica e aneddotica. Erodoto, il quale, — a quanto ci consta —, era amico di So-

---

[42] Cfr. BRONEER, *Hesperia* VII, 1938, pp. 228 sgg.; *PofA.*, p. 340, nota 4. dove sostengo altresì l'uso (certamente limitato) del concetto di «partito».

focle e affine a questi per spirito, non ci fornisce un quadro molto chiaro del proprio atteggiamento nei confronti di Pericle; ma sappiamo che si recò a *Thurii* [43]. Il fascino della grandezza di Pericle dovette certamente impressionare Sofocle non meno di Erodoto; e il poeta non poteva che condividere una politica condotta secondo lo spirito della tradizione di Cimone, senza badare alle riserve moralistiche che nella bocca del figlio di Melesia e dei partigiani di costui rappresentavano, in sostanza, una manovra politica. Si può supporre addirittura che Sofocle fosse d'accordo con la politica interna di Pericle, come quella che si asteneva dagli estremismi e perciò incontrò l'opposizione degli oligarchi radicali, prima, e dei democratici radicali del tipo di Cleone, poi.

Sofocle non fu assunto fra gli Ellenotami per motivi politici. Non sarebbe stato certamente eletto Ellenotamo, e tanto meno presidente del collegio, se fosse stato un tipico uomo di parte dell'oligarchia; d'altra parte, non dovette il proprio incarico nemmeno ad una sua appartenenza al partito di Pericle.

Non è necessario ripetere qui ciò che abbiamo detto circa le cariche rivestite da Sofocle. Non esiste alcun motivo per supporre che il poeta dovesse la propria elezione a stratego al proprio operato come Ellenotamo, o che, per converso, fosse « uno dei fantocci di Pericle » [44]. Né la lista dei tributi per l'anno 443/2, né la carica di stratego per il 441/0 sono tali da attestare sufficientemente l'esistenza di una stretta collaborazione tra lo statista e il tragediografo.

---

[43] Il fatto che nell'inno del coro ai versi 1115 sgg. dell'*Antigone* sia ricordato il culto di Dioniso in Italia, non rappresenta necessariamente, a mio avviso, un'allusione a *Thurii*; d'altra parte, un'interpretazione di questo genere non è del tutto da escludersi. Non conosciamo le ragioni per cui Erodoto si recò a *Thurii*; non posso ritenere valida la tesi dello STRATSBURGER, *Historia* IV, pp. 23 sgg., secondo cui Erodoto avrebbe sperato di trovare colà un panellenismo più schietto di quello attuato da Pericle in Atene; per quanto riguarda il carattere panellenico della fondazione di *Thurii*, cfr. *AJP.*, 1948, pp. 156 sgg. Nell'edizione inglese della presente opera avevo definito Erodoto « Pericles' fervent admirer ». In ciò seguivo un'opinione assai diffusa, che però viene posta in dubbio da FOCKE, *Herodot als Historiker*, 1927, e da STRASBURGER, *op. cit.* Alcune delle loro argomentazioni risultano piuttosto plausibili; tuttavia, per parte mia, sono convinto che il leone nel sogno di Agariste (vedi sopra, pagina 8) sta a simboleggiare la grandezza della signoria di Pericle; è possibile, ma non verosimile, che in tal modo Erodoto voglia accennare alla « tirannide ». Cfr. anche DYSON, *CQ.*, 1929, pp. 186 sgg.

[44] WADE-GERY, *JHS.*, 1932, p. 219, nota 58.

Il fatto stesso che in epoca recente si sia potuto ritenere Sofocle, vuoi un partigiano di Pericle, vuoi uno degli avversari oligarchici di costui, basta da sé a rendere improbabili entrambe le interpretazioni. Coloro che ritengono Sofocle un oligarchico, si rifanno in sostanza ad una nota testimonianza di Ione [45]. In questa si legge che Sofocle « non fu né savio né attivo nelle cose della politica, ma si comportò come uno qualsiasi dei migliori ateniesi ». Si tratta ora di vedere quale sia il senso da attribuire al termine χρηστῶν («migliore», probo, degno). Si è cercato di interpretarlo nel noto significato politico, ossia come se Sofocle fosse uno degli « ottimati », un oligarco di stampo sostanzialmente cimoniano [46]. Vero è che egli fu in sostanza, un conservatore; e spero che il presente studio possa convalidare questa mia opinione. Ma è più importante e più giusto notare come Sofocle non fosse affatto un partigiano di chicchessia, bensì un « apolitico », almeno fin dove ciò era possibile per un Ateniese della sua generazione [47]. D'altra parte, non si deve trascurare che il giudizio di Ione si riferisce all'anno 440, ossia non concerne l'epoca della lotta di partito contro Cimone e nemmeno la lotta contro Tucidide; anzi, forse fu redatto anche più tardi. Vista nel suo complesso, la constatazione di Ione può avere in effetti un solo significato: un uomo, che viene definito politicamente né savio né attivo, non fu certo un politico né può paragonarsi « ad uno degli oligarchi », i quali, se pure non furono sempre saggi, furono comunque attivi. In politica Sofocle si comportò « come qualsiasi altro *gentleman* ateniese » [48]. Difficilmente saprei citare una più pertinente definizione dell'operato politico di Sofocle. Al contempo, Ione paragona la politica di Sofocle con la sua abitudine di dire o fare cose allietanti

---

[45] IONE, FGrH. 392 F 6: τοιαῦτα πολλὰ δεξιῶς ἔλεγέν τε καὶ ἔπρησσεν, ὅτε πίνοι [ἢ πράσσοι]. τὰ μέντοι πολιτικὰ οὔτε σοφὸς οὔτε ῥεκτήριος ἦν, ἀλλ' ὡς ἄν τις εἰς τῶν χρηστῶν Ἀθηναίων.

[46] WEBSTER, *op. cit.*, p. 10; a mio avviso non è lecito fondare questa opinione su un'interpretazione di ῥεκτήριος nel senso di πολυπράγμων. Perché in verità, ad avere fama di tipico ἀπράγμων fu Euripide e non Sofocle.

[47] WHITMAN, *op. cit.*, p. 26: « He cannot be forced into a conservative pattern ». Quando gli Ateniesi nell'inverno 413/12 elessero a Probulo il poeta ottantenne (Aristotele, *Retorica* 1416 a, 15; 1419 a, 26), ciò non avvenne in virtù di una qualsiasi inclinazione oligarchica da parte di costui, bensì per il suo generico conservatorismo e perché era libero da ogni settarismo di partito. È comprensibile che il vecchio poeta prendesse posizione contro i democratici estremisti, responsabili della catastrofe sicula.

[48] D. W. LUCAS, *The Greek Tragedians*, p. 116.

e spiritose durante i simposî; ciò significa, in un senso più lato, che Sofocle differiva dalla comune dei suoi concittadini per la sua calda e lieta umanità.

Un'antica legge di Solone (sempre che fosse dovuta effettivamente a Solone) esigeva che il cittadino prendesse partito nelle guerre civili. Il che però non avrebbe impedito che uno si tenesse lontano dalle lotte di partito del tardo V secolo. Tuttavia lo spirito e forse anche la lettera di questa legge agivano tuttora in Atene, per lo meno fino a quando, più tardi, l'$ἰδιότης$, il privato cittadino apolitico, non divenne un tipo riconosciuto. Sofocle non appartiene certo a questo tipo. Le parole di Ione attestano che il poeta si interessò scarsamente alla lotta politica d'ogni giorno, mentre considerò un ovvio dovere servire lo Stato. Ed è quanto, in effetti, ci attenderemmo da lui.

Abbiamo parlato della divisione del popolo ateniese in democratici e oligarchici, e di come Pericle fosse riuscito a conciliare gli Ateniesi, almeno temporaneamente. Ma neppure Pericle sarebbe riuscito in questo intento, qualora la scissura fosse stata così assoluta, come talora è stata prospettata e come a volte era sentita dagli stessi Ateniesi. La politica imperialistica era stata in larga misura la politica di entrambe le parti. Cimone fu il grande imperialista, che non doveva temere le nemica Sparta, e perciò forse riuscì a stabilire e a potenziare l'egemonia di Atene sull'Egeo con maggiore autorità di Temistocle o di Pericle. Soltanto un paio di elementi radicalmente estremisti svolgevano un'opposizione attiva contro la politica marinara democratica dell'epoca e perciò pure contro la costruzione delle Lunghe Mura; nel momento in cui parecchi seguaci di Cimone lottavano e morivano a Tanagra per Atene, costoro divennero addirittura traditori del popolo (Tucidide I, 107, 4 sgg.; Plutarco, *Cimone* 17, 4 sgg:; *Pericle* 10, 1 sgg.). Le opinioni in merito alla politica imperialistica e al trattamento dei confederati cominciarono a divergere — e in effetti ciò non era possibile per l'innanzi — allorché la guerra contro i Persiani ebbe termine e l'impero ateniese divenne una minaccia per Sparta ed altri Stati non democratici, mentre la democrazia attica si era fatta vieppiù radicale. Ma anche allora, all'inizio degli anni quaranta, un uomo della levatura di Clinia, padre di Alcibiade, appoggiò la politica imperialistica di Pericle mediante il suo decreto minuzioso, che sovente abbiamo citato, inteso ad assicurare un pagamento completo dei tributi. Non sappiamo fino a qual punto in queste decisioni entrassero gelosie meramente personali o l'ambizione; certo è che possiamo affermare che più di un aristocratico non si mantenne ligio alla « linea di partito » tracciata da Tucidide. Sovente le questioni concernenti la politica imperialistica — che tanto visibilmente giovava alla grandezza di Atene, anche se non sempre rispondeva alle esigenze dell'etica o della ragione economica, anzi politica — erano tali da annullare di colpo il dualismo dei partiti.

Sofocle non fu un uomo di parte, né ebbe interesse per le questioni della politica spicciola d'ogni giorno, anzi neppure per le ideologie politiche che s'andavano vieppiù radicalizzando da entrambe le parti [49]. Soltanto quando ideologie radicalmente nuove e, come il poeta paventava, pericolose, minacciarono di snaturare il carattere della politica, si destò in lui un senso di profonda ribellione. Pericle era un uomo di Stato, per il quale la politica rappresentava più di un mero gioco; voleva plasmare la vita dell'intera comunità in base alle proprie concezioni, che aveva acquisito personalmente, ossia secondo lo spirito scientifico ed umanistico. Pericle e Sofocle si conoscevano, ma non erano amici. Così si dette che i due si trovassero occasionalmente a collaborare, al servizio della patria, da entrambi fortemente amata. Appartenevano entrambi alla stessa generazione e perciò avevano parecchie affinità, ma maggiori erano forse le divergenze che li separavano. È probabile che Sofocle avesse scarse cognizioni in materia politica o di tecnica di governo e amministrativa, ma aveva una salda fede nella *polis*, nell'ordine e armonia che la caratterizzava, e nella sua influenza sulla grandezza e sul libero volere degli uomini. Analoga era la fede di Pericle nella *polis*, ma egli la vedeva con gli occhi tecnicamente esperti del reggitore, avendo al contempo fiducia nella libertà dello spirito umano. Di questo dovremo occuparci maggiormente nel capitolo seguente. Per quanto concerne la politica, non si deve dimenticare che la minaccia da parte di un nemico esterno era ormai tramontata, allorché Sofocle entrò negli anni della maturità. Non sappiamo fino a qual punto questi prendesse consapevolezza dei pericoli in-

---

[49] Da questa elementare verità risultano cassate tutte le elucubrazioni in merito ai rapporti di Sofocle con Cimone e Pericle, che parevano escludersi a vicenda (cfr., ad esempio, WHITMAN, *op. cit.*, pp. 13 sgg.). Oltre a tutto, poi, questa constatazione dovrebbe riuscire gradevole a coloro che vedono in Sofocle soltanto il poeta « puro ».

siti nell'imperialismo; poiché non si aggregò al partito di Tucidide, bensì occupò cariche pubbliche durante la signoria di Pericle e insieme con Pericle, è lecito presumere che il crescente predominio di Atene nell'Egeo, e al di là di esso, suscitasse in lui piuttosto gioia che timore. Sofocle riconobbe e paventò il pericolo che minacciava dall'interno: non tanto la minaccia immediata, quale la potevano individuare i partitanti politici, bensì i possibili o addirittura ineluttabili frutti della politica periclea. Tale politica era opera del genio intellettuale e del potere assoluto di un uomo che seppe porre le proprie concezioni e il proprio raziocinio al di sopra delle più sacre tradizioni.

CAPITOLO SETTIMO

SOFOCLE E PERICLE NEL QUADRO DELLA LORO ETÀ

I. *Ulteriori analogie.*

Questo capitolo si propone anzitutto di raccogliere le diverse fila della nostra indagine e di conferire maggiore fondamento alle conclusioni di essa. Abbiamo iniziato con l'esame delle leggi non scritte. Senza dubbio Sofocle e Pericle conferirono un significato assai diverso a questo termine. Per il poeta le leggi non scritte rappresentavano le leggi eterne ed universalmente valide, che, secondo il volere degli dèi, governano il mondo e il genere umano. Laddove per l'uomo di Stato, che forse non vi connetteva nemmeno una concezione ben precisa, erano regole generali della convivenza sociale, fissate attraverso l'umana tradizione e convenzione, tipiche e forse esclusivamente valide soltanto per Atene. Finora non abbiamo potuto dirimere in modo conclusivo la questione se Sofocle e Pericle abbiano, in certo qual modo, tenuto un dibattito su questo argomento; del resto tale questione riveste forse un interesse soltanto biografico. È certo però che si sono potute rilevare, e nell'*Antigone* e nell'*Edipo Re*, parole significative e, per così dire, di sfida, che hanno tutta l'aria di essere un consapevole e inequivocabile attacco da parte di Sofocle. Analoghi risultati ha dato l'indagine intorno al tipo del sovrano, che, nonostante tutte le differenze, si trova incarnato nei re Creonte e Edipo.

Nelle due tragedie, che formano l'oggetto della nostra indagine, il còmpito di Sofocle consistette nell'illustrare la figura del sovrano di uno Stato come quella di un avversario e di una vittima delle potestà divine. Ciò che interessa a Sofocle è il radicale conflitto tra le norme della religione e i criterî istituiti dalla politica e dagli uomini. Le leggi non scritte rappresentano, per così dire, la parola d'ordine di questo conflitto. La rovina tragica è ineluttabile, perché la vita stessa è tragica, né importa a questo proposito che chi perisce sia un piccolo uomo arrogante o non piuttosto un grande genio accecato dalla fiducia nelle proprie facoltà. Entrambi i re del mito sono fermamente persuasi dei diritti che loro conferisce la posizione che rivestono, e con altrettanta fermezza e fiducia si affidano al proprio raziocinio; manca ad entrambi quella più alta saggezza, che nasce dal fiducioso abbandono alla volontà degli dèi. Entrambi si identificano — qualunque cosa accada — con lo Stato e non riconoscono obbiettivo più alto del benessere della comunità, quale è inteso da loro. Creonte e Edipo hanno caratteri assai differenti, pensano ed agiscono in modo diverso, ma per entrambi la preminenza del raziocinio e della volontà politica costituiscono la caratteristica più saliente.

Anche partendo da un altro ordine di considerazioni perveniamo al medesimo risultato. La lotta contro le divinità non costituisce, in genere, il còmpito di comuni mortali. Essa rappresenta, per così dire, una prerogativa dei grandi. In questa grandezza può essere reale o soltanto una mera parvenza, suscitata dalle circostanze e dal carattere. Una siffatta grandezza porta facilmente alle tribolazioni e alla rovina; forse non può essere altrimenti. Tuttavia, da vecchio, Sofocle riconobbe che la rovina non costituisce il fine ultimo ineluttabile dell'umana grandezza, e che può esserci una liberazione dai triboli; ma, allorché componeva l'*Antigone* e l'*Edipo Re*, una siffatta accettazione della propria sorte, quale è quella che pone fine ai patimenti di Filottete e placa Edipo morente, gli era ancora sconosciuta. Nelle tragedie che qui prendiamo in considerazione, la grandezza porta alla sventura, perché essa, per la propria natura, si trova in conflitto con le leggi eterne. Certo, anche la via seguita da Antigone porta alla rovina, sebbene la grandezza di lei sia di tutt'altra specie. Antigone deve morire perché Creonte cada. Ancora una volta si manifesta la profonda tragicità della concezione sofoclea del mondo.

Comunque si vogliano giudicare i tratti comuni che uniscono Creonte e Edipo, sia che li si accetti o che li si respinga, un fatto è assolutamente certo: Sofocle dovette essere pienamente consapevole di trovarsi dinanzi, nella vita reale, un uomo di grande valore politico, uno spirito egemonico, che per di più era profondamente permeato dal razionalismo dell'epoca. Come artista, Sofocle era talmente grande che i suoi personaggi potevano essere pure creazioni del suo genio: ed in effetti lo furono. D'altra parte, non fece mai astrazione dal mondo che lo circondava. È escluso che non rimanesse colpito dalla figura di Pericle. Anche se non avesse mai avuto contatti personali con Pericle, non avrebbe potuto sottrarsi all'influenza di costui. Soltanto esaminando i drammi di Sofocle potevamo sperare di scoprire le sue opinioni su Pericle. Non ci dovevamo attendere di trovare in essi un ritratto ben definito dello statista, anzi neppure un carattere tratteggiato ad immagine di Pericle. Ciò che ci dovevamo attendere era il segno dell'impressione esercitata dal grande statista sul grande poeta che gli era contemporaneo e, in quanto cittadino ateniese, prendeva parte attiva alla vita della *polis*.

Abbiamo cercato di rilevare quelli che per Sofocle sono i tratti tipici di un sovrano assoluto, o per lo meno tipici di sovrani quali Creonte e Edipo. A questa immagine di sovrano abbiamo accostato la caratterizzazione di Pericle, quale risulta in base alle fonti storiche, possibilmente del tempo. Naturalmente non si è potuto tracciare in tal modo un ritratto completo dello statista; tuttavia esso cerca di definire quanto sappiamo della posizione di Pericle e dell'immagine che di lui si fecero i suoi contemporanei. Le analogie si impongono da sé e non hanno bisogno di ulteriori chiarimenti. Altrettanto evidenti sono le divergenze. Così, se ad esempio qualcuno sostiene che Pericle non possedette le qualità tipiche di un tiranno, questa argomentazione è inficiata *a priori* dal fatto che molti dei suoi avversari e molti dei suoi detrattori lo ritenevano proprio un tiranno. Non v'erano ragioni perché Sofocle, nel tracciare il suo ritratto di Creonte, si dimostrasse meno partigiano o più benevolo di Ione o anche di Cratino nella loro caratterizzazione di Pericle.

Nonostante tutti questi elementi, abbiamo cercato di non dimenticare mai il fatto che i personaggi mitici e le situazioni sono libere creazioni del poeta. Sebbene ciò possa comportare certe divergenze, tuttavia rimane fermo il parallelismo, di cui si è detto; il quale si manifesta nei tratti essenziali dell'atteggiamento spirituale; e forse è possibile constatare alcune altre analogie, a conferma della nostra tesi di fondo. Senza dubbio Sofocle fu il più decisamente « ateniese » dei tre grandi tragici, e Atene, in tutta la sua vita spirituale domina, nei lavori del poeta, dovunque si svolga l'azione. Ciò avviene anche se Sofocle, a mio avviso, ha evitato qualsiasi allusione a determinati avvenimenti specifici del tempo. In un certo senso la sua arte è « più obbiettiva » di quella di Eschilo o di Euripide; per questa ragione Sofocle viene definito, più sovente di qualsiasi altro poeta greco dopo Omero, un artista « puro ». Se ci opponiamo radicalmente a questa opinione, ciò avviene nel fermo convincimento che l'opera di Sofocle rispecchi, illumini e sublimi i tratti fondamentali dell'Atene del suo tempo.

Le questioni di fondamentale importanza dibattute in qualsiasi tragedia di Sofocle non sono affatto invenzioni meramente personali del poeta, destituite di qualunque legame con la realtà. Così, ad esempio, il problema centrale della seconda parte dell'*Aiace* e di tutta l'*Antigone*, ossia la questione del seppellimento di un traditore (v. sopra pagine 39 sgg.), aveva probabilmente riacquistato carattere attuale ed era diventato di nuovo oggetto dell'interesse generale dopo la traslazione furtiva dei resti di Temistocle nell'Attica (Tucidide I 138, 6; Plutarco, *Temistocle* 32, 4 sgg.). Il tema centrale dell'*Edipo Re*, cioè il conflitto fra verità divina e illusione umana, era un tema ben noto al pensiero greco, sia filosofico che teologico. L'opinione pubblica e la pubblica discussione non sempre, ma però spesso, formano lo sfondo sul quale andrebbero visti i drammi di Sofocle. Prima di addurre ulteriori esempî che attestino la stretta interazione tra le tragedie di Sofocle e la vita spirituale ateniese del suo tempo, vorremmo, — se pure ciò appaia piuttosto superfluo —, far notare qui ancora una volta che non è nostra intenzione interpretare e spiegare la poesia mediante analogie. Coteste analogie storiche possono e devono servire unicamente allo scopo di illuminare la realtà sottesa all'opera poetica, ossia di rendere più intelligibili le concezioni e le ideologie dominanti in quell'epoca.

I personaggi femminili e i loro caratteri rivestono nell'opera di Sofocle una parte assai più importante che in Eschilo. Alcuni sono eroici: Antigone, Elettra, Giocasta. In esse si manifesta la grandezza, ma anche il pericolo che corrono quelle donne che non si attengono semplicemente alla sfera della femminilità. Lo stesso « amore fraterno » di Antigone non rientra in questa sfera. La femminilità vera è data soltanto a fanciulle come Ismene e Crisotemi, la cui funzione è quella di servire da criterio di paragone per misurare la statura delle sorelle più grandi. Deianira, la sposa amorevole, che perisce perché, pur essendo negata all'eroismo, cerca di essere eroica [1], e Tecmessa, la prigioniera amorosa e concubina, che fa le veci di una moglie, completano il quadro; l'esemplificazione è necessariamente casuale, perché ci è pervenuta solo una parte di tutta l'opera di Sofocle. La scoperta che i personaggi femminili possono, non meno dei maschi, essere caratteri tragici, preparata da Eschilo nelle sue figure titaniche, costituiva infatti soltanto la naturale conseguenza di un più approfondito interesse per i caratteri umani in generale e di una più intima penetrazione in essi, qualità che si rivelano con tanta grandiosità nell'arte di Sofocle. Ma l'accresciuta importanza della donna sulla scena è significativa anche in un senso più specifico. Sarebbe cosa insensata e di cattivo gusto il voler vedere nei personaggi femminili sofoclei soltanto rappresentanti tipiche di una epoca in cui ebbe inizio l'emancipazione della donna. Le donne della tragedia devono affrontare patimenti che superano di gran lunga tutte quelle avversità che la donna comune può incontrare nella vita normale. E pur tuttavia questi personaggi femminili della tragedia non si possono pensare situati al di fuori della società e dello spirito dell'Atene in cui viveva Sofocle. Ciò è dimostrato dalle analogie.

Pericle nella sua orazione funebre (Tucidide II 45, 2) esorta le donne a non tradire la loro φύσις, ossia ad essere vere donne. Ismene espone il medesimo concetto: « Non dimentichiamo di essere nate donne! » (γυναῖχ' ὅτι ἔφυμεν, Antigone, v. 61). Le eroine di Sofocle non sono grandi per il fatto di tacere, come consiglia Pericle al suo uditorio femminile. Soltanto Deianira si adatta alla convenzione, spingendosi a tal punto da trasformare la debolezza in inganno. È vero che Aiace costringe al silenzio Tecmessa, ricordandole il precetto (Aiace, vv. 292 sgg.) che « le donne acquistano onore tacendo », e l'esortazione di Pericle corriponde al det-

---

[1] Cfr. i miei *Aspects of the Ancient World*, pp. 148 sgg.

to di Creonte, secondo cui « queste donne dovrebbero essere messe ai ceppi [in casa] e non si dovrebbe loro permettere di andare in giro » (*Antigone*, vv. 578 sgg.) [2]. Parole che suonano assai stranamente sulla bocca dell'uomo che ha appena finito di condannare a morte Antigone! Esse contrastano con l'azione del dramma, ma sono tipiche del carattere di Creonte e si accordano con sue precedenti invettive contro le donne (vv. 484 sgg.; 525). Possiamo comprendere le parole di Pericle soltanto se teniamo presente il movente del suo discorso; comunque egli parla più come politico che per intima convinzione. In fondo conviveva con la più discussa donna di Atene e l'amava. Nonostante tutto ciò che è stato scritto in epoca recente per affermare o per negare l'esistenza della libertà sociale della donna ateniese [3], nel quinto secolo intervenne una graduale emancipazione; la quale tuttavia si limitò principalmente agli strati superiori della società e agli ambienti del moderno « illuminismo » sofistico. Sofocle doveva essere ben consapevole di trovarsi di fronte ad un problema estremamente popolare; come sempre, egli si pose sul medesimo terreno del proprio pubblico, elevando tuttavia il problema stesso al livello di una discussione di principio.

Il tema di questo libro è però tale da comportare, per parte nostra, un maggiore interesse per i personaggi maschili della tragedia che non per i femminili. Nell'Eracle delle *Trachinie* e, per altri versi, nell'Odisseo del *Filottete* possiamo vedere dei caratteri in cui si rispecchia il grande movimento individualistico che culminò nella proclamazione della legge dell'« uomo criterio e arbitrio di tutte le cose », nella dottrina della amoralità e dell'egoismo, che ebbe per esponenti uomini come Alcibiade e Crizia [4]. Anche Creonte dimostra con il suo più autentico carattere e con le sue azioni a quali conseguenze può portare il fatto che un sovrano assoluto si affidi unicamente alla propria saggezza e a criterî suoi proprii. Come tante altre volte, il poeta è anche qui

---

[2] La traduzione segue il testo di Pearson con gli emendamenti di Bruhn: ἐκδέτους δέ χρὴ γυναῖκας εἶναι τάσδε... I manoscritti riportano: ἐκ δέ τοῦδε χρὴ etc., il che potrebbe forse voler dire che le due sorelle « dovranno essere donne in avvenire ».

[3] Cfr. per esempio GOMME, *Essays in Greek Hist. and Lit.*, cap. V; *PofA.*, pp. 200 sgg.; U. E. PAOLI, *La donna greca nell'antichità*, Firenze, 1953.

[4] Cfr. WEBSTER, *op. cit.*, p. 45.

profeta di futuri accadimenti⁵. Nel destino di Creonte Sofocle rivela la sventura che tocca all'uomo di Stato, il quale segua la nuova dottrina del governare, fondata sopra la morale razionalistica. Di questa dottrina è pieno il primo discorso di Creonte, e Sofocle dovette — sebbene in forma alquanto attenuata — vederne un riflesso nelle concezioni espresse dall'uomo che, in sostanza, era il signore di Atene.

Per Creonte concetto fondamentale è che la sicurezza dello Stato sia da preporsi alla simpatia da parte del singolo o all'amicizia personale, che soltanto la sicurezza dello Stato garantisca la sicurezza e la pacifica esistenza del singolo cittadino (*Antigone,* vv. 178 sgg.; vv. 189 sgg.). Più avanti egli ribadisce questo concetto: « L'anarchia distrugge le città... Ma se vige l'ordine, l'obbedienza al sovrano salva la vita a più di un cittadino » (v. 675). Ciò rappresenta più di una mera affermazione occasionale; dice infatti Creonte: « In base a questi principî farò progredire lo Stato » (v. 191). Nel timore che sorgano dei possibili nemici a minacciare lui e lo Stato, Creonte previene qualsiasi obiezione, identificando se stesso con lo Stato e con ciò che è bene per la comunità. In tal modo perviene necessariamente alla pretesa tirannica, secondo cui la città apparterrebbe al sovrano (v. 738), pretesa che nega in maniera radicale qualsiasi principio democratico. Naturalmente Pericle non ha mai sostenuto concezioni di questo genere. E tuttavia abbiamo visto come una parte dei cittadini ritenesse la sua signoria una tirannide. Inoltre, nel suo ultimo discorso (Tucidide II 60, 2 sgg.) usa parole assai simili a quelle di Creonte, per difendere la propria posizione assai pericolante in quel momento, ponendo in rilievo che uno Stato forte giova al singolo più del benessere dei singoli in uno Stato debole. Questo pensiero corrisponde perfettamente al *Leitmotiv* creonteo. La πειθαρχία, l'obbedienza all'autorità, sostenuta da Creonte come panacea contro l'anarchia (v. 676), divenne oggetto di scherno sulla bocca di un popolo irresponsabile e poté essere rinfacciata violentemente a Pericle (*Com. adesp.* 41). Analogamente, nell'orazione funebre di Pericle si trova espresso, sia pure con altre parole, il desiderio, naturale in un sovrano assoluto, di accrescere

---

[5] « To conceive a great individual as a moral landmark and then view him historically, is a kind of prophecy, and in this sense Sophocles was a prophet » (WITHMAN, *op. cit.,* p. 239).

la potenza e il prestigio dello Stato, ossia il τήνδ' αὔξω πόλιν di Creonte (Tucidide II 36, 3). Non è lecito respingere siffatte testimonianze, poiché le circostanze nei due casi sono analoghe, tanto meno, in quanto tali testimonianze non sono le uniche ed isolate. Si parli di ragion di Stato, di giustificazione di un controllo statale o di minaccia di imposizione di un sistema totalitario, in ogni caso si tratta di alcunché di totalmente nuovo per l'Atene della metà del V secolo. In effetti, è significativo che Creonte e Pericle usino analoghe parole per definire il patriottismo del reggitore autocratico, ossia quel «legittimismo creato dagli uomini», che poteva volgersi contro le più sacre tradizioni [6].

Abbiamo già brevemente ricordato un altro pensiero contenuto nell'orazione funebre di Pericle, cioè che ogni cittadino deve preoccuparsi della vita pubblica non meno che dei suoi affari privati (Tucidide II 40, 2). Diversamente avveniva in Sparta, e perciò Pericle sottolinea questo fatto; è noto infatti che egli cercò di attuare le sue teorie, per ciò che concerne i propri affari privati, con l'aiuto di un valente amministratore (Plutarco 16, 3 sgg.). Anche Creonte elogia l'uomo che serve gli interessi della propria casa e dello Stato (vv. 661 sgg.); nel suo caso vediamo che un membro della propria famiglia ha rifiutato di obbedire a lui e alla legge dello Stato; così che Creonte ne conclude che un uomo deve prima mantenere l'ordine nella propria casa, per poter adempiere ai suoi doveri nelle cose che riguardano lo Stato. L'esigenza che il cittadino seguisse al contempo gli affari domestici e quelli dello Stato non è in sé nuova né rivoluzionaria, ed è lecito pensare che essa appartenesse alla concezione dell'arte di governo in genere e non fosse avanzata soltanto da quei pochi che effettivamente rivestivano il ruolo di uomini di Stato. Ma questa concezione, in complesso, sembra adattarsi poco all'ordine di ragionamenti seguìto da Creonte. Dobbiamo allora opinare che si tratti forse di una concezione «assunta»?

Possediamo un altro esempio che attesta come Pericle e Creonte parlino lo stesso linguaggio. Creonte usa di preferenza il termine ὀρθοῦν «drizzare», «porre in ordine», con riferimento alla *polis*, che spesso, se pure non ogni volta che tale termine ricorre, viene paragonata ad una nave. Si tratta naturalmente di

---

[6] Cfr. MARY R. GLOVER, CR., 42 (1928), p. 103. UNTERSTEINER, *op. cit.*, p. 101, dice che Creonte commette lo stesso errore di Pericle.

una metafora assai diffusa. « Gli dèi hanno ricostruito lo Stato gravemente scosso » (v. 163). Ciò fu fatto una volta anche da Edipo (ὄρθου πόλιν, v. 167; cfr. *Edipo Re*, vv. 46; 50 sgg.). Nel passo già citato Creonte afferma (v. 189) che la salvezza del cittadino dipende dalla *polis*; soltanto se ci affidiamo al corso sicuro di questa nave, ci acquisteremo i veri amici. Questa conclusione sorprende; poiché sembra illogico che si parli di amici in questo contesto. Se il testo non risulta qui alterato, esso fornisce una descrizione oltremodo rosea dei rapporti tra sovrano e cittadini [7]. Certo è che il medesimo concetto si trova nelle parole di Pericle, là dove contrappone l'atteggiamento tenuto dai cittadini « quando ci troviamo nelle avversità » (ἢν ἄρα τι καὶ σφαλλώμεθα) a quello dimostrato « quando si tratta di mettere ordine [nella *polis*] » (κατορθοῦντας, Tucidide I 144, 2); oppure il pensiero di Creonte appare ancora più manifesto là dove Pericle annuncia (Tucidide II 60, 2) il proprio convincimento che una *polis*, la quale « sia in ordine, come tutto » (πόλιν ξύμπασαν ὀρθουμένην), giovi al singolo cittadino più di quella che, mentre ciascuno sta bene, « naviga in cattive acque » (σφαλλομένην). Abbiamo già veduto come la sostanza di queste affermazioni coincidesse con il principio fondamentale di Creonte. Due volte Tucidide usa la medesima coppia di termini contrapposti; è per lo meno probabile che si tratti in questo caso di una terminologia schiettamente periclea. Anche nel discorso funebre (Tucidide II 42, 4) Pericle afferma che coloro i quali sono caduti per Atene hanno trasformato in speranza l'incertezza τοῦ κατορθώσειν; il che in questo passo significa vittoria e con ciò sicurezza per lo Stato.

Daltra parte, non si deve dimenticare che ὀρθοῦν e κατορθοῦν non sono termini rari. Così, ad esempio, l'invocazione: « dona ordine a questa città » (ὄρθου τήνδε πόλιν) fa parte di una preghiera popolare ad Atena per impetrarne benessere per la città e i suoi cittadini [8]. Può darsi che si trattasse di una formula connessa sovente con il concetto di governo e di sicurezza dello Stato. Creonte parla dapprima degli dèi, come di coloro che hanno attuato l'*ὀρθοῦν*, e poi, in sèguito, applica il termine all'operato di Edipo; ma più tardi esprime chiaramente il concetto che la sola cosa che importa è tenere in ordine politicamente lo Stato: che

---

[7] Cfr. però LESKY, *Thalatta*, p. 233 e nota 305.
[8] Ateneo XV 694 C = Scolio 1 Diehl.

è per l'appunto il privilegio e il dovere del sovrano. Pericle usa parole ancor più chiare; egli parla di democrazia e non di una monarchia, facendo in tal modo responsabili i cittadini stessi, ossia il popolo sovrano. Nella preghiera citata si manifestano concetti e linguaggio proprî del popolo; da ciò sembra risultare necessariamente che anche questa formula, mediante la quale Pericle e Creonte non si riferiscono agli dèi, bensì al sovrano, ribadisca il fatto che la politica mondana è subentrata al posto del reggimento divino. Se le cose stanno in questo modo, l'uso reiterato dei termini in questione dovrebbe essere assai più che meramente casuale.

Si può istituire un confronto tra Pericle e Creonte, perché entrambi sono sia dei politici, sia dei reggitori assoluti. Essi usano più o meno il medesimo linguaggio [9] ed hanno concezioni analoghe. Il Pericle di cui si parla qui è quello degli anni intorno al 440. Ma, quando notiamo le suddette analogie, non va dimenticato mai che le due atmosfere spirituali sono estremamente diverse, per tacere poi del mondo dell'eticità. Non troviamo nell'*Edipo Re* analogie così immediate, sebbene non manchino gli interpreti che hanno ritenuto essere l'immagine complessiva del grande re più di quella creontea vicina alla loro concezione di Pericle. Le diverse date dei due drammi debbono avere influito a questo proposito, nonché un sopravvenuto mutamento da parte di Pericle o dell'atteggiamento di Sofocle nei confronti di costui, verificatosi nel tempo che intercorre tra la composizione dei medesimi. Fino all'epoca in cui Sofocle scrisse l'*Antigone*, Pericle era un capo-partito, cui si contrapponeva, nonostante la di lui potenza, una opposizione di uomini in vista. Soltanto dopo il 443 Pericle divenne l'unico, il vero capo dello Stato, ed è ben probabile che Sofocle soltanto allora intuisse tutta la grandezza di lui e inoltre forse vedesse altresì che Pericle, nonostante i proprî principî razionalistici e le proprie ferme convinzioni, era rimasto in effetti legato alla religione tradizionale. Comunque queste ipotesi non si possono verificare oggettivamente, né va dimenticato mai che la differenza tra Creonte e Edipo è condizio-

---

[9] Ciò significa che «tutto il tono è decisamente militaresco?» È questa l'opinione del TIERNEY (*Studies*, 1943, p. 336). Ritengo che egli attribuisca un peso eccessivo all'uso di talune metafore di carattere militare; ma, in generale, la sua interpretazione rafforza la mia.

nata in primo luogo dalle diverse esigenze di due azioni drammatiche tra loro differenti.

Inoltre, vorremmo prevenire una possibile obiezione: come è possibile, in sostanza, paragonare Pericle, per il quale le leggi non scritte appartengono necessariamente all'ordine sociale, con l'uomo che osteggia tali leggi? Senza dubbio Creonte nega appassionatamente e in modo assoluto qualsiasi esistenza alle leggi non scritte, — anche se si tratti di quelle di Antigone —, rivolte contro le leggi del sovrano e dello Stato. Diversa è la concezione di Pericle in merito alle leggi non scritte; per lui esse sono opera umana, patrimonio di Atene, e formano un completamento della legge dello Stato e dei decreti emanati dall'autorità. Comunque si intenda definirle: leggi mondane, politiche o umane, esse sono tutt'affatto diverse dalle leggi non scritte di Antigone, anzi stanno in netto contrasto con queste. Tal che nei due casi il problema di fondo rimane il medesimo, con questa differenza però: che nella tragedia esso si manifesta in modo lampante, essendo scevro di tutti i tratti casuali ed eventualmente atti a sviare.

Allorché Sofocle si accinse a raffigurare un sovrano assoluto che nega l'esistenza di un mondo, che si differenzi dal proprio mondo razionale e politico, e si contrapponga ad esso, la sua mente era occupata dalla grande personalità di Pericle e dai molteplici riflessi di questa nell'opinione pubblica ateniese. Analogamente dovettero prospettarsi le cose quando l'idea drammatica dell'uomo e del re Edipo prese forma concreta in un'epoca che, a quanto ci è dato supporre, dovette coincidere con l'apogeo, il declino e la morte di Pericle. Abbiamo cercato di mostrare come Sofocle, nel creare le figure dei grandi sovrani Creonte e Edipo, risentisse consapevolmente o inconsapevolmente l'influenza della primazia di Pericle nello Stato. Un'esegesi in questo senso forse ci condurrebbe sulle tracce del Pericle storico, ma ciò sarebbe possibile soltanto se sapessimo con sicurezza quali tratti dei personaggi drammatici, — senza che forse il poeta stesso se ne rendesse conto —, corrispondono al modello vivente. Abbiamo accostato ciò che sappiamo intorno allo spirito e alla posizione di Pericle agli elementi tipici del reggitore mitico; inoltre abbiamo accennato a talune analogie concettuali e terminologiche. Ci sembra che una ulteriore ricerca di eventuali possibili relazioni, forse troppo sottilmente conteste perché ancora ci riuscisse il notomizzarle, sarbbe andata oltre i debiti limiti.

II. Razionalisti e irrazionalisti.

Plutarco (6, 2 sgg.) racconta che un giorno fu portato a Pericle un ariete unicorno e l'indovino Lampone spiegò che, siccome la bestia portava un unico robusto corno sulla testa, ciò significava che dalla lotta tra Pericle e Tucidide doveva uscire la potenza di uno solo. Invece Anassagora uccise l'ariete, ne aprì il cranio e dimostrò come la causa del prodigio fosse naturale. Poco dopo Tucidide fu bandito e Pericle divenne signore di Atene. In tal modo, dice Plutarco, il filosofo aveva scoperto la causa naturale, laddove l'indovino aveva previsto l'esito della lotta. Questo aneddoto sta ad indicare il cozzare delle due grandi correnti spirituali di quell'epoca: la contesa tra l'antica religione tradizionale e la moderna filosofia della natura. È probabile che Pericle assumesse una tal quale posizione di mezzo tra le due correnti, che non dovette significare necessariamente un compromesso; può darsi che trovasse una soluzione sua personale, conforme alla propria mentalità. Tuttavia non v'è dubbio che, nell'intimo della propria coscienza, Pericle fosse dalla parte della ragione e della scienza. Ma, se teniamo presenti le responsabilità che gli derivavano dalla sua qualità di capo del popolo e dello Stato, da lui seriamente sentite, è facile arguire che Pericle cercasse di evitare tutto ciò che potesse urtare i sentimenti religiosi, e fosse pertanto costretto ad un atteggiamento più positivo di un mero *laissez-faire*. Il conflitto interiore tra le due tendenze, così significativo per quell'epoca, — nonostante lo splendore e la perfezione che la caratterizzarono —, trovò un'eco nell'animo di Pericle e un riflesso nella scelta dei suoi amici e seguaci.

Le accuse di empietà mosse a parecchi suoi amici rappresentavano un'espressione di questa generale tensione. È stato anzi sostenuto [10] che questi processi fossero connessi, mediante un diretto rapporto causale, con la rivalità tra indovini e filosofi naturalisti; ma in questi termini il problema mi sembra prospettarsi troppo angustamente. Per parte mia, preferirei piuttosto associarmi all'opinione secondo cui « gli indovini potevano bensì sfruttare i sentimenti del popolo, ma non pote-

---

[10] M. P. Nilsson, *Gesch. d. griech. Religion* I, p. 726.

vano suscitarli »[11]. Il sentimento popolare trovò espressione nel decreto di Diopeite (Plutarco 32, 2). L'opposizione contro Pericle era condotta da persone che si interessavano assai più alla politica che alla religione; ma che vedevano la loro arma più sicura, e forse l'unica, per combattere il grande statista, nella accusa di empietà, rivolta contro gli amici di lui. Non era possibile aizzare il popolo contro il grande capo democratico; tuttavia, quello era sempre pronto a difendere la propria antica religione tradizionale. La speranza di Sparta era fondata su questo: che un rispolveramento dell'antica accusa di sacrilegio, che pesava sugli Alcmeonidi, distogliesse da Pericle le simpatie degli Ateniesi (Plutarco 33, 1 sgg.). Secondo Tucidide (I 127, 1 sgg.), gli Spartani non si attendevano che Pericle per questo venisse bandito; nondimeno speravano di minare in tal modo il suo potere sul popolo. Da Plutarco sappiamo che la speranza degli Spartani non soltanto fu vana, ma che anzi, al contrario, questa mossa non sortì altro effetto che quello di conciliare ancor di più a Pericle il favore e l'entusiastica obbedienza del popolo, allorché esso si accorse quanto il nemico odiasse e temesse il proprio capo. Forse Plutarco dimenticava che questo favore durò soltanto finché tutto procedette per il meglio. Resta il fatto che la personalità di Pericle esercitò un'enorme influenza; ma sotto sotto agiva la tensione della lotta tra religione e superstizione, da una parte, e « illuminismo » razionalistico, dall'altra.

Per lo più razionalismo ed individualismo procedono di conserva, ma non sono affatto identici[12]. Nel corso del V secolo, a partire dalle guerre persiane e ad opera di esse, le forze individualistiche penetrarono gradualmente nella *polis*, come è attestato sia da poeti, che da uomini di Stato. Il loro comportamento ci fornisce un'immagine rappresentativa del mutamento spirituale verificatosi in seno alla borghesia e dell'ascesa dell'individuo. Nella prima fase si pervenne soltanto in casi isolati ad un aperto distacco di tipo individualistico e la *polis* si affermò vittoriosamente. Temistocle, il vincitore di Salamina e creatore della potenza navale e dell'imperialismo ateniese, concluse la parabola della sua meteora come vassallo del re di Persia. L'epi-

---

[11] E. R. Dodds, *The Greeks and the Irrational*, p. 190.
[12] Alcune interessanti osservazioni a questo proposito si trovano in Kuhn, *Harvard Studies in Cl. Phil.* 53, 1942, pp. 65 sgg.

taffio del suo concittadino Eschilo non loda il tragediografo, bensì soltanto il combattente per la *polis*. Due ulteriori esempi, costituiti da due coppie di contemporanei o quasi, illustrano il progressivo sviluppo individualistico: Sofocle e Pericle, Euripide e Alcibiade. Sofocle, quando non aveva ancora raggiunto i quaranta, combatté all'Eurimedonte o a Tanagra? Non abbiamo testimonianze a questo proposito, ma se così fosse, certamente ne avremmo avuto notizia[13]. Qualcosa di nuovo si era infiltrato nell'ovvia compattezza che faceva tutt'uno di città e cittadino, persino presso un uomo che viveva in tanto pura armonia con la *polis* e con i suoi concittadini ed era legato da vincoli di alta fedeltà alle antiche tradizioni. Sofocle rivestì diverse cariche pubbliche, tuttavia abbiamo veduto che l'importanza della sua carriera ufficiale non va sopravvalutata. Naturalmente Pericle non si pose mai il problema di distaccarsi dalla propria città; nondimeno nella scelta dei suoi amici e nelle proprie convinzioni dimostrò di avere iniziato l'accantonamento di quelle tradizioni della *polis*, che Sofocle cercava di serbare. Si deve a Pericle l'introduzione dell'individualismo nell'àmbito dello Stato, sotto la forma sottile di un fermo regime patriottico e di un'etica idealistica. Ancora questa *humanitas* individualistica faceva tutt'uno con lo Stato: infatti Pericle portò Atene alle vette della fioritura culturale e dell'umana grandezza; ma al tempo stesso, sopravvalutando la forza propria nonché le proprie risorse, portò lo Stato ad un pericolo mortale. Euripide, come tragico, si distolse dalla vita dello Stato; Alcibiade fu un uomo di Stato, che si pose contro lo Stato. La nuova generazione, che il vecchio Sofocle ebbe a conoscere di persona, vide il trionfo dell'individualismo e lo sfacelo della *polis*. Le tre coppie di personaggi non sono state scelte arbitrariamente ad esemplificazione; in esse si rivela la posizione assunta da Sofocle e da Pericle *inter pares* nel corso della storia del loro secolo.

Il crescente affermarsi dell'individualismo fu determinato in modo decisivo dal razionalismo di un ristretto gruppo di pensatori e maestri, in un primo tempo tutti di origine straniera, che esercitarono una forte influenza sulle classi dirigenti della società ateniese. Filosofi, scienziati naturalisti e sofisti insegnarono a Pericle e ad altri della sua classe, — un gruppo dapprima sparuto di rappresentanti degli strati sociali superiori, di poi rapidamente accresciutosi —, i diritti e i doveri che derivano dalla libertà spirituale dell'uomo. La serie dei grandi e men grandi pensatori da Anassagora e Protagora a Socrate non soltanto portò a nuovi indirizzi nell'àmbito della filosofia, ma altresì ad una nuova epoca nella vita dello Stato ateniese.

Non si tratta più, ora, del razionalismo ingenuo di un Ecateo, che ancora credeva nei miti, ma ne eliminava il miracoloso mediante una spiegazione razionalistica. Oggetto del razionalismo del tardo V secolo è l'uomo stesso; questo razionalismo era, nel vero senso del termine, umanismo. Esso suscitò le forze razionali dello spirito umano, il che poteva condurre alla scepsi e al relativismo, ma anche ad un approfondimento dell'etica. Durante il breve periodo, che siamo soliti definire età periclea, il razionalismo fu essenzialmente ottimistico e costruttivo, un tramite fra il vecchio e il nuovo, ma sempre fondamentalmente volto al futuro e perciò effettivo preparatore dell'età dell'« illuminismo »[14].

Assai difficilmente sarà possibile definire meglio quale fosse la portata dell'influsso dello spirito « moderno », sia nei suoi aspetti positivi che in quelli negativi, sulla massa del popolo ateniese. Nonostante le scarse testimonianze a nostra disposizione, possiamo tuttavia trarre alcune conclusioni dalla natura stessa del movimento razionalistico, le quali, per altro, già sono state tratte in massima parte. Per il suo carattere individualistico, relativistico e razionalistico, e per la mutevole intensità con cui volta a volta accentuava or questo or quell'aspetto, tale movimento non era in grado di cattivarsi l'animo delle masse e tanto meno di suscitare nei capi un durevole senso morale della responsabilità e conferire loro autorità politica. Quello stesso movimento, che apriva all'uomo nuovi orizzonti spirituali, fu causa a molti di pericoli e di rovina. Il maggiore rappresentante delle nuove dottrine, Socrate, che negò l'esistenza del male, in quanto ne fece la conseguenza dell'ignoranza, minò in tal modo la forza etica, nella quale soltanto trovano sicura consistenza la libertà e il senso della responsabilità. È tipico delle epoche « illumini-

---

[13] Si tratta di un *argumentum ex silentio*, ma, d'altra parte, mi sembra difficilmente evitabile. Sofocle naturalmente avrà fatto il proprio servizio militare; secondo ED. MEYER, GdA. IV, p. 124, « senza dubbio nella cavalleria ».

[14] Circa la *Weltanschauung* dell'età periclea, intesa come una preparazione dell'età « illuministica », vedi ED. MEYER, *op. cit.*, pp. 121 sgg.

stiche» e di « liberalismo razionalistico »[15] il fatto che producano individui eticamente assai elevati, grandi e appassionati idealisti, che lottano contro il pregiudizio e l'ingiustizia. Ma essi non possono sostituire la religione (o anche soltanto il suo surrogato) nella mente del popolo, così che quelle idee e quegli ideali razionalistici soccombono ad opera di forze irrazionali.

In sede politica il razionalismo significa distruzione del vecchio ordine, senza che al posto di quello subentri una nuova solida struttura, mentre la libertà diviene oclocrazia o tirannide di uno solo. In maniera lampante questo processo ci si manifesta nella storia di Atene. Per ciò che concerne gli atti e i delitti politici, la differenza tra il VI secolo e il tardo V secolo poteva anche essere minima, sebbene Tucidide fosse di diverso avviso. La banale considerazione che in tutti i tempi esistono uomini buoni e cattivi non ci deve far dimenticare che i criterî etici sono diversi nelle diverse epoche. Con ciò non si vuol dire che gli Ateniesi del IV secolo fossero una massa di corrotti, che prestava orecchio a qualsiasi oratore senza scrupoli. Ma è lecito tuttavia affermare che la società ateniese si era ampiamente disgregata, mentre la legislazione era divenuta oggetto dell'arbitrio individuale, sebbene il popolo non si stancasse di richiamarsi all'autorità del νόμος. Questo processo di sfacelo non fu fermato da occasionali, anche se in parte riusciti, tentativi intesi ad evitare precipitose e insensate deliberazioni da parte del popolo[16]. D'altra parte, il fatto che nella guerra del Peloponneso « il popolo ricadde dalle conquiste dell'età periclea, a troppo caro prezzo acquisite, ... nei più comodi agî di condizioni più primitive »[17], non ci deve fare dimenticare che tali conquiste, in quanto frutto di un'etica razionalistica e in quanto comportavano una emancipazione dalla superstizione, investivano, in sostanza, soltanto gli strati superiori della società, e che Pericle, per bocca di Lampone

---

[15] Si tratta di una definizione di P. F. DUNCKER, *The Future of Industrial Man*, 1943, pp. 134 sgg.

[16] A.H.M. JONES, nella sua prolusione tenuta a Cambridge sul tema *The Athens of Demosthenes* (1952) e in un saggio intitolato « The Athenian Democracy and its Critics » (*Cambr. Hist. Journ.*, 1953) ha preso le difese degli Ateniesi del IV secolo. Appare per molti aspetti giustificata la correzione della unilateralità della maggior parte delle fonti a nostra disposizione; ma mi sembra che rimangano pur sempre testimonianze sufficienti, che giustificano il giudizio espresso da noi.

[17] DODDS, *op. cit.*, pp. 192 sgg.

e altri indovini, aveva pagato lo scotto alle forze irrazionali della fede, mai estintesi nel popolo. È probabile che durante la guerra le forze irrazionali si facessero più forti, mentre al contempo si accrebbe altresì decisamente il razionalismo dei pochi. In tal modo si creò un abisso assai più profondo tra i due gruppi sociali: un abisso che determinò a poco a poco le due «classi» nettamente separate degli evoluti e dei non evoluti.

Rimane ora da esaminare quale fosse in questo processo la parte di Sofocle, che lottò con tutta la sua autorità e il suo calore per questa fede, da una posizione assai più elevata di quella della credenza popolare comune. Come già abbiamo detto, la questione fondamentale è vedere se Sofocle e Pericle fossero o no rappresentanti di *Weltanschauungen* opposte e, precisamente, di quelle in cui si raccolgono le principali correnti ideologiche del tempo. Se si riconosce per vero questo loro carattere di esponenti ideali, risulta piuttosto secondaria la questione se i due grandi uomini si avversassero reciprocamente con piena consapevolezza. In un certo senso poco importa che le leggi non scritte — insieme arma e bersaglio — divenissero o no oggetto di pubblica discussione. Anche qui, come già abbiamo detto, non vorremmo calcare troppo sulla probabilità di una sfida diretta e intenzionale. Rimane tuttavia estremamente significativo il fatto che Sofocle e Pericle abbiano usato entrambi il medesimo termine, e per di più con accezioni assai diverse. Per parte nostra, propendiamo a trarre ulteriori deduzioni. Riteniamo essere altrettanto significativo che i due sovrani assoluti sofoclei siano definiti come lo «stratego» Creonte e il πρῶτος ἀνδρῶν Edipo. Anche se questi termini, compreso il primo caso, fossero stati usati dal poeta in modo meramente casuale e senza alcuna allusione a Pericle, l'immagine del reggitore tracciata nei due drammi non ne rimarrebbe minimamente scalfita. Non desideriamo affatto ritrattare quanto è stato detto nel capitolo V; tuttavia è forse più consigliabile non andare troppo oltre e accontentarsi di un verdetto più modesto, che dovrebbe riuscire più accetto agli scettici.

Se Sofocle intese veramente, come noi saremmo propensi a credere, illustrare la propria concezione e mettere in guardia contro i pericoli dello spirito modernistico, era pressoché impossibile che potesse attuare tale piano senza tener presente la figura di Pericle: non necessariamente l'uomo, così come era nella realtà, bensì così come si rispecchiava nelle menti di coloro che rigettavano il nuovo indirizzo. Si deve ritenere che il tragediografo, probabilmente senza rendersene conto, fosse più portato a vedere il bersaglio in un uomo piuttosto che in un « movimento », e quest'uomo più come capo politico che come mero pensatore. Né Anassagora, né Protagora, che erano filosofi e insieme stranieri, né altri, di cui abbiamo notizia, godevano di un'autorità pari a quella di Pericle o potevano esercitare un così vasto influsso e divenire perciò tanto pericolosi. Se si fosse trattato soltanto di mettere a nudo la miscredenza dei razionalisti e degli scettici, un ateo assoluto avrebbe forse costituito un oggetto drammatico più pertinente; ma ciò sarebbe stato più conforme allo spirito di Euripide che a quello di Sofocle. A Sofocle stava a cuore la comunità. Pericle si era semplicemente addottrinato presso i filosofi, mentre come uomo di Stato e come signore costituiva una minaccia incombente per l'antica struttura tradizionale dello Stato e della società. La *polis* di Pericle era, secondo Sofocle, per lo meno pericolosamente vicina a perdere il carattere dell'antica *polis*, e, proprio nella grandezza di Pericle come uomo, Sofocle doveva vedere un pericolo per il reggitore stesso e per l'intera comunità. Il passo dalla realtà al mito era breve.

Un tratto caratteristico del razionalismo è la sua etica. È vero che esso può condurre all'arroganza e all'autoincensamento, ma nella sua vera essenza sono riposti quegli alti criterî etici che per il razionalista costituiscono il fondamento di ogni sua azione. Nel caso del reggitore questo impegno etico significa un alto criterio nella scelta dei mezzi e degli indirizzi dei proprî atti di governo. Appunto questo impegno etico è, come abbiamo veduto, caratteristico dei principî teorici professati da Creonte e, in particolar modo, delle azioni di Edipo; la stessa cosa vale per Pericle. Il contrasto tra Pericle e Sofocle sta soprattutto nel conflitto fra etica e religione; si tratta di un fenomeno in cui ci imbattiamo continuamente nel corso della storia. Euripide, Tucidide ed altri dimostrano con tutta chiarezza quanto fossero valide le forze morali con cui il razionalismo cercò di affrontare l'irrazionalismo [18].

---

[18] Ciò rimane vero, a nostro avviso, anche se abbiamo potuto renderci conto del forte irrazionalismo ancora presente in Euripide.

III. *Pericle e Sofocle.*

Nel corso della nostra ricerca fummo costantemente portati dagli uomini alle circostanze e dalle circostanze agli uomini. Ora ci volgiamo un'ultima volta a coloro che hanno rappresentato l'oggetto dei nostri interessi storici e al contempo il lume che ha rischiarato il nostro cammino. Mi rifaccio pertanto al tema da ultimo accennato, per esaminare ancora una volta l'uomo religioso e l'uomo etico, in quanto individui. Abbiamo ben presenti le parole di rimprovero rivolte da Pericle a Sofocle, in cui si diceva che gli occhi di uno stratego dovevano essere non meno puri delle sue mani (Plutarco 8, 9). L'aneddoto è certamente tipico per entrambi, sia esso vero o non. Lo stesso contrasto si rileva nel rispettivo comportamento nei confronti della normale vita comunitaria dei loro concittadini. Numerosi aneddoti ci informano che Sofocle, al contrario di Pericle, — il quale era un uomo solitario —, aveva una natura gioviale e amava la lieta compagnia e le piacevolezze della vita in genere. Pericle aveva bensì seguaci politici, ma dei suoi pochi amici nessuno era uomo politico. Il fatto che non esistesse un gruppo di suoi amici politici rappresentava un ulteriore motivo perché lo si accusasse di tirannide. Anche se agli inizi della sua carriera politica Pericle, pur di acquistare potenza, non aveva disdegnato i mezzi demagogici, nondimeno mai fu un tipico demagogo. Soltanto raramente suscitò l'entusiasmo e fu amato da pochi; tuttavia non è che la sua riservatezza fosse un errore psicologico e le si debba imputare, almeno in parte, la temporanea perdita di potere da parte sua. Il popolo lo ammirava e lo venerava. Il motivo non ultimo della sua strapotente influenza stava in sostanza in questo: che si sapeva con quanta fermezza egli si attenesse ai più alti criterî etici, sia per ciò che riguarda il suo comportamento umano in genere, sia, particolarmente, negli affari finanziarî. Ha quasi sapore d'ironia che un malevolo pettegolezzo trasformasse un uomo così austero e moderato in un libertino dissoluto, naturalmente solo a motivo della di lui relazione con Aspasia (Plutarco 13, 15 sgg.). Il suo carattere di solitario risulta dalla sua maniera di vivere: lasciava la casa soltanto quando lo esigessero i pubblici affari ed evitava tutti i banchetti e simposî (Plutarco 7, 5). Né, d'altra parte, fu scrittore; si dice che non lasciasse nessuno scritto, tranne i decreti dell'*Ecclesìa* da lui proposti. Soltanto un paio di frasi dei suoi discorsi si fissarono nella memoria degli uditori e non furono dimenticate (Plutarco 8, 7). I suoi grandi piani politici per l'espansione della potenza ateniese andarono quasi tutti a vuoto. Poiché Pericle si affidava unicamente al proprio raziocinio e alla fiducia popolare, commise parecchi errori; ma ne trasse insegnamenti, pur non abbandonando mai i suoi principî fondamentali; mai venne meno al proprio ideale più profondo: rendere Atene più grande e più bella. Una volta però incorse in un errore che fu fatale. Non poteva prevedere la peste; ma avrebbe dovuto sapere che la sua condotta della guerra, in sé ragionevole, non poteva essere condivisa dai contadini e perciò da una parte oltremodo importante della popolazione, dal momento che essa comportava la devastazione dei loro campi e delle loro case; previde in verità inimicizie personali; nondimeno sottovalutò le vaste conseguenze generali [19]. Ciò che Pericle sostiene a questo proposito appare, nella relazione di Tucidide (II 62), estremamente destituito di senso psicologico.

Pericle obbedì sempre e soltanto al raziocinio? Se riandiamo col pensiero agli inizî della sua carriera politica, ossia al democratico degli anni sessanta e all'imperialista degli anni cinquanta, saremmo indotti a dubitarne. Si è voluto contrapporre la prudenza del comandante militare e la saggezza della politica di Pericle allo « spirito avventuroso e quasi romantico dell'imperialista », quale si manifesta altresì in diversi punti dei due grandi discorsi contenuti nel secondo libro delle *Storie* di Tucidide [20]. In questa sede non ci occuperemo degli inizî della carriera politica di Pericle. Come imperialista, egli continuò la tradizione iniziata da Temistocle e mantenuta da Cimone, spingendosi però al di là di entrambi. I grandi fallimenti incontrati da Pericle in questo campo, sopra tutto la spedizione in Egitto e il tentativo di fondare un impero sul continente greco, sono la conseguenza della sua errata valutazione delle forze ateniesi; tuttavia dubito che i piani di Pericle fossero soltanto romanticismo avventuroso. Anche se egli incorse in errori, l'imperialismo di Pericle fu sempre freddo e sistematico. I suoi « piani più romantici »: il congresso panellenico e la fondazione di *Thurii* non furono l'espressione di una politica radicata nel sentimento, bensì frutto di un intelletto lu-

---

[19] Cfr. M. Delcourt, *Périclès*, p. 227.
[20] Gomme, *JHS*. 71, 1951, p. 75.

cidamente calcolatore. All'imperialismo attivo e battagliero della prima fase, infrantosi definitivamente con la crisi del 447/6, seguì un imperialismo pacifico, che ripeteva le proprie origini assai più addietro, ma non ebbe neppure esso un grande successo. La parola d'ordine fu quindi «potenza navale e impero», però non si parlò più di espansione del dominio ateniese o anche soltanto dell'influenza di Atene (cfr. Tucidide II 65, 7). L'evoluzione razionale della politica periclea ci riesce ancora individuabile.

Naturalmente non esiste assolutamente alcun uomo che sia fatto di solo raziocinio; ed è anzi, fino ad un certo punto, vero che ogni uomo porta in sé «due anime». Si può dire a ragione che, quanto più grande è un uomo, tanto più complessa è la sua natura. Ciò vale anche per Pericle, sebbene egli sia forse il più armonico di tutti i grandi statisti della storia. Anche se i suoi atti furono guidati dal raziocinio, egli era tuttavia uomo dotato di grandi facoltà immaginative, anzi, di preveggenza profetica. Senza dubbio fu anche uomo prudente, ma insieme estremamente coraggioso; e si sa che il coraggio può indurre ad avventure persino un lucido ragionatore, senza peraltro alterarne il peculiare carattere. Ci fu sopra tutto un ben preciso e profondissimo sentimento che in qualche occasione poté vincere il chiaro raziocinare di Pericle: il suo patriottismo, il suo amore appassionato per Atene, la sua ambizione di rendere grande la patria, il cui simbolo più genuino era costituito dalla statua fidiaca di Atena nel Partenone. Quando nei suoi discorsi Pericle si richiama alla gloria immortale, si tratta soltanto di una estrinsecazione di questo suo particolare sentimento, ed esiteremmo a chiamarlo romanticismo. Neanche la lotta condotta contro gli ἀπράγμονες, — i membri manifestamente «inutili» della società —, in virtù della quale Pericle divenne il propugnatore di una sorta di πολυπραγμοσύνη, dovette oltrepassare i limiti di una politica basata sul raziocinio [21]. Sembra oltremodo dubbio che Tucidide ritenesse Pericle effettivamente dotato di una duplice personalità, ossia insieme saggio e avventuroso; ma, anche se ciò fosse vero, non sarebbe comunque per noi motivo sufficiente perché se ne debba seguire l'opinione; infatti, dietro questa duplicità è opportuno vedere l'unità. A nostro avviso, nulla sembra impedire una sintesi unitaria di appassionato patriottismo e di lucido intelletto raziocinante.

---

[21] Cfr. *JHS*. 67, 1947, pp. 48 sgg.

Pericle aveva natura austera e fiera; e, nonostante tutta la sua fiducia nell'uomo, era molto meno « umano » di Sofocle. D'altra parte, però, — il che è notevole —, Pericle non conobbe limiti angusti, perché era uomo troppo saggio e troppo grande. Si pose al di sopra di qualsiasi convenzionalità, come è dimostrato anche dalla sua vita privata, e tuttavia seppe sentire vivamente il legame delle convenzioni. Ciò è attestato, ad esempio, dal suo atteggiamento nei confronti della religione tradizionale e, per un altro verso, dal fatto che divenne il protettore di grandi architetti e scultori, il che rappresentava più che un puro mecenatismo. Non solo conferì a Fidia la sovrintendenza a tutti i piani architettonici e artistici (Plutarco 13, 6), ma gli offrì anche la propria amicizia personale; in altre parole, non era valido per Pericle il pregiudizio diffuso principalmente negli strati superiori della società, secondo cui gli scultori andavano trattati come βάναυσοι, ossia come vili artigiani. Inoltre, partiva probabilmente dal senso e dal giudizio estetico di Pericle l'ispirazione che rese possibile ad architetti e a scultori di operare quelle ardite innovazioni che contraddistinguono quasi tutti gli edifici dell'epoca [22]. Pericle stesso aveva taluni tratti dell'artista; possedeva l'amore per tutto ciò che è bello, —, il quale amore, in sé, non era un dono raro per un ateniese —, e seppe collegarlo con il rigore etico e con l'accortezza politica. Probabilmente Pericle dovette alla sua relazione con una donna straordinariamente colta e intellettualmente vivace, qual era Aspasia [23], un certo ammorbidimento della sua natura austera e severa. Ma, in quanto uomo di Stato, rimase un moralista e un intellettuale [24].

Sofocle non fu né l'uno né l'altro. A questo proposito, a parte quanto abbiamo già detto, vorremmo addurre un'ulteriore testimonianza, il cui significato può essere abbastanza profondo.

---

[22] L'importanza di Ittino nell'ambito di questa architettura « moderna » viene messa in luce da F. NOACK, *Eleusis*, pp. 156 sgg.; 167 sgg.

[23] Non sarei propenso a vederne riflessa l'immagine in Giocasta. Tuttavia mi sembra di poter accettare quest'affermazione di WHITMAN, *op. cit.*, p. 135: « There may indeed be a touch of Aspasia about Iocaste, as there may be a touch of Pericles in Oedipus ».

[24] Come il ritratto di ogni grande uomo; anche quello di Pericle è stato tratteggiato a tinte assai diverse. La mia caratterizzazione dello statista ateniese va giudicata per quello che essa è. Non mi pare opportuno citare qui in particolare qualche opera della ricca letteratura intorno a Pericle; *il libro su Pericle non è ancora stato scritto*.

Si tratta di una breve notizia, che è stata poco notata, contenuta nella *Vita* (6); essa ci è data dallo storico ellenistico Istro che, a quanto pare, era informato in certo qual modo intorno a Sofocle, anche se molte delle sue notizie sono insensate e mero pettegolezzo (vedi *Vita* 1. 3. 14). Tra le altre cose Istro riferisce che il poeta introdusse l'uso di calzature bianche per gli attori e per il coro [25] e che nei suoi drammi scrisse le parti, per così dire, su misura per gli attori disponibili, notizia questa, che non si dovrebbe trascurare con troppa disinvoltura. Tra l'altro, Istro ci informa che Sofocle fondò un θίασος, consacrato alle Muse, « di uomini colti » (ἐκ τῶν πεπαιδευμένων). Si è voluto vedere in esso un'associazione di attori, ma altresì, e in maniera più plausibile, una sorta di circolo letterario [26]. Anche la fondazione di Platone, istituita nei giardini di Academo, era un θίασος consacrato al servizio delle Muse. Sofocle non educava filosofi o matematici: nel suo θίασος non intendeva affatto svolgere opera di educazione. I membri di esso erano già dotati di una certa preparazione intellettuale, ossia erano « colti ». È probabile che il termine sia piuttosto di Istro che di Sofocle, sebbene ciò non sia certo; quanto al significato, esso indica che Sofocle si intratteneva volentieri con uomini intelligenti e colti, forse con i suoi « fratelli in Apollo »; probabilmente, però, il circolo era più esteso. Possiamo ritenere che vi regnasse un'atmosfera di letizia e che la conversazione fosse acuta e spiritosa. Non è probabile che Pericle vi partecipasse di persona, bensì Erodoto, e non sorprenderebbe di trovare, tra gli eventuali invitati, Protagora. Anche se non sappiamo se Sofocle e Pericle si incontrassero nell'àmbito del θίασος, appare tuttavia certo che Sofocle stesso non fu nelle cose dello spirito un mero reazionario. Egli intratteneva conversazioni e discussioni con « intellettuali » e, come ci attestano le sue opere, era informato assai bene circa le nuove correnti di pensiero.

La sua calda e vivace umanità, le sue appassionate convinzioni e il suo spirito largamente aperto: tutti questi elementi contribuirono a formare in lui il grande poeta, che nel proprio

---

[25] Per ciò che riguarda Sofocle, quale probabile inventore del coturno: cfr. Servio nel commento a Virgilio, *Egloga* 8, v. 10.

[26] Cfr. HERZOG, *SB. Berlin Akad.*, 1935, p. 973; WEBSTER, *op. cit.*, p. 7, contrariamente a POLAND, *Griech. Vereinswesen*, p. 131; A. v. BLUMENTHAL, *RE*. III A, 1049.

genio poetico vedeva, starei per dire, un obbligo morale. Mai Sofocle avrebbe potuto riconoscere che criterî etici areligiosi, d'uomini come Pericle, contenessero una morale universalmente valida. Si dice che Sofocle affermasse che Eschilo scrisse τὰ δέοντα, senza sapere perché (Ateneo I 22 a), e che Euripide rappresentava gli uomini così come essi erano nella realtà, mentre lui li concepiva così come dovevano essere (Aristotele, Poetica 1460 b, 34). Queste due osservazioni dimostrano nel loro assieme con quanta ponderatezza consapevole procedesse il poeta nella sua opera di creazione poetica e drammatica dei proprî personaggi. Il principio di una rappresentazione dell'uomo « così come deve essere » attesta che gli eroi e le eroine di Sofocle erano veramente eroici, cioè uomini nel senso migliore e più elevato del termine. Si è visto in ciò un tentativo da parte del poeta, « inteso a plasmare i suoi personaggi principali come incarnazioni della più alta ἀρετή, in conformità dell'ideale auspicato dai maggiori educatori del suo tempo »[27]. A me sembra piuttosto un aspetto del fatto che Sofocle intendesse insegnare qualche cosa attraverso le parole e gli atti dei proprî personaggi drammatici, ossia, in altri termini, perseguisse con la sua opera fini ben determinati al di là dell'àmbito meramente artistico. In base a questo, appare plausibile che da Sofocle partisse la diana di battaglia e l'ammonimento a guardarsi dai pericoli dell'umanismo razionalistico che tanta potenza andava acquistando in quell'epoca.

Il mondo dei drammi sofoclei era incentrato più sull'uomo che sugli dèi. Ma non si trattava dell'uomo « qualunque », né del cosiddetto « piccolo uomo », — nonostante se ne riscontrino alcuni tipi ben disegnati, come ad esempio la guardia nell'*Antigone* o il messo e il pastore nell'*Edipo Re*. Si trattava di uomini grandi, poiché solo a uomini siffatti il poeta poteva imporre il grave peso tragico dell'affrontare il proprio destino: ad un destino che in tutte le sue molteplici e mutevoli ambagi è segnato dagli dèi. Le tragedie di Sofocle hanno per oggetto l'uomo e tuttavia il loro ambito non è limitato unicamente ad un mondo puramente umano. Mentre Pericle stava dalla parte dei filosofi, Sofocle stava da quella degli dèi. Questo fatto dovette essere attestato dagli atti della vita di Sofocle; e, del resto, possediamo

---

[27] W. JAEGER, *Paideia* I, p. 335.

una significativa testimonianza in proposito. Quando nell'anno 420 il culto di Asclepio fu introdotto in Atene, Sofocle, probabilmente in veste di sacerdote di un eroe taumaturgico locale, andò incontro alla nuova divinità, per accoglierla (*Vita* 11). Questo avvenimento costituisce una prova tanto della *pietas* di Sofocle, quanto della stima che il poeta godeva presso gli Ateniesi; poiché si trattava di un privilegio da lui acquisito certamente attraverso una vita dedicata al fedele servizio delle divinità [28]. Con questo pèrdono valore tutti i tentativi intesi a interpretare l'arte di Sofocle come « umanistica » e perciò addirittura come quella che risentirebbe l'influenza delle dottrine sofistiche. L'avvenimento suddetto culminò in questo: che Sofocle stesso dopo la sua morte fu posto tra gli eroi con il nome di Dexion, ossia « colui che accoglie », e fu venerato insieme con Asclepio. Questo fatto insolito e singolare rappresentò la più alta espressione dell'affetto dei suoi concittadini [29] e insieme la più valida testimonianza del suo stretto legame con gli dèi. Fu la degna ricompensa per l'uomo Sofocle.

Nella moderna scienza dell'antichità è divenuto, per così dire, un articolo di fede l'affermare che Sofocle fu il vero rappresentante dell'età periclea, che questi e Pericle, nonché Fidia, il quale era terzo « fra cotanto senno », furono spiriti affini e raggiunsero, ciascuno nella propria sfera, una perfezione e una armonia « classiche » [30]. Vi è un certo pericolo in una siffatta maniera di considerare sia questi singoli personaggi e il loro operato, che l'età periclea nel suo insieme: ossia il pericolo di idealizzare alcunché di molto reale e concreto, di uccidere qualcosa di estremamente vivo, che poteva anche configurarsi in maniera

---

[28] Cfr. FERGUSON, *Harvard Theol. Rev.* 37, 1944, pp. 86 sgg. Probabilmente Sofocle ha scritto il suo inno ad Asclepio (fr. 4 Diehl) dopo l'ingresso del dio in Atene e dopo l'effettiva istituzione del suo culto. Per quanto riguarda l'attribuzione a Sofocle di un noto peana anonimo, vedasi OLIVER, *Hesperia* V, 1936, pp. 91 sgg.

[29] Cfr. *Vita* 7: ... τοῦ ἤθους τοσαύτη γέγονε χάρις ὥστε πάντη καὶ πρὸς ἁπάντων αὐτὸν στέργεσθαι. Ciò rimane valido, anche se il culto degli eroi era prerogativa dei soli orgeoni (FOUCART, *Le culte des héros*, pp. 125 sgg.).

[30] Una rara eccezione costituisce a questo proposito il DE SANCTIS nella sua pregevole *Storia dei Greci*, 1942. Ivi il capitolo su Sofocle e Pericle fa sèguito ad uno su Pindaro ed Eschilo; e dopo si hanno quattro capitoli sull'età periclea, di cui l'ultimo intitolato « La vita spirituale dell'età periclea », che tratta esclusivamente dei Sofisti e di Ippocrate.

controversa e piena di contraddizioni. Il còmpito del presente studio è stato piuttosto quello di indicare i contrasti e il complesso travaglio spirituale dell'età periclea, che non di tratteggiarne il profilo armonico, quale si presenta soprattutto a chi la consideri con distacco. In particolare abbiamo cercato di mostrare come tra i mondi spirituali di Sofocle e di Pericle esistessero differenze, contrasti, anzi: conflitti. Ci si potrebbe rappresentare forse i due uomini come una delle note erme bifronti, le cui teste sono saldate, ma guardano in direzioni opposte. Di Fidia sappiamo troppo poco perché si possa asserire con sicurezza da quale parte pendesse in quel grande conflitto di idee, per quanto forse sia possibile individuare un senso più profondo nel fatto che il più pericoloso di tutti gli attacchi indiretti mossi contro Pericle avesse per obbiettivo immediato Fidia. Naturalmente non si è mai potuto aggregare Sofocle alla categoria degli « atei », neppure operando i più inauditi distorcimenti. È comunque essenziale avere chiara coscienza delle tensioni che si agitano al di sotto della superficie caratterizzata dall'unità e dall'armonia.

Tuttavia si pone il problema di vedere se sia effettivamente vero che tale armonia sussistesse soltanto in superficie. In sostanza, i tre grandi contemporanei dovettero essere legati da un vincolo più profondo, che non fosse soltanto il comune amore per Atene. Non occorre cercare a lungo quale fosse questo denominatore comune, poiché, in effetti, lo abbiamo già toccato. La molla unificante e propulsiva, anche se partiva da origini e motivi oltremodo differenti, era costituita dalla comune fede, che animava i tre « spiriti magni », nella perfettibilità dell'uomo, in un ideale umano comune, fondato sopra principî saldi e realistici, sulla ferma volontà di dare il proprio assenso alla realtà. Questa ferma volontà è più agevolmente individuabile nello statista e nel poeta, che nello scultore; tuttavia essa era viva, sebbene in modi diversi, presso tutti e tre. Senza questa volontà il fine ulutimo ideale, l'uomo armonico, sarebbe rimasto meramente formalistico e vuoto. Le tragedie di Sofocle, l'orazione funebre di Pericle, il fregio del Partenone (anche se è dubbio che ne fosse l'artefice Fidia stesso): tutti parlano il medesimo linguaggio, il linguaggio della fede nell'uomo. In questa fede si adunano le fila discordi; nondimeno resta il fatto che esse siano discordi. La prospettiva tragica e il pio fatalismo del poeta sono estranei all'ottimismo attivo ed umanistico dello statista; nondimeno ci è lecito paragonare forse le immagini delle divinità sofoclee con le grandiose statue crisoelefantine di Fidia.

Si deve ritenere che l'armonia dell'uomo non fu soltanto per i tre grandi uomini fine e contenuto del loro operare. Non è possibile pensare che essi stessi non possedessero tale armonia. Tutto ciò che sappiamo circa il carattere, lo spirito e la vita di Pericle e di Sofocle è tale da suscitare in noi la convinzione che in loro esistesse, staremmo per dire, una armonia prestabilita, la quale era tanto forte e tanto grande, da trionfare su tutti i conflitti. L'imperturbabile serenità dell'olimpico Pericle era pressoché proverbiale. L'armonia spirituale di Sofocle ci parla ancora attraverso l'eco dei più autorevoli giudici, ossia per bocca di poeti e pensatori che vissero al suo tempo o dopo di lui: da Ione e da Aristofane fino a Hölderlin, da Aristotele a Hegel e a Nietzsche.

CAPITOLO OTTAVO

CONCLUSIONE

Nel corso dei secoli i diversi personaggi della tragedia attica hanno variamente impressionato i posteri. Racine ha scritto una *Andromaca* e una *Fedra*. Nel corso dei secoli XIX e XX si scoperse la figura di Antigone. La sua lotta e il suo destino furono assunti a simbolo, tuttavia non sempre per i medesimi motivi. È questo un segno di immortalità. Questo studio ha cercato di individuare le più profonde e riposte ragioni cui Sofocle ha conferito espressione nelle sue tragedie. Una grande figura umana, una volta che sia stata chiamata in vita sulla scena, è «forma coniata che vivendo evolve». «La legge, secondo cui essa imprende ad operare», è riposta nella sua più intima natura ed essenza. La figura è scaturita dal genio del poeta; ma sovente si sviluppò assai al di là delle consapevoli intenzioni di costui. Così, Antigone è divenuta la vessillifera dell'umana coscienza contro la ferocia e la disumanità della ragion di Stato: l'«eterna ribelle» o l'«eterna eroina della legge di natura». Ci si può chiedere se Sofocle avrebbe riconosciuto la propria creatura in queste nuove incarnazioni.

Non erano ancora passati cinquant'anni dalla prima rappresentazione dell'*Antigone* e soltanto sette dacché Sofocle era morto, quando gli Ateniesi condannarono a morte Socrate. Questi aveva dato ascolto alla propria voce interiore, alla sua coscienza. Mai aveva disprezzato o avversato la religione e la legge. Ma tra i suoi discepoli vi furono alcuni che lo fecero fino al punto da rinnegare gli dèi e tradire la patria. Da questo la maggioranza dei giurati trasse la conclusione naturale e, dal loro punto di vista, neppure del tutto erronea, che Socrate corrompeva i giovani. Ma, se il creatore dell'*Antigone* e dell'*Edipo Re* fosse stato in quel tempo ancora in vita e uno dei giurati, avrebbe condannato Socrate?

Nel *Gorgia* (515e) Platone rimprovera Pericle di aver reso gli Ateniesi « pigri, vili, loquaci e avidi ». Si tratta naturalmente di un travisamento oltremodo ingiusto, basato sul solo fatto che Pericle aveva introdotto per primo un emolumento per determinate cariche pubbliche. Per Pericle ciò rappresentava una naturale conseguenza della sua concezione razionalistica della democrazia; ma fu il principio della fine e ad esso va imputato almeno in parte il radicalismo demagogico ed il crescente materialismo dei decenni successivi. C'è da chiedersi se Pericle avrebbe riconosciuto il proprio Stato e il suo popolo nell'Atene di Platone.

Non avanziamo la pretesa di poter fornire una risposta esauriente e definitiva a questi tre quesiti. Essi costituiscono soltanto una esemplificazione, facilmente moltiplicabile, e servono a dimostrare in qual misura le idee e i fatti storici risultino in più modi e spesso deformati dalla storia stessa. In base a questo principio si potrebbe negare qualsiasi legittimità alla professione dello storico; d'altra parte, si potrebbe sostenere, con non minor ragione, il contrario: ossia che soltanto lo storico può, con il miglior grado di scienza e di coscienza (di cui spesso ve n'è poca), scoprire la verità sottesa alla deformazione, proprio perché egli assume un atteggiamento più distaccato e opera per lo meno il tentativo di servirsi di testimonianze imparziali. Non ci si può aspettare sinceramente che uno recida il ramo su cui sta appollaiato. Pertanto proponiamo di continuare la nostra indagine attenendoci a questa seconda premessa.

La storia dell'umanità è un'eterna lotta tra forze conservatrici e progressive. Se appena ci rendiamo conto di questo fatto, non chiederemo più quale parte abbia ragione. Hanno ragione entrambe, perché entrambe sono necessarie. D'altra parte, la cosa si prospetta alquanto diversamente, quando si considerino i due termini nell'àmbito di determinate concrete e circonstanziate condizioni storiche. Diviene allora còmpito dello storico separare ciò che è necessario, — perché imposto dalle particolari circostanze di un determinato tempo —, e perciò giusto, da ciò che di volta in volta appare non necessario e perciò falso. Ma pure in questo caso lo storico si troverà per lo più in grado di non far torto a nessuna delle due parti. Naturalmente può errare; infatti il suo giudizio è certamente condizionato dalle proprie convinzioni di fondo. Non ci si può attendere che protestanti e cattolici abbiano le medesime opinioni, o per lo meno opinioni analoghe, in merito alla necessità storica della Riforma. Lo storico dell'antichità è avvantaggiato dal fatto che gli riesce più facile di essere obbiettivo.

Nell'Atene del V secolo la *polis* greca ha raggiunto la sua acme. Che questa forma statuale, poi, presentasse gravi deficienze e i suoi limiti fossero angusti, non ci interessa in questo momento. Uno Stato, quale fu l'Atene di Pericle, ha prodotto, in virtù della sua stessa essenza e delle sue acquisizioni, la piena giustificazione di una forma statuale che in altri tempi poteva portare — ed in effetti portò — al declino e all'autodissoluzione. Atene fu l'esponente più significativa e insieme più caratteristica del tipo statuale della *polis*. La *polis* ateniese poggiava su pochi principî fondamentali, che forse potrebbero essere formulati nei seguenti termini: una piccola comunità di uomini, ligia all'osservanza delle proprie divinità; l'unità economica di un piccolo territorio, il cui centro era costituito da una sola città; una costituzione fondata esclusivamente sui diritti e sui doveri dei cittadini; l'imperio della legge, in cui si estrinsecava sia la tradizione che la volontà di giustizia dei cittadini; la libertà dell'individuo, che però era valida soltanto per i cittadini in quanto fedeli servitori del proprio Stato. L'evoluzione della *polis* dal VII al V secolo consistette nel graduale processo inteso allo svolgimento più profondo e più ampio di questi principî fondamentali. Politica, religione, legge ed economia appartenevano tutte all'insieme unitario, e in sé conchiuso, della *polis*.

Questo insieme unitario incominciò a frantumarsi allorché le singole parti si distaccarono l'una dall'altra: la politica cadde nelle mani di politicanti di professione, che per origini e educazione non erano più esclusivamente radicati nella comunità tradizionale; la *polis* estese il proprio dominio sopra un impero egemonico e i cittadini furono portati assai al di là degli originarî confini dello Stato; la religione divenne nelle mani dei politici mezzo per conseguire il fine e furono applicati criterî areligiosi di vita; la legge non poggiò sugli ordinamenti consacrati o sull'operato di antichi legislatori, bensì fu determinata dai mutevoli umori e passioni delle masse manipolate da oratori e demagoghi; gli interessi economici presero il sopravvento nell'opinione pubblica e la politica fu vieppiù asservita ad essi; il singolo individuo si fece fabbro della propria fortuna confidando che l'intelligenza di cui disponeva, ed essa soltanto, avrebbe potuto decidere del suo successo nella vita. Crediamo non sia necessario chiederci dove fossero situati in questa situazione di scissura Sofocle e Pericle. È evidente che Sofocle stava sul terreno della vecchia *polis*, mentre con Pericle aveva inizio la dissoluzione di essa. Si tratta naturalmente di una constatazione assai schematica e troppo semplificata; soprattutto si tratta di una immagine unilaterale. Ma, fatte queste limitazioni, riteniamo che essa sia veritiera.

D'altra parte troviamo, al contempo, un popolo che soltanto da poco aveva lasciato alle spalle i sogni e le credenze della sua ingenua infanzia e ancora portava i ceppi della superstizione, di rituali primitivi e di rozzi procedimenti giudiziari; molti del popolo non sapevano leggere e scrivere, anche se avevano appreso a combattere, a danzare, a suonare strumenti musicali e a recitare Omero. Insomma, si trattava di un popolo ancora negli anni dello sviluppo. Questo processo formativo era in atto già da due o tre secoli, allorché i Greci d'Oriente e d'Occidente scoprirono la filosofia, cominciarono a sentire ripugnanza nei confronti dell'amoralità dei loro miti, trovarono norme giuridiche più umane, presero consapevolezza della mirabile duttilità e della ricchezza del loro linguaggio e in quanto popolo intero risentirono la crescente influenza della parola scritta. In quel momento, quando cioè i Greci in breve volgere di tempo acquistarono piena coscienza delle loro poderose nuove possibilità di una civiltà fondata sullo spirito e sull'etica, Atene divenne la potenza egemone. Qual è in questo processo la posizione di Sofocle e di Pericle? Non è opportuno ripetere *sic et simpliciter* la differenziazione istituita in precedenza. Essi appartenevano ad entrambi i mondi ed entrambi risentirono l'influsso prepotente delle forze nuove. Ma quanto più decisamente Pericle fu discepolo dell'età nuova, mentre Sofocle ancora aderiva alla vecchia!

Qualsiasi tentativo di trarre conclusioni definitive dalla nostra contrapposizione urta contro ostacoli di grave momento. Si deve cercare di evitare qualunque esagerazione, e, in ogni caso, i risultati della nostra indagine possono essere soltanto constatazioni molto caute, attinte da un esame assai sottile e circostanziato dei dati a nostra disposizione. La storia è una serie ininterrotta di trapassi, tuttavia facciamo distinzione tra periodi che sono prevalentemente epoche di trapasso, e periodi in cui si ha più o meno una stasi. Di contro alla diffusa e superficiale immagine di una armonia che caratterizzerebbe l'Atene « classica », vorremmo rilevare con decisione che l'età periclea fu invece una epoca di trapasso e perciò piena di acute tensioni e di forti contrasti. Ancora una generazione prima, la *polis*, e la vita dei suoi abitanti, erano sostanzialmente intatte; l'età delle guerre persiane vide l'incarnazione della grandezza e dell'unità della comunità della *polis*. Ma le prime avvisaglie della dissoluzione si erano già fatte sentire, e una generazione più tardi ebbe inizio quell'individualismo che minò per largo tratto l'unità stessa; l'èsito sfortunato della grande guerra intestina tra Elleni completò il disfacimento interno della *polis* ateniese. In mezzo va situata l'età di Pericle e di Sofocle; ed in effetti i due grandi uomini stettero a cavaliere tra queste due generazioni.

Si può dire che fu cosa giusta e necessaria l'accettare le forze nuove che spianarono la via non soltanto per Cleone ed Alcibiade, ma anche per Socrate e Platone; ma fu cosa altrettanto giusta e necessaria che ci si opponesse ad esse, per frenare una dissoluzione troppo repentina. Quando definiamo Pericle un « progressista », dobbiamo chiederci in che cosa stesse questo progresso. È innegabile che progresso ci fu in alcuni settori; ad esso corrispose però, in altri, un regresso. Già il solo fatto di una signoria pressoché autocratica, sebbene si atteggiasse a democratica e, in ultima istanza, subisse effettivamente un controllo democratico, apriva le porte a quelle forze che minavano l'unità della *polis*. D'altra parte, quando si definisce Sofocle un « conservatore » e addirittura un « reazionario », c'è da chiedersi che cosa dovesse essere conservato e contro quali obbiettivi si rivolgesse la reazione. Ancora una volta il problema ci si prospetta nel suo duplice aspetto. Per timore dei pericoli ìnsiti nel razionalismo e in un sistema totalitario Sofocle si adoperò per difendere e conservare cose che, per lo meno in parte, avevano fatto il loro tempo.

La complessa lotta tra forze della conservazione e forze del progresso, che si incarna per noi nelle personalità di Sofocle e di

Pericle (ed è cosa sostanzialmente diversa dalla lotta tra oligarchi e democratici), non ammette la questione circa la ragione o il torto. È assai più affascinante e, in ultima analisi, più pertinente rispetto ai compiti proprî dello storico notare come nell'antitesi e nel contrasto tra i due grandi uomini si rifletta un fenomeno che è eterno ed è reperibile anche in altre epoche e in altre latitudini, seppure in forma di volta in volta mutata, ma sempre quale fenomeno storico analogo. Nell'età periclea si compie una delle grandi rivoluzioni spirituali dell'umanità, ha luogo una lotta tra credenza e credenza, non già tra credenza e miscredenza. Qualche cosa di simile si verificò verso la fine del Medioevo o nel secolo XVI; in entrambi questi casi si ebbe la lotta di un'epoca impregnata di moralità e di spiriti « illuministici » contro le forze vigenti della tradizione. Equiparazioni di questo genere risultano di consistenza estremamente dubbia, qualora debbano servire a incasellare la storia per scomparti o, addirittura, a profetarne il corso futuro. Esse tuttavia rivestono importanza ai fini del còmpito imposto allo storico da Federico Schlegel, quando lo definisce « un profeta rivolto al passato ». Lo storico si trova ad un tempo di fronte al singolo avvenimento, che ha carattere di unicità e di irripetibilità e a problemi eterni e universalmente umani. È vero che la storia si ripete, perché gli uomini, posti in situazioni analoghe, agiscono in modo analogo; ma è altrettanto vero che essa non si ripete mai, perché non si danno mai due uomini perfettamente uguali, né due situazioni assolutamente identiche [1]. Per i Greci non esistevano né modelli, né memoria, almeno nel senso di una ben precisa esperienza storica, da cui potessero attingere. Ogni situazione, ogni tensione, ogni conflitto fu da loro vissuto per la prima volta e perciò in modo schietto. Si può dire che Sofocle e Pericle nella loro vita, nel loro pensiero e nella loro antitesi diedero forma concreta, forse per la prima volta, ad uno degli eterni problemi che travagliano la storia universale.

---

[1] Ho appreso soltanto da una notizia riportata da VOGT (*Gesetz und Handlugsfreiheit in der Geschichte*, 1955, p. 19) che V. PARETO consigliava ai sociologi di attenersi al giusto mezzo tra le due proposizioni suddette, secondo cui, o la storia non si ripete mai, o, invece, si ripete sempre. È probabile che anche altri storici siano già pervenuti a questa stessa opinione.

APPENDICE

I tre comandamenti e le leggi non scritte

L'etica popolare dei Greci conosceva poche norme o leggi fondamentali; per solito le tre rappresentate dal τιμᾶν (o σέβειν) θεούς, γονέας, ξένους. Talvolta si trova la terza mutata in πείθεσθαι νόμοις o anche in qualche precetto del tutto diverso. Tuttavia, nonostante un certo fattore di fluttuazione, in generale si riscontra l'unanimità tra le nostre fonti riguardanti quanto una volta Walter Headlam chiamò pertinentemente « i tre comandamenti greci », quantunque essi siano del tipo positivo (« Tu devi ») e non negativo (« Tu non devi »). Si riferisce (Seneca, *Mem.* IV, 4, 19 sgg.) che Socrate, come abbiamo già ricordato, abbia chiamato questi comandamenti ἄγραφοι νόμοι e, quasi generalmente, si è consentito nella tesi che questo appellativo esprimesse, una volta per tutte, la situazione di fatto sussistente a proposito delle leggi non scritte dei Greci. Se ci si attiene a questa opinione, ogni volta che si legge ἄγραφοι νόμοι, si deve ritenere che vi si sottintendano i tre comandamenti di onorare gli dei, i genitori e gli stranieri. Quest'argomento è stato sottoposto a nuova indagine e formulazione dal prof. G. Thomson, che ha aggiunto una propria teoria, secondo la quale tali leggi trovano la loro origine nei misteri di Eleusi e nelle dottrine mistiche dei Pitagorici e degli Orfici. Questa teoria, dal fondamento antico, ma fatta ora rivivere, è esposta con molta dottrina e con sagacità; nell'occuparci delle vedute di Thomson, intendiamo quindi coinvolgere nel giudizio anche quelle d'altri studiosi le quali fondamentalmente si riducono agli stessi elementi [1]. Dobbiamo discutere la teoria di Thomson almeno per quanto ha attinenza coi nostri problemi. Sebbene non vi sia niente di mistico in quanto concerne le tre norme in sé, Thomson sembra possa avere qualche giustificazione, fino ad un certo punto, nel sostenere che esse ebbero una funzione nell'escatologia di taluni misteri; esse fornirebbero sovente, se non affatto esclusivamente, i criteri di giudizio che determinano la remunerazione o la punizione nel mondo dell'al di là [2].

È di gran lunga meno probabile invece che queste tre norme derivassero effettivamente dalla religione misterica. Il mero fatto che esse non fossero gli unici princìpi delle tre forme ricordate d'etica mistica, sebbene fossero a tutte comuni, rende assai improbabile la supposizione che siano state tratte da una qualsiasi delle tre. Per esempio ci basta scorrere il catalogo delle regole di vita pitagoriche, così com'è riportato da Diogene Laerzio (VIII, 23) per renderci conto in quali bizzarre forme ed in quanto mista compagnia potessero apparire i tre comandamenti. Vi sono altri esempi. Senocrate (Porfirio, *De abstin.*, IV, 22) conosce una triade diversa: γονέας τιμᾶν, θεούς καρποῖς ἀγάλλειν, ζῷα μὴ σίνεσθαι, che egli ascrive a Trittolemo, cioè ad Eleusi; effettivamente questa triade coi suoi sacrifici di frutta e la sua proibizione dell'uccisione di animali, subisce una evidente influenza da parte delle regole pitagoriche. Mentre il precetto di seppellire i morti appare talvolta tra gli atti prescritti dalle leggi eterne (per es. Isocr.,

---

[1] C. Thomson, *Aeschylus' Oresteia* I, 51 s., 269 ss. III, 362 ss., che segue una pagina precedente in J.H.S., 5 (1935), 20 ss. Nell'ampia serie di testimonianze che egli fornisce, sorprendentemente non menziona la «ricapitolazione» che si trova in *Eum.* 540 ss.; si dovrebbero aggiungere inoltre: Eur., frg. 311, Plat., *Leggi* 930 E., Porfir., *De abstin.*, IV, 22; Thomson, 362 ss., cerca di confutare le critiche di Tierney (J.H.S. 57, 1937, 11 ss) ma penso che vi riesca soltanto in parte. Talvolta è persino affatto incerto se addirittura un brano citato da Thomson si riferisca ai tre comandamenti. Non credo, per esempio, che Platone nella sua rappresentazione degli inferi (*Fedro*, 113, 114 A) pensi ad essi quando distingue, tra i peccatori induriti ἢ ἱεροσυλίας πολλὰς καὶ μεγάλας ἢ φόνους ἀδίκους καὶ παρανόμους πολλοὺς ἐξειργασμένοι e quelli invece che possono essere guariti, quanti hanno commesso gravi delitti, οἷον πρὸς πατέρα, ἢ μητέρα, ὑπ' ὀργῆς βίαιόν τι πράξαντες, ma in seguito si sono pentiti, ο τοιούτῳ τινὶ ἄλλῳ τρόπῳ, son divenuti omicidi. Altrettanto rilevante è Giamblico, *Vita Pyth.*, 37.

[2] Rimane vero comunque che né il ritualismo magico d'Eleusi né quello ascetico degli Orfici potrebbero essere messi facilmente in accordo con qualsiasi funzione d'un certo significato rappresentata da tali luoghi comuni della moralità.

XII, 169, chiaramente riflesso dalla tragedia), normalmente non ha alcun rapporto di veruna sorte con le tre regole. Esse in realtà non vennero mai fissate definitivamente, sebbene, dovunque siano citate, rimangano norme di comportamento definite e limitate. Comunque era variabile l'accentuazione dell'una e dell'altra regola, fenomeno comune in tali concezioni d'etica popolare; una analogia è presentata dai detti dei Sette Sapienti.

I tre comandamenti si legavano e assumevano un rapporto con la religione misterica, se mai lo si debba ammettere, solo come adattamento dell'etica popolare esistente, sebbene, in tal caso, si innalzassero a un livello diverso e diventassero una parte di quei postulati delle vere credenze religiose, ch'eran necessari per assicurare la salvezza all'anima umana individuale in una vita futura.

C'erano relazioni ed influenze reciproche tra Eleusi, Orfismo e Pitagorismo, ma useremo la cautela di non avanzare alcuna supposizione, anche soltanto nella misura in cui sono in questione le leggi non scritte.

Un altro punto dell'argomentazione di Thomson è di rilevanza più immediata per la questione, cui tentiamo di dare una soluzione. Possiamo formularlo come segue: gli ἄγραφοι νόμοι, tutte le volte che sian citati, indicano sempre i tre comandamenti, e d'altra parte, quando questi comandamenti appaiono, singolarmente o tutti insieme, sono sempre intesi come se significassero gli ἄγραφοι νόμοι? Thomson risponde ad entrambi questi interrogativi affermativamente come, in realtà, hanno fatto parecchi altri studiosi. La prima testimonianza a nostra disposizione è di particolare interesse. Eschilo in un canto corale delle *Supplici* (707 sgg.) ricorda i tre comandamenti come scritti ἐν θεσμίοις Δίκης.

Sembra quasi sia affermazione corrente tra i moderni commentatori quella secondo la quale con questa espressione il poeta allude all'idea comune della legge non scritta. Questo brano è stato ricordato all'inizio del Capitolo II dove ci si è resi conto che si doveva intenderlo ponendosi dal punto di vista d'un popolo le cui leggi erano essenzialmente leggi scritte. Le leggi godevano di valore cogente in quanto scritte, sia concretamente su ἄξονες o στήλαι oppure, come qui, metaforicamente in qualche luogo immaginario. Θεσμός o Θέσμιον il termine usato da Eschilo, di per sé significa legge scritta, legge « stabilita » in quanto, per esempio, custodita dai θεσμοτήται e così distinta dalla legge vigente per costume o νόμος. Eschilo usando θέσμιον e non νόμος, segue la concezione che, per esempio, prevaleva nel pensiero di Solone e dominava il sesto secolo, concezione secondo la quale era nella natura d'un θεσμός d'essere scritto; non vi erano mai θεσμόι. ἄγραφοι. I tre comandamenti per Eschilo erano θέσμια Δίκης, leggi di Giustizia, onori immobili, dovuti agli dei e ai genitori ed agli ospiti [3], trasferimento dall'àmbito della legge pubblica a quello della morale generale, ma non mutamento dalle leggi scritte a quelle non scritte. Noi crediamo che l'idea di leggi non scritte non s'introdusse mai nella mente di Eschilo, sebbene egli intendesse porre l'accento sulla natura divina e immutabile di tali leggi [4]. Eschilo era un iniziato d'Eleusi; certamente conosceva le prescrizioni che venivano interpretate dagli Eumolpidi, sebbene non vi sia necessità di supporre che le conoscesse come ἄγραφοι νόμοι. Tali prescrizioni, quali sono menzionate nello Pseudo-Lisia VI, 10, non possono essere consistite semplicemente nei precetti di adorare gli dei ed onorare i propri genitori ed ospiti. Avevano un carattere palesemente tecnico (vedi sopra, p. 67, VI del Cap. II). L'accusa contro Andocide nel processo svoltosi ai suoi danni fu quella di aver violato certi canoni ritualistici sacri. L'unico dei tre comandamenti che eventualmente potrebbe essere preso in considerazione in quell'accusa è il precetto di σέβειν θεούς, ma è di gran lunga troppo generico, per potervisi adattare. La contestazione verteva sul se e sul quando fosse permesso porre un ramo sull'altare. C'era un regolamento attinente a quest'atto e gli Eumolpidi avevano l'incarico di applicarlo al caso in questione; la legge non scritta rappresentava dunque un rituale ben specificato e non un comandamento vago e generico. Non v'è dubbio di alcun genere sul fatto che gli ἄγραφοι νόμοι di Eleusi non erano la stessa cosa che i tre comandamenti.

Il brano tratto dall'Orazione per i caduti, non ricordato af-

---

[3] Intorno allo ἀμετακίνητοι ... τιμαί dello Scoliaste, cfr. *Historia*, I (1950), 522, n. 21.

[4] Cfr. pure (sullo θεσμούς γράφειν, pag. 56, nota 29) e la mia *Rechtsidee*, 113. Può essere significativo sebbene la fonte non sia attendibile, che Porfir., *De abstin.*, V. 22 dopo aver citato Senofonte (vedi sopra, alla pagina 230): ricordi θεοὺς τιμᾶν καὶ ἥρωας ἐγχωρίους come legge di Dracone, θεσμὸς αἰώνιος τοῖς Ἀτθίδα νενομένοις.

fatto da Thomson, non è così alieno dalle tre regole generali come quello dello Ps. Lisia.

Forse esse potrebbero essere ampliate fino a coprire quasi ogni atto della vita sociale e quindi pure le esigenze espresse dalla pubblica opinione cui fa riferimento Pericle.

Dopo aver menzionato le leggi che difendono coloro cui sia stato fatta ingiustizia, eventualmente Pericle può aver parlato delle leggi non scritte in favore dei genitori (o genericamente dei vecchi?) e degli stranieri. Si può asserire anche che il culto degli dei è dovere che la società esige adempiuto da ognuno.

Tuttavia queste conclusioni paiono molto lungi da una spiegazione soddisfacente del brano nella sua interezza. Dobbiamo proprio supporre che Pericle dicesse agli Ateniesi ch'essi erano diversi dagli altri Greci perché solevano render culto agli Dei, onorare i genitori e gli ospiti, e che si uniformavano a tali precetti principalmente per il timore di scadere nella considerazione sociale? Sembra ovvio che gli ἄγραφοι νόμοι di Pericle rappresentassero una concezione molto più ampia e nello stesso tempo più profonda che queste norme d'etica popolare, familiare, alquanto elementari.

È ancor meno il caso di prenderle in considerazione in rapporto alla celebrazione delle leggi non scritte innalzata da Socrate. Nessuno dei passi in cui parla della santità e venerabilità delle leggi eterne corrisponde in modo alcuno alle tre regole. L'unica cui potrebbe riferirsi il gesto di Antigone è ancora σέβειν θεούς, a meno che nella legge del τιμᾶν γονέας includiamo l'onorare anche gli altri membri della famiglia. Anche in questo caso, l'elemento fondamentale del seppellimento non è realmente implicato da alcuna delle tre leggi [5].

Il grande canto di *Edipo Re*, 863 ss., d'altra parte, s'impernia intorno al detto ὕβρις φυτεύει τύραννον e la frase opposta θεὸν οὐ λήξω ποτὲ προστάταν ἴσχων , cioè, intorno al contrasto tra l'ordine e la norma umani e quelli divini. Una volta ancora, l'unico comandamento che potrebbe essere eventualmente rile-

---

[5] Ciò naturalmente è stato notato sopra, come esempio recente ricordo W. Kranz, *Rh. M.* 94 (1951), 236, che asserisce semplicemente che, oltre alle tre norme, ve ne erano altre le quali potevano parimenti ricevere l'appellativo di ἄγραφοι νόμοι come nell'*Antigone* il seppellimento d'un proprio parente. Ma è chiaro come un certo numero di eventuali leggi aggiuntive valirente. Ma è chiaro come un certo numero di eventuali leggi aggiuntive vanifichi il concetto delle tre fondamentali leggi non scritte.

vante è quello di σέβειν θεούς. È possibile asserire con un certo fondamento che « il culto degli dei » è proprio il tema dell'intero canto. Parimenti il poeta si volge al tema dell'opposizione tra tirannia e pietà in altre occasioni, come abbiamo visto, per esempio, quando Agamennone proclama che non è facile per un tiranno essere pio (*Aiace*, 1350).

Nel modo con cui Creonte tratta Edipo e soprattutto nelle parole scettiche di Giocasta sugli oracoli, il coro avverte il pericolo della ἀσέβεια dei tiranni. Comunque scegliere uno solo tra i tre comandamenti significherebbe che i sublimi νόμοι ὑψίποδες sono ridotti soltanto ad una legge elementare e l'intera concezione perderebbe ogni significato. Se, d'altra parte, supponiamo invece che le leggi di Sofocle si pensava includessero tutti e tre i comandamenti, e non solo uno di essi, certamente egli ha tenuto molto accuratamente celato il suo intento e — quanto è peggio — ha effettivamente rovinato il nucleo autentico della concezione del suo magnifico canto. Esso costituisce una esaltazione appassionata dell'ordine divino del mondo ed una difesa altrettanto vigorosa della fede in quest'ordine. Ha poco a che fare con regole come quella d'onorare i propri genitori e d'essere ospitali, e, se le riguarda, s'estende ugualmente a molti altri precetti della condotta.

Soltanto il Socrate di Senofonte chiama i tre comandamenti « leggi non scritte »; in tutti gli altri numerosi passi in cui sono ricordati, non appaiono mai sotto lo stesso nome. Questa circostanza forse non è priva di significato. Thomson stesso parla una volta delle « tre virtù che ad ogni fanciullo si dovrebbe insegnare a praticare », caratterizzazione fondata, principalmente su di un frammento d'Euripide [7], con dubbio fondamento, ma con-

---

[6] THOMSON vede in *Edipo Re*, 865 ss., un abile adattamento del linguaggio tradizionale alla situazione drammatica; perché le leggi sono presentate, in certo qual modo, nei loro rapporti familiari: figlie del Cielo, hanno l'Olimpo come padre, e nessuna natura umana come madre.
  Dubito assai se questo sia stato detto con l'intenzione di alludere alla trama del dramma; ma anche se le cose stessero così, tali frasi non avrebbero alcun rapporto intrinseco con la legge di τιμᾶν γονέας.

[7] Eur., frg. 853: τρεῖς εἰσίν ἀρεταὶ τὰς χρεών σ'ἀσκεῖν, τέκνον/ θεούς τε τιμᾶν τούς τε φύσαντας γονεῖς/ νομούς τε κοινούς Ἑλλάδος· καὶ ταῦτα δρῶν/ κάλλιστον ἕξεις στέφανον εὐκλείας ἀεί. Cfr. pure Pind., *Pyth*, VI, 22 ss., Isocr., I, 16. Nel frammento d'Euripide, τέκνον probabilmente non è in rapporto ad altra situazione che a quella di una persona anziana in atto di parlare od un giovane o od una giovane e non di qualcuno che si rivolga ad un fanciullo. Tuttavia la caratterizzazione generale fatta da Thomson è qui essenzialmente esatta.

cordante con l'impressione generale fatta dai tre comandamenti, dalla loro semplicità e, in certo qual modo, familiarità e dimestichezza. Appartengono ad un mondo chiaramente distinto dalla religione misterica e, d'altra parte, dall'ampia concezione degli ἄγραφοι νόμοι. Per un uomo come Senofonte può essere stato comunque naturale appellarsi ad esse come alle vere leggi non scritte. Erano tradizionali prescrizioni dell'etica della Polis, un luogo comune della moralità che s'adattava alla mentalità di Senofonte molto meglio che a quella di Socrate; forse fu appunto Senofonte ad innalzarli alla funzione di ἄγραφοι νόμοι, e così egli tentò di definire quell'espressione vaga ed indeterminata. Il fatto che la norma di τιμᾶν γονέας fosse una legge scritta attribuita a Solone e contenente regolamenti particolari intorno ai doveri del mantenimento e della sepoltura dei genitori deve essere avvertito come un rude colpo da chiunque creda che queste virtù siano state le vere leggi non scritte [8] (sebbene sia circostanza effettivamente assai significativa).

È credibile forse che la medesima legge potesse stare tra le leggi scritte dello Stato, e tuttavia far parte anche delle non scritte? Se d'altra parte i comandamenti adempivano una funzione in alcuni culti misterici, avvenne soltanto in virtù del loro collegamento con l'idea della remunerazione e della punizione dopo la morte che tali semplici comandamenti etici si mutassero in una concezione più comprensiva.

Il loro contenuto variò, in esigua misura, principalmente per quanto riguardava la terza norma; nei periodi in cui l'ospitalità non aveva più la stessa importanza essenziale che aveva rivestita nelle società primitive, fu naturale sostituirvi qualche altra prescrizione.

Complessivamente, comunque, rimasero entro la loro sfera limitata di luoghi comuni e non attinsero mai un significato sublime o anche soltanto così ampiamente comprensivo, come quello degli autentici ἄγραφοι νόμοι.

La nostra argomentazione probabilmente non è ancora conclusiva. Si può parlare delle « autentiche leggi non scritte »? Con tale espressione che cosa intendiamo dire? Non si può negare che i tre comandamenti mai si estesero all'ambito delle leggi non

---

[8] Diog. Laer. I, 55; cfr. Dem. XXIV, 103 ss., Lisia, XIII, 91, XXXI, 21; Sen. Memor., II, 2, 13.

scritte, né raggiunsero il livello, cui si ponevano nelle parole così di Sofocle che di Pericle; ma è possibile che alcuni, anche anteriormente a Senofonte, usassero la stessa terminologia per presentare i tre comandamenti come regole di vita nate dal costume, che per natura loro rimanevano non scritte e potevano chiamarsi così per conseguire una loro distinzione dalla legge in senso formale. Non sussiste alcuna testimonianza in favore di questa ipotesi, ma anche se fosse accettata come un dato di fatto, sarebbe tuttavia irrilevante in rapporto alla nostra indagine; non muterebbe nulla per quanto riguarda Sofocle e Pericle. Non può essere un puro caso che i due personaggi, ed essi soli, rivelino l'uso che veniva fatto di questa frase almeno fino al tempo della guerra peloponnesiaca, e siamo autorizzati, trattando quel periodo, a considerare come qualità necessaria delle « autentiche » leggi non scritte il disporsi in un ambito illimitato e indefinito.

INDICE

Prefazione all'edizione tedesca . . . . pag. 7

Cap. I - INTRODUZIONE: TRAGEDIA E STORIA
Postille in margine ad un tema di grande momento » 9
I. La tragedia attica . . . . » 9
II. La storia letteraria . . . . » 19
III. Lo storico e la tragedia . . . . . . » 23
IV. La storia come tragedia . . . . . . » 26
V. La tragedia come storia . . . . » 32

Cap. II - LE LEGGI NON SCRITTE
I. Considerazioni preliminari . . . . . » 37
II. La religione di Sofocle . . . . . . » 39
III. Le leggi non scritte di Antigone . . . . » 46
IV. Le leggi sublimi nell'Edipo Re . . . . » 53
V. Le leggi non scritte nell'orazione funebre pronunciata da Pericle . . . . » 58
VI. Le leggi non scritte nello Pseudo Lisia VI . . » 67
VII. Conclusioni . . . . » 71

Cap. III - LA FIGURA DEL SOVRANO IN SOFOCLE
I. I re nei drammi di Sofocle . . . . . . » 77
II. Creonte nell'Antigone . . . . » 81
III. L'inno sulla grandezza dell'uomo . . . . » 90
IV. Edipo nell'Edipo Re . . . . » 97
V. Creonte e Edipo . . . . » 106

Cap. IV - LA SIGNORIA DI PERICLE
I. Pericle e la carica di stratego . . . . . » 109
II. Pericle il tiranno . . . . » 122
III. Pericle il razionalista . . . . » 131

Cap. V - PROSTÁTES, STRATEGÓS, IL PRIMO UOMO
I. Il « titolo » di Pericle . . . . » 141
II. Lo strategós; Antigone, verso 8 . . . . » 148
III. Edipo Re, verso 33 . . . . » 157

Cap. VI - Amministrazione e politica
    I. *Sofocle stratego* . . . . » 163
    II. *Gli Ellenotami dell'anno 443/42* . . . . » 167
    III. *Sofocle a capo degli Ellenotami* . . . » 182
    IV. *Sofocle e la politica di Pericle* . . . » 187

Cap. VII - Sofocle e Pericle nel quadro della loro età
    I. *Ulteriori analogie* . . . . . . » 195
    II. *Razionalisti e irrazionalisti* . . . . » 206
    III. *Pericle e Sofocle* . . . . . . » 213

Cap. VIII - Conclusione   » 223

Appendice
    I tre comandamenti e le leggi non scritte . . . » 229